跨文化交际视阈下的
英汉语言文化对比研究

党永军 著

中国水利水电出版社
www.waterpub.com.cn
·北京·

内 容 提 要

语言是人类表达个人思想、传递感情的重要工具,也是文化的重要载体,客观地反映着不同时期不同文化的兴衰。本书从跨文化交际角度对英汉语言进行多维对比研究,既从词汇、段落、语篇等层面探讨英汉语言差异,又对英汉饮食、节日、人名、地名等诸多文化现象进行了对比分析。全书结构合理,内容详尽,条理清晰,有助于学习者更好地了解中西方不同的文化。

图书在版编目(CIP)数据

跨文化交际视阈下的英汉语言文化对比研究/党永军著.—北京:中国水利水电出版社,2018.9(2024.10重印)

ISBN 978-7-5170-6935-5

Ⅰ.①跨…　Ⅱ.①党…　Ⅲ.①文化语言学-对比语言学-英语、汉语　Ⅳ.①H0-05

中国版本图书馆 CIP 数据核字(2018)第 221684 号

书　　名	跨文化交际视阈下的英汉语言文化对比研究 KUA WENHUA JIAOJI SHIYU XIA DE YINGHAN YUYAN WENHUA DUIBI YANJIU
作　　者	党永军　著
出版发行	中国水利水电出版社 (北京市海淀区玉渊潭南路 1 号 D 座 100038) 网址:www. waterpub. com. cn E-mail:sales@waterpub. com. cn 电话:(010)68367658(营销中心)
经　　售	北京科水图书销售中心(零售) 电话:(010)88383994、63202643、68545874 全国各地新华书店和相关出版物销售网点
排　　版	北京亚吉飞数码科技有限公司
印　　刷	三河市元兴印务有限公司
规　　格	170mm×240mm　16 开本　18.5 印张　240 千字
版　　次	2019 年 2 月第 1 版　2024 年 10 月第 2 次印刷
印　　数	0001—2000 册
定　　价	91.00 元

前　言

　　文化作为一种社会现象,其形成和发展与社会生产力水平的提高以及历史的不断进步是密不可分的。语言是人类表达个人思想、传递感情的重要工具之一,正因为语言的存在,人类文明的宝贵遗产才得以保留至今。一方面,语言是文化的重要组成部分,也是文化的重要载体,犹如一面镜子客观地反映着不同时期不同文化的兴衰。另一方面,由于地域特点、文化等的差异使得语言的多样性越来越明显,不同民族产生了具有本民族特色的语言形式。从跨文化交际角度对英汉语言进行多维对比研究,有助于学习者更好地了解中西方不同的文化,在此基础上更顺利地理解并掌握语言,最终进行有效的跨文化交际。鉴于此,作者策划并撰写了《跨文化交际视阈下的英汉语言文化对比研究》一书,试图从跨文化交际背景下对英汉语言进行多维对比,以期为中西文化对比这一课题略尽绵薄之力。

　　本书共十二章内容。第一章作为开篇,对跨文化交际的基本内容进行了介绍,涉及文化与交际、跨文化交际、跨文化交际意识及能力的培养,奠定了全书文化基调,并帮助读者对跨文化交际进行整体的把握。第二章对全书关键词——语言进行了概述,重点讨论了语言的起源、发展、定义、特征等内容。第三章从价值观念、思维方式、时空观念三个角度讨论了英汉语言的跨文化渊源,为后面章节的展开做好了铺垫。第四章至第十二章为本书重点内容,其中第四章至第七章从语言本身,如语音、词汇、句法、段落、语篇、修辞等层面对英汉语言进行对比;第八章至第十二章分别从习语、典故、色彩、数字、饮食、节日、动物、植物、人名、地名等文化现象入手,对英汉语言进行了全面对比分析。

　　本书逻辑分明,条理清晰,按照"总—分"的顺序展开讨论。具体来说,首先阐释了跨文化交际与语言的基本理论问题,然后对英汉语言进行了全方位、多角度的对比分析。本书将理论与实践进行有机结合,在理论探讨的同时,辅以丰富的实例,便于读者更深入地理解。此外,本书语言朴实,易于读者阅读与学习。总之,本书对英语学习者、英语教师以及致力于研究英汉语言文化差异的人士而言,都具有很大的参考价值和实用价值。

　　作者在写作过程中,力求论述的严谨,参阅了大量跨文化方面的相关文献资料,同时引用了很多专家学者的观点,在此谨对各位学者表示最衷心的感谢。鉴于作者水平有限、时间仓促,书中难免存在疏漏之处,恳请广大读者批评指正。

作　者
2018 年 6 月

目 录

第一章　跨文化交际概述

21世纪,全球经济、政治、文化的发展使具有不同文化背景、认知行为、价值观念和思维模式的人们交流日益密切,这种跨文化的交往是一个非常复杂的过程。尽管交流的时空距离不断缩短,但人们的心理距离和文化距离并没有因此缩小,文化差异导致的交际矛盾和冲突等仍十分常见。因此,对跨文化交际进行研究具有十分重要的意义。为此,本章主要围绕跨文化交际的相关内容进行具体分析。

第一节　文化与交际

一、文化

文化包罗万象,它是一个民族在长期的历史发展中形成的宝贵财富,有着丰富的内涵和鲜明的特征。

（一）文化的内涵

文化的定义多种多样,以下介绍较有代表性的定义。

1.“文化”一词的来源

古汉语中的“文化”和现在的“文化”有着不同的含义。“文化”的首次出现是在汉代。《说苑·指武》记载:“文化不改,然后加诛。"在此,"文化"的意义相当于"武功",传达的是关于社会治理方面的方法和主张。

英语中的 culture 一词来源于拉丁文 cultura,曾经指"犁"的过程、动作,后来引申为培养人的技能、品质,18 世纪又进一步转义为"整个社会里知识、心灵或艺术的普遍状态"。

2."文化"的定义

19 世纪 70 年代,英国人类学家爱德华·泰勒(Edward Tylor)首次在《原始文化》一书中界定了"文化"。他指出,从广泛的民族学意义来讲,文化是包括知识、信仰、艺术、道德、法律、习俗以及作为一个社会成员所习得的其他一切能力和习惯的复合整体。①

致力于研究交际问题的萨姆瓦(Samovar)等人认为,文化是经过前人的努力而积累、流传下来的知识、经验、信念、宗教以及物质财富等的总体。文化暗含在语言、交际行为和日常行为中。②

莫兰(Moran,2004)指出,文化是处于特定的社会情境之中的一系列文化产品,是人类群体不断演变的生活方式,包含着一套基于共有世界观的共有的生活实践体系。其中,文化产品是一种文化实体,属于物理层面,是由文化社群以及文化个体创造或使用。文化社群包括社会环境和群体,文化个体的所有文化实践行为都是在特定的文化社群中发生的。③

也有学者这样看待文化,即他们认为文化包括大家享有的物质的和非物质的全部人类社会产品,这是从社会学的角度而言的,其中的代表人物就是美国社会学家伊恩·罗伯逊(Ian Robertson)。

张岱年和程宜山认为,文化既包括活动方式,又包括活动成

---

① 严明.跨文化交际理论研究[M].哈尔滨:黑龙江大学出版社,2009:2.
② 闫文培.全球化语境下的中西文化及语言对比[M].北京:科学出版社,2007:26.
③ 侯贺英,陈曦.文化体验理论对文化教学的启发[J].时代经贸,2012(2):16.

果,是人类在征服自然世界时表现出的行为以及行为背后的思维方式。①

金惠康指出,文化是一个复合的整体概念,既包含有形的生产方式、生活方式,又包含无形的价值观念、社会准则等。②

有的大型词典也对文化进行了解释,如我国《辞海》将文化分为广义的文化和狭义的文化。广义的文化包括人类在征服自然时所创造的所有的物质和精神产品财富;狭义的文化主要是指上层建筑,如制度和社会的意识形态等。③

(二)文化的特征

1.发展性

文化的稳定性是相对的,而可变性是绝对的。经济全球化带来了各民族文化之间的碰撞与融合,不同文化之间在相互碰撞、融合中得到了新的发展契机。文化碰撞的主观原因来源于文化霸权主义,西方发达国家向全世界灌输其文化以满足全球战略的需要,带来了各民族、国家之间的文化矛盾。并且,各民族文化之间普遍存在着相互融合的现象。

(1)文化的碰撞。改革开放以来,我国文化内部发生了包含保守与激进、中国化与西化以及传统与现代在内的多个向度的碰撞,这引发了理论界对文化的热烈讨论。以"西体中用"论(即"西学为体,中学为用")、"彻底重建"论(即主张"中国文化必须从总体上予以彻底否定")为代表的文化激进主义在这场讨论中占据主导地位。在我国处于由社会主义计划经济体制向市场经济体制转型时期,各种文化内涵之间尤其是中西文化内涵之间发生了巨大的碰撞。针对这一碰撞,一些人支持民族文化的独立,强调

---

①　闫文培.全球化语境下的中西文化及语言对比[M].北京:科学出版社,2007:27.

②　金惠康.跨文化交际翻译续编[M].北京:中国对外翻译出版公司,2003:35.

③　严明.跨文化交际理论研究[M].哈尔滨:黑龙江大学出版社,2009:2.

弘扬中华文明;另一些人主张学习西方文明,强调西方文化中许多先进的要素是人类的共性。与此同时,一些人迷失了自己的文化信仰,甚至反对马克思主义的指导地位,鼓吹指导思想多元化等,这无疑使得中国特色社会主义文化发展蒙上了一层阴影。在这种情形下,我们必须坚持马克思主义的指导地位和社会主义的文化价值观念不动摇,借鉴西方工业文明精神传统中的积极因素来建立和完善社会主义市场经济体制。

中国传统文化中确实存在一些消极因素,中国特色社会主义文化就是在和其进行碰撞的过程中得到繁荣发展。这些消极因素具体如下。

第一,宗法制度。中国传统文化中的等级观念、独裁制度,造成了个人专制集权,扼杀了人的个性和创造性,有悖于人人平等的现代民主制度。

第二,保守心态。中国传统文化信奉"天不变,道亦不变"的宇宙观,这是一种反进步性的普遍心态,它导致了国民盲目排外的心理。中国传统文化对修身养性的过分注重和对物质利益的忽视,影响了社会生产力的发展。

第三,非理性主义态度。中国传统哲学重感悟、经验,缺乏严密的逻辑体系。

在经济全球化的进程中,中西文化的碰撞一直存在。改革开放后,西方资产阶级自由化思想从知识分子阶层蔓延到更广泛的阶层,使我国的马克思主义意识形态受到挑战。发达资本主义国家利用发达的信息媒体向世界推销自己的价值观,造成思想领域的混乱。经济全球化不仅给中国引进了文化精华,也带来了文化糟粕。西方腐朽文化不利于中国传统道德文化的传承。与中国传统文化格格不入的个人主义、拜金主义、享乐主义等西方消极思想,对中国的民族精神产生了恶劣的侵蚀。西方国家推行文化霸权主义,造成对本民族文化的认同危机。同时,外国文化产品的大量涌入占据了我国很大的市场份额,严重冲击了我国的文化产业,直接威胁到我国文化安全。

（2）文化的融合。文化融合是指两种或多种基本稳定的文化模式经过持续接触，各自采纳对方的文化特质以修正自身的文化，互相融入，使不同的文化要素重新建构成一个符合需要的文化整体。中国传统文化历史悠久、内涵丰富，其中的合理内核是人类共同的精神财富。中华传统文化中的辩证观点、和谐精神、伦理道德等，有利于解决人类社会面临的共同问题。吸收西方文化中的有益成分，有助于解放思想，从而推进中国特色社会主义文化的发展。文化融合的基本趋势是"古为今用"和"洋为中用"。中国特色社会主义文化创新，需要正确处理好"古今"和"中西"的关系。

首先，中华民族历来重视"和"。"和"文化是中国传统文化的内在精神。儒家提出"天时不如地利，地利不如人和""礼之用，和为贵"；道家主张"知和日常"；墨家提倡"非攻""兼爱"。到了现在，"和"是社会主义文化创新的重要元素，是构建社会主义和谐社会的理论基础。其次，源远流长的爱国主义精神是中华优秀传统文化的主要内容，是中华民族的立国之本。在新的历史条件下，爱国主义是中国特色社会主义文化创新的基础。

以民为本是中华文化的基本精神之一。孔子强调"仁学""爱人"，孟子提出"民为贵，社稷次之，君为轻"的理念，荀子指出民众是国家之本。科学发展观中的以人为本思想就是对民本思想的升华。"古今中外法"强调应批判地继承中国古代文化，抛弃封建糟粕、吸收民主精华是文化创新的必要条件。文化的创新需要文化的继承和批判，需要以前人的文化遗产为前提。中国传统文化既有精华也有糟粕，应辩证地对待。在对待传统文化问题上，必须反对两种倾向：一是国粹主义，即对传统文化盲目崇拜，食古不化；二是民族虚无主义，即对传统文化全盘否定。只有根据社会主义文化创新的需要，对传统文化进行合理的创造性整合，才能实现"古为今用"。

每一种有生命力的民族文化，都需要吸收其他民族文化的营养以发展自身。文化的多样性和交融性是文化发展的动力。中国必须借鉴西方文化中先进的东西,以进一步增强我国文化的凝聚力,提升我国文化的整体实力。吸收国外一切优秀文明是实现文化创新的大趋势。各民族的精神产品成了公共财产,民族片面性日益成为不可能。要"洋为中用",结合中国国情来吸收外来文化。故步自封是愚蠢的行为,应该向资本主义发达国家学习一切对我们有益的文化,并对其进行分析、鉴别。

2.包容性

文化是一个由多种相互作用的要素构成的复杂整体。其中,道德观念、政治观念是文化的基本内核,一种文化有一种或几种内核。就中华传统文化来说,其有着几千年的历史,内容非常丰富。此外,各种社会习俗也是文化包容性的重要体现。

(1)道德观念。中华民族以注重伦理道德为特色,主张努力提升道德境界,以道德境界来衡量价值观,反对沉溺于对物质的追求。儒家甚至还认为道德是人与兽的分界线。也可以说,中国传统文化将道德上的荣耻视作最高标杆。伦理道德主要表现在家庭伦理和社会伦理两个层面。在家庭伦理方面,父母要慈、兄妹要友,子女对父母、弟妹对兄姊要尊敬。在夫妻关系上,主张男女承担不同的家庭义务,妻子跟随丈夫的步伐。

家庭伦理始终以仁爱为主线,它有利于化解家庭成员之间的冲突,从而保持家庭和睦。社会伦理表现为个人应该如何处理与他人、社会共同体之间的关系,可以归纳为仁、义、礼、信四方面。"仁"指同情心,人们应该乐于助人,这是最重要的道德规范。"义"是指行为合宜,主要强调如何调节个人与他人、社会的利益关系。"礼"主要指合乎礼仪。"信"应包括"诚"与"信"两方面,即宽以待人、遵守承诺。

(2)政治观念。中华优秀文化传统不乏对社会政治理想的见解。儒家知识分子将夏、商、周三代政治制度理想化,并据此判断现实的政治形势,甚至导致颂扬"汤武革命"的某种革命精神。儒家的政治批判精神还要求知识分子提高自己的思想境界和道德境界,培养自己高尚的情操和审美趣味。在治国方针方面,儒家崇尚"德治""仁政";道家倡导"无为而治",要顺应自然天道和社会人道,因势利导;墨家推崇"相爱相利",通过给天下人以利,来实现"兼爱天下"的目标。

在用人方面,墨家"尚贤",强调重用贤德之人才能让政治变得更加理想,这就要求国家政权应该向"农与工肆之人"开放。儒家"内圣外王"的观念强调,只有德与才都高于正常水平的人才能治理国家。科举考试选官制度使得普通老百姓有机会进入上流阶层,这激发了普通老百姓的奋斗精神和创造力的发挥,不断为上层社会注入新鲜的血液,并且避免了任人唯亲的选官现象。但是,其选官渠道比较单一、死板,过于放大一张试卷在考察个人素质方面的功能。

(3)社会习俗。其一,节日文化。节日是指一年中被赋予特殊意义的日子,展现了民族的政治、经济、文化等的特色。节日具有群众性、周期性的特点。它区隔出一个生活周期中的各个阶段,集中展现了各个阶段的含义。节日是一个国家文化积淀的产物,象征着一个民族的身份。人们通过周而复始的节日,不断传承文化传统。所以,节日蕴含着丰富的文化内涵,体现着民族文化的灵魂。

节日既对文化要素之间的关系进行一种民俗式的理解,又对历史的抽象化进行折射。它通过仪式化的民俗活动,再现了文化价值观。节日是文化横向共时性传播和纵向历时性传承的媒介。节日也是人与人之间沟通的桥梁以及维系人际情感的精神纽带。通过节日这个机会,人们互相联络感情,表达祝福。节日增强人们之间的聚合感,节日文化的向心力必定增强民族凝聚力。有关中西节日文化的具体对比会在第十章中详细探讨。

其二,居住文化。就居住文化而言,中西方的差异非常大。中国人在进行建筑设计时大多是出于趋吉避凶、招财纳福之类的目的,而且在材料选择、命名方面都有自己的特色。自古以来,不管是居民建筑还是宫殿建筑都选择土木作为材料,并不是中国缺少石材资源,这表明了人们对大地和植物的特殊情结,大地和植物是自然界的主要组成部分,这就展现了人们希望和自然的和谐统一。

中国建筑运用了传统文化中的阴阳五行理论。数与象有着直接而根本的联系,也就是说数是一切事物外在的象。例如,天坛这个圆形建筑,它的圆丘层数、台面直径、拦板数都为单数,即为阳,而地坛是个方形建筑,台阶数为八,是偶数,即为阴。

西方建筑文化将着眼点放在实物体方面。如果从理性的角度对西方的建筑文化进行反观,不难发现,西方建筑美中的构形意识大多都是属于几何形体。这种几何形体类的例子有很多,雅典帕提隆神庙、米兰大教堂以及巴黎凯旋门都是非常典型的例子。

西方建筑多几何线条,并给人一种有秩序、敞开、一览无余的感觉。例如,西方国家的广场通常都是开放式的空间,它与其他建筑相映成趣,与城市环境和谐地融在一起,构成了西方建筑文化的一大亮点。西方建筑文化讲究的是立体效果以及建筑的突兀高耸感,并且通常在空间上是向着垂直方向扩展的,这些建筑理念都很好地体现了西方人开放、外向、活泼的特点。

二、交际

交际是人类相互联系的基础,关于交际的定义,也存在多种不同的解释。《现代汉语词典》(第六版)中认为交际是"人与人之间的往来接触"。

《剑桥国际英语字典》中则将 communication 一词解释为 "Communications are the various methods of sending information between people and places, esp. official systems such as post systems, radio, telephone, etc. Communications are also the ways which people use to form relationships with each other and understand each other's feelings."也就是说,交际是不同的人或

不同的地方之间传送信息的方法，能够用来维持关系，交流感情。

有学者认为，交际是一种符号性行为，这种行为用来传输和解释信息。这种行为本身能够创造意义，发生在知觉、意识的各个层面。

金荣渊和威廉·古迪孔斯特（William B. Gudykunst）认为，意图并不是交际的必要条件。每个交际信息都包含一个内容维度和一个关系维度。

一些学者认为交际是一个动态的、符号的、系统的、解释的、相互影响的、与上下文有关的过程。交际必须借助某种工具，才能为某种言语的或非言语的行为赋予意义。从本质上说，交际是一种自我认知。它是建立在个人所积累的经验和理解基础之上的。

第二节　跨文化交际

一、跨文化交际的定义

"跨文化交际"（intercultural communication 或 cross-cultural communication），简而言之，就是具有不同文化背景的人们展开的交际，最初是由美国人类学家霍尔（Hall）在其著作《无声的语言》中提出的。

学者哈姆斯（L. S. Harms）认为，人类历史上的交际经历了以下五个阶段。[①]

（1）语言的产生。

（2）文字的产生。

（3）印刷技术的发明。

---

① 胡文仲.跨文化交际学概论[M].北京:外语教学与研究出版社,1999:2.

（4）交通工具的进步与通信手段的发展。

（5）跨文化交际。

从上述总结可以看出跨文化交际对当今时代的重要影响作用。具体来说，跨文化交际的含义包含以下几个要点。

（一）交际双方的文化背景不同

文化背景的差异性是一个十分宽泛的概念，可以包含以下两个方面的内容。

（1）来自不同的文化圈。

（2）来自带有文化差异的同一文化圈内部。

本书所认为的文化背景的差异主要是从不同文化圈的角度着手的，集中反映在中西文化之间。

由于文化背景的不同，因此在交际方式上会有很多的差异性，受其影响，很可能造成交际失误的现象。这种交际情况较中日、中韩等东南亚国家的交往来说，在中美、中欧等国家的交际中体现得更为明显。虽然中国与日本、韩国等国家也存在文化上的差异，但是这些国家都处在东方文化圈的范畴中，因此交际中会存在一些相通或相似的文化交际内容，相较于和西方国家的交往要容易一些。

（二）交际双方使用同一种语言进行交际

在进行跨文化交际中，交际双方需要使用同一种语言进行交际。这种语言可以是一个交际者的母语、另一个交际者的第二语言。虽然随着跨文化交际的发展，很多人具备了两种语言随时切换的能力，但是在具体交际中，使用同一种语言进行交际较为方便。

（三）交际双方进行的方式多样

跨文化交际可以通过多种表现方式展开。

（1）利用非语言符号进行交际，如演出、画报、影像等。

（2）利用语言符号进行交际。

（3）进行单向交际，如广播、广告、电视、报纸等。

（4）进行双向交际。

（5）利用书面交际形式，如信函、公文。

（6）利用口头交际形式。

二、跨文化交际的特征

（一）文化的优越感

在进行跨文化交际的过程中，交际者会产生一种本民族的认同感与归属感，从而内心生发出一种优越性。

在长期的本民族文化浸润过程中，人们已经适应了本民族文化，因此跨文化交际的初期会产生不适应其他民族文化的情况。当跨文化交际中出现交流不顺畅的情况时，会倾向认为交际对方是错误的，同时会在潜移默化中维护和捍卫本民族文化。

不可否认的是，每个民族带有自身的闪光点。这些闪光点的存在值得本民族文化者自豪。但是在跨文化交际过程中切不可产生文化优劣论，浅显地认为自身文化是无与伦比的，而交际对方的文化是劣等的。这种错误的文化倾向很容易产生民族文化中心的倾向，从而在跨文化交际中以自身的文化为一切交际的前提，从而轻易地评价其他民族文化与交际行为。更有甚者，会出现凡是符合本族文化的都是正确的，不符合本族文化的就都是劣等的、错误的等思想。这些狭隘的民族文化优越感都会阻碍跨文化交际的进行，影响交际的顺利展开。

（二）文化的无意识性

人们在长期的本民族生活中，会逐渐形成民族认同感与优越感，因此跨文化交际带有一种无意识性。文化并不是先天的，而是需要人们进行后天的习得。这种习得需要具体的文化环境作为保证。在人们的成长过程中,当自己的行为偏离了本民族具体的文化规则时,就有可能在生活中遇到困难。

同时,个体成长过程中,会得到家庭、学校、社会种种的文化灌输,从而使人们更加了解所处社会的文化规则。其中社会是教育人成长的大学校,对人们文化素养的形成与提高有着重要的影响作用,最终很多人的言行举止都会打上民族烙印,习惯自身文化的交际准则。文化的无意识性提醒交际者在交际过程中要跨出自身的文化规则来客观、灵活地对待交际对方,从而更好地促进交际的顺利进行。

三、跨文化交际的现状

现如今,在全世界范围内,跨文化交际都在频繁地进行,这种情况不仅是科学技术发展的重要结果,而且展现出世界经济、人口等的巨大变化。下面对跨文化交际的现状进行分析与说明。

(1)现在地球居民越来越多,20世纪末世界总人口便已经突破了60亿大关。而与人口数量相对,地球资源却是有限的,一些基本的生活资料日益减少。人们通过互相沟通与交换来使用地球上的有限资源,跨文化交际对世界资源的协调发展有着重要的媒介作用,这也是跨文化交际发展迅速的重要客观原因。

(2)地球政治文明是一个牵一发动全身的有机整体,当世界某一地区出现争端时,总会对其他地区产生一定的影响。因此,不同的国家和地区开始使用跨文化交际的方式积极展开应援与沟通,从而处理不同的危机与争端。

(3)跨文化交际发展的条件十分便利。随着信息技术的发展,世界传播与运输方式得以向着更加即时、快捷的方向前进,提高了交际的效率。同时,世界经济的发展使得国际旅游活动发生的数量剧增,人们有更多的机会和条件来了解其他国家、民族、文化,促进了国家沟通与交流的进行。国际贸易也是跨文化交际出现与发展的重要契机。信息化时代的到来,更是使得人们足不出户便可以进行国家间的沟通与交际。

(4)需要指出的是,在跨文化交际过程中,商业上的问题十分突出。由于全球化进程的加快,很多跨国企业都在积极开拓国际市场,使得世界竞争更加激烈。在这些大跨国公司中,员工来自五湖四海,因此在交流过程中也是一种跨文化交际。

(5)在教育方面,跨文化交际也有着重要的影响作用。例如,现在很多高校都积极展开国际学习合作,如果一些学生无法和来自其他文化背景下的学生进行交流,就难以在学习上取得更大的进步。

四、跨文化交际的注意事项

(一)注重言语交际行为的准确性

在跨文化交际过程中,对语言的选择十分重要,只有遵循一定的交际规则,在准确的语言表达下才能促进交际的顺利完成。处于相同文化背景下的人们进行沟通,由于交际双方或多方都对既定的言语交际规则有所了解,因此不管是选词造句,还是言谈举止都能在预期的交际范围内展开。但是在跨文化交际中,如果交际者还下意识地使用本民族的义化交际原则,同时以此为原则来理解交际对方的言语行为,则就可能影响交际的正常进行。

(二)正确处理非言语交际文化差异

在跨文化交际实践中,既需要准确的语言作为保证,也需要交际者正确处理非言语交际的文化差异,甚至在一定程度上说,非言语交际对交际的顺利进行有着更加深远的影响。在实施非言语交际行为中,很可能因交际双方不了解文化差异而引起文化冲突的现象。由于非言语交际的文化差异带有深层的隐蔽性,因此其所引起的交际冲突可能越严重,对其的处理需要更加小心。

一般来说,非言语交际行为是人类情感与情绪的外在表露形式,能够从一个侧面体现交际者的内心活动与真实想法。针对跨文化交际中的非言语交际行为冲突,萨姆瓦等人提出了三条原则。

(1)人类的跨文化交际行为,往往是言语交际和多种非言语交际行为同时配合的行动结果。

(2)非语言行为多种多样,人类无法列举和描绘出每一种非语言行为,但是可以对跨文化交际环境中经常出现的非语言行为信息进行概括,从而提高交际的顺利程度。

(3)对跨文化非语言行为的理解需要交际者首先了解自身的非言语交际行为,这样才能在脑海中进行非语言行为的对比和分析活动,从而正确理解交际信息。

第三节　跨文化交际意识的培养

意识引领人类的行动,在跨文化交际中,只有交际者拥有跨文化交际意识,才能自觉按照跨文化交际的规则去理解对方的行为,从而促进跨文化交际的顺利进行。本节对跨文化交际意识的内涵进行总结,并分析跨文化交际意识的培养。

一、跨文化交际意识的内涵

跨文化交际意识是跨文化意识的重要组成部分,下面首先对跨文化意识的相关知识进行总结,然后分析跨文化交际意识的内涵。

(一)跨文化意识

由于文化差异以及个体差异的存在,因此交际中人的思维与观念也不尽相同。跨文化意识承认世界的多样化并尊重不同的文化形式,主张在平等的基础上进行文化间的沟通与交流。因此,了解跨文化意识并具备跨文化意识对于当代社会和人的发展而言十分重要。

学者汉维主张,跨文化意识是理解和承认文化差异的能力(the capacity of understanding and accepting cultural differences)。

在跨文化研究过程中,跨文化意识主要体现在认知方面。跨文化交际意识通过作用于人的思维,指导个体的行动。同时,跨文化意识带有文化属性,需要交际者主动去探寻自身文化与其他文化的特征,从而提升在跨文化交际中的理解能力与交际能力。具体来说,跨文化交际意识包含以下三个方面的内容。

(1)理解文化差异。

(2)接受文化差异。

(3)能够处理文化差异。

世界文化是平等的,并没有优劣之分,交际者需要具备一定的跨文化交际意识,敏锐地察觉到不同文化间的差异,从而科学有效地处理跨文化交际中出现的问题。

(二)跨文化交际意识

简而言之,跨文化交际意识指的是在跨文化交际中,自觉认识文化差异并将其体现与运用在交际中的意识。跨文化交际意识对于交际中的障碍能有效认知并处理,能够提升跨文化交际的顺利程度。具体来说,跨文化交际意识就是在跨文化交际过程中对异国文化和本国文化的异同的敏感度[①],要求交际者在使用外语进行交际时能够根据目的语文化来理解和产出语言。学者毕继万、张占一(1991)指出,跨文化交际意识应该包括以下几个方面的内容。

(1)敏锐的感觉程度。

(2)科学的理解程度。

(3)得体处理文化的能力。

(4)自觉的文化整合性。

---

① 罗益群.外语教学中跨文化交际意识的培养[J].浙江师范大学学报(社会科学版),2005(3):87.

一些学者认为文化就像一座冰山,人们可以轻易辨识水面上出现的语言、生活方式、交际行为、言谈举止等现象,但是无法对水下的文化状态、价值观有所察觉。

需要注意的是,水下的深层文化直接影响和决定着水上文化的形态与人们的交际行为,因此交际者具备跨文化交际意识,并自觉将其运用到交际中十分重要。"文化冰山"对认知造成的困难如图 1-1 所示。

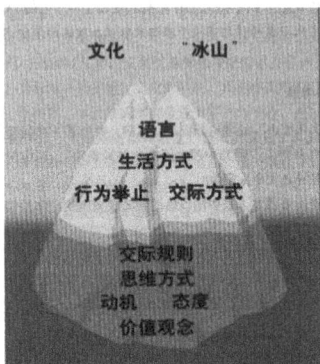

图 1-1　"文化冰山"对认知造成的困难示意图

(资料来源:毕继万,2009)

具体在跨文化交际过程中,当交际者不具备跨文化交际意识时,就会受母语思维的影响,用自身的文化去观察和理解其他文化,最终干扰跨文化交际的进行。例如,文化优越感的存在使得交际者轻视或者无视其他文化,以自己文化的标准为一些跨文化交际的标准,最终影响交际的进行。文化模式化也是交际者缺乏跨文化交际意识的体现。这类交际者以固化的观念去理解交际对方,按照先入为主的态度事先设定交际模式,使得交际十分生硬、片面。

二、跨文化交际意识培养的目标、内容、过程

跨文化交际意识的培养对跨文化交际实践十分重要,下面主要对其培养目标、内容和过程进行总结。

(一)跨文化交际意识培养的目标

跨文化交际意识培养的目标主要包括以下几个方面的内容。

(1)交际者具备获得外国文化信息的能力。

(2)交际者具备良好的文化理解能力。

(3)交际者能对外国文化做出客观的评价。

(4)交际者具备进一步学习外国语言和文化的能力。

(5)交际者具有较强的交际能力。

(二)跨文化交际意识培养的内容

跨文化交际意识的培养是一个循序渐进的过程,具体应该包含以下几个方面的内容。

(1)学习文化词汇。

(2)学习文学典故。

(3)了解价值观念。

(4)知道节庆假日。

(5)规范社交往来。

(6)重视非言语交际。

(三)跨文化交际意识培养的过程

跨文化交际意识的培养包括四个层次与阶段,并有具体的步骤。

1.跨文化交际意识的四个层次

跨文化交际意识可以分为四个层次。下面对这四个层次分别进行详细介绍。

(1)旅游者心态。在形成跨文化交际意识的初期,交际者会产生一种旅游者心态。这种心态的特点是交际者从自身文化的角度去观察其他文化,对文化实物的认识停留在表面阶段,同时不了解不同文化事物间的内在联系。

交际者在这一层次容易产生模式化的文化认知,将个别文化现象当作普遍现象,并认为其是文化的本质。一些交际者会受到文化偏见、文化优越感、文化模式化的影响。

(2)文化休克。当跨文化交际者开始接触不同文化时,由于不了解异域文化,并且不能适应新的文化形式,便有可能在交际中出现一定的误解与冲突现象。一些交际者在经历了一系列的困难之后,会选择对异国文化进行逃避与对抗,从而产生一种文化休克。文化休克使得交际者有着强烈的不安感和抗拒感。

(3)理性分析与愿意适应。在经历了一段时期的文化休克之后,交际者提高了跨文化知识,同时跨文化交际的频繁也使得交际者熟悉和接受新的文化环境,这时就会对新的文化进行理性分析,并从主观上愿意适应新的文化形式。

(4)主动了解和自觉适应。跨文化交际意识的第四个阶段是交际者主动了解和自觉适应新的文化形式,并能够利用更多的时间和精力去发掘文化事物产生的原因,也就是对文化冰山下的社会状况、价值观念等进行主动察觉。这个阶段是跨文化交际意识培养的较高层次,交际者已经熟悉并能理解新的文化与交际对象,并从主观上愿意改变自己的意识,主动适应和接受新的文化。

2.培养跨文化交际意识的步骤

了解了跨文化意识的四个阶段以后,借鉴西方跨文化意识的研究成果并结合我们自身的实际情况,对跨文化非语言行为的理解需要交际者首先了解自身的非言语交际行为,这样才能在脑海中进行非语言行为的对比和分析活动,从而正确理解交际信息。

第四节　跨文化交际能力的培养

由于在跨文化交际语境中,交际双方的文化差异增多,在语言观、世界观、价值观方面都或多或少地存在很大的不同,因此就增加了交际的困难程度。跨文化交际能力指的是交际者在跨文化语境下进行交际的能力,影响着交际的顺利进行。

一、跨文化交际能力的内涵

"跨文化交际能力"(intercultural communicative competence)指的是针对跨文化交际过程中出现的关键性问题,如文化差异、文化陌生感、文化内部态度、心理压力等的处理能力。在具体的跨文化交际实践中,跨文化交际能力体现在得体性和有效性方面。

(1)跨文化交际能力的得体性(appropriateness)包括以下几个方面。

第一,符合目的语文化的社会规范。

第二,符合目的语文化的行为模式。

第三,符合目的语文化的价值取向。

(2)跨文化交际能力的有效性(effectiveness)主要指的是能够实现交际目标。

跨文化交际能力具有内在性,可以由交际者有意识地进行知识输入,并利用一定的语言技巧在跨文化交际的行为中得到体现。

二、跨文化交际能力的组成

英国学者拜卢姆(M. Byrum)等人主张,跨文化交际能力应该包含以下几个方面的内容。

(1)态度(Attitude)。态度是跨文化交际能力的重要组成部分,指的是交际者对于目的语文化的看法,尤其体现在对自身文化与目的语文化不同之处的态度。跨文化交际中,交际者应该对交际对方采取积极的态度,同时保持自己的好奇心,利用开放的心态认识自身的民族文化。

(2)知识(Knowledge)。跨文化交际能力中的知识既包括本人与交际对方国家和民族的社会文化知识,也包括在具体交际过程中,根据需要运用社会文化准则与控制交际进程的知识。

(3)技能(Skills)。技能是跨文化交际能力的重要方面,首先指理解、说明并建立两种文化间关系的技能,其次包括发现新信息并在交际中使用的技能。

国内很多语言学家认为跨文化交际能力包括交际能力和跨文化能力,如图 1-2 所示。

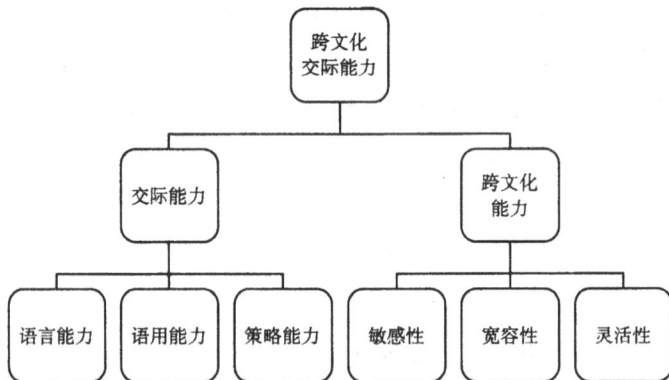

图 1-2 跨文化交际能力的构成要素

(资料来源:张鑫,2012)

金姆(Kim)是跨文化交际领域的杰出学者,他综合运用社会心理学、应用语言学、社会学的方式,将跨文化交际能力的内容总结为以下内容,如图 1-3 所示。

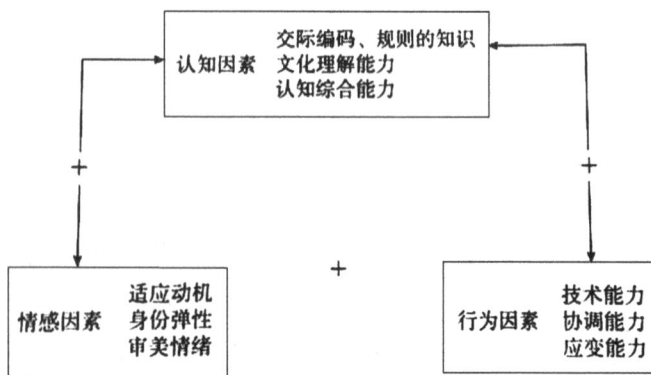

图 1-3 跨文化交际能力构成要素的关系

(注:+表示正相连)

(资料来源:张鑫,2012)

在图 1-3 中,箭头和＋表示的是不同因素之间的相互作用关系,一个因素的变化会影响其他因素,造成因素的概念。当个人的交际知识丰富之后,交际动机就会增加,直接提高了交际活动的次数与积极性。这种主动积极的交际参与又会增加交际者的交际经验,从而使交际者学习到更多的交际知识,如此形成良性的交际循环模式。具体来说,金姆主张将跨文化交际能力的构成分为认知能力要素、情感能力要素和行为能力要素三个方面。这三个方面又包含不同的能力要点。

(1)认知能力要素包含以下几个能力要点。

第一,掌握目的文化的交际体系。

第二,文化理解。

第三,认知综合能力。

(2)情感能力要素包含以下几个能力要点。

第一,适应动机。

第二,身份弹性。

第三,审美情趣。

(3)行为能力要素包含以下几个能力要点。

第一,技术能力。

第二,协同一致能力。

第三,应对变化的策略能力。

学者布莱恩(Brian Sptizberg)认为跨文化交际能力主要包括知识、动机和技巧三个方面。

在《语境中的跨文化交际》一书中,学者朱迪思·马丁(Judith Martin)和中山(Thomas K. Nakayama)认为跨文化交际能力包括以下四种要素。

(1)知识要素。

(2)情感要素。

(3)心智活动特征。

(4)情境特征。

跨文化交际能力模式具体如图 1-4 所示。

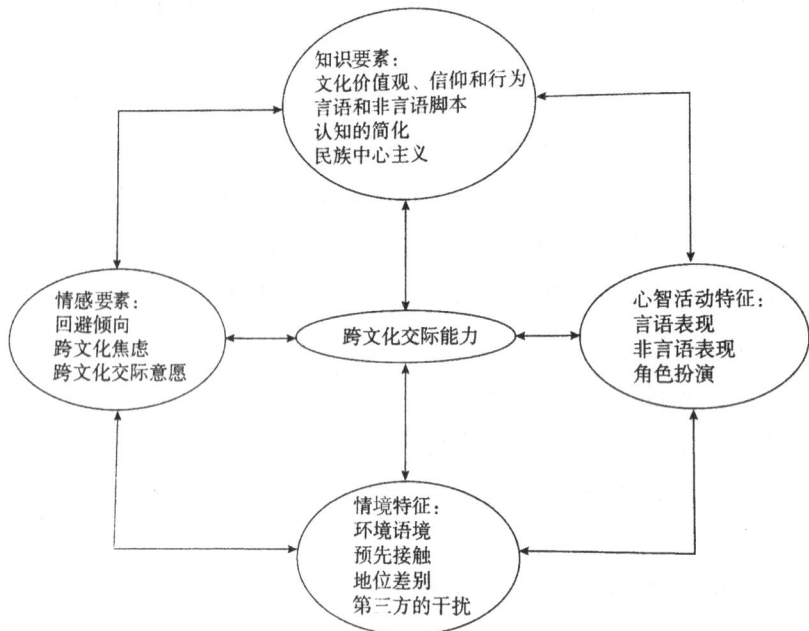

图 1-4　跨文化交际能力模式

(资料来源:张鑫,2012)

　　但是笔者认为需要对其进行扩展,将跨文化交际能力概括为四个组成部分:言语交际能力(verbal communicative competence)、非言语交际能力(nonverbal communicative competence)、跨文化适应能力(competence of cultural adaptation/adjustment)、语言规则和交际规则的转化能力(competence of transformation of two rules)。

(一)言语交际能力

　　在跨文化交际能力中,言语交际能力是其基础与核心部分,主要包括以下几方面的内容。

　　(1)语法知识。

　　(2)语言概念意义和文化内涵意义的了解与运用能力。

　　(3)语言运用的正确性。

　　(4)语言运用的得体性。

　　言语交际能力并不单单指交际者具备扎实的语言知识,还要求交际者能够根据具体的交际语境来使用语言知识。

(二)非言语交际能力

非言语交际能力在交际行为中也有着重要的影响,不仅能够辅助言语交际的进行,对于交际问题与障碍的化解也大有裨益。具体来说,非言语交际能力指的是言语交际之外的一切交际行为与方式,包括以下几个方面。

(1)体态语,如身体的动作、接触等。

(2)副语言,如非语言的声音、沉默等。

(3)客体语,如服饰、妆容、肤色等。

(4)环境语,如空间信息、领地观念、时间信息、颜色等。

由于跨文化交际的进行,非言语交际的作用越发为人们所了解,因此重视非言语交际,并在交际中重视不同文化背景下的非言语交际方式十分重要。

(三)跨文化适应能力

跨文化适应能力指的是交际双方对对方文化的适应能力。在跨文化交际实践中,跨文化适应能力的表现具体包括以下几种情况。

(1)能够克服文化休克障碍。

(2)能够正确认识和了解跨文化交际对象。

(3)在交际中能够调整自身的行为方式、交际规则。

(4)能够适应新的交际环境,并能在其中展开生活、工作与交际。

(5)能够被新的文化交际环境所接受。

(四)语言规则和交际规则的转化能力

语言规则和交际规则的转化能力也是跨文化交际能力的重要体现。语言规则指的是语言的具体规则体系,如语音、词汇、语法等。交际规则,顾名思义就是指导交际进行的行为准则。任何交际行为都包括言语交际行为和非言语交际行为准则。在交际中,交际者需要具备扎实的目的语语言规则,同时需要学习母语与目的语转换的方式,从而规范自己的言语表达。针对跨文化交际中的文化问题,需要交际者对比与总结目的语与母语文化在思维、风俗、价值观方面的不同点,从而进行规则的转换,促进交际的顺利进行。

三、跨文化交际能力培养的具体策略

(一)了解文化差异

人类文化虽然带有一定的共性,但是其差异性还是主要的部分。了解文化差异是培养跨文化交际能力的首要步骤。中西方在问候方式、称呼方式、时间观、价值观、隐私观等很多方面都带有差异性,这些差异的存在都直接影响着跨文化交际的进行。交际者应该在尊重不同文化的基础上,正确了解和处理这些差异,才能保证跨文化交际的顺利展开。

虽然文化的内涵十分丰富,但是从根本上说,文化主要包括知识文化和交际文化两个部分。知识文化具体指的是包括文学、哲学、政治、经济、历史、科技、艺术成就在内的所有知识。交际文化是指思维方式、社会习俗、行为准则和生活习惯等方面。交际能力是知识文化与交际文化的结合,不仅要求交际者具备一定的语言能力,还要求交际者有着灵活的语言使用能力。因此,交际者需要在掌握自身文化与目的语文化差异的基础上,根据具体的语境进行跨文化交际行为。

(二)发展跨文化技能

了解文化差异是发展跨文化技能的保证,发展跨文化技能具体包含以下几个方面。

(1)扫除民族中心主义和思维定式的障碍。

（2）在具体的跨文化交际中，培养自身灵活处理交际情境的能力。

（3）进一步加深对目的语文化的认识，了解目的语文化现象的深层原因，掌握其内在规律。

第二章 语言概述

语言现象是人类社会普遍存在的现象,它如同饮食起居一样,在人们生活中不可或缺。但如果问起究竟什么是语言,语言的起源是什么,语言又是如何发展的,也许很少人能给出确切的答案。为了更好地了解与应用语言,我们有必要对其进行系统研究。本章就对语言的起源、发展、定义、特征、功能、物理载体等基本问题进行探讨。

第一节 语言的起源与发展

一、语言的起源

(一)神授说

神授说可以说是语言起源的早期理论。在远古社会,人类社会生产力水平极其低下,处于文明未开化状态,人们对很多自然现象无法解释又心怀恐惧,他们因此将这种未知归于神的力量,最终产生了对神灵的崇拜。在语言方面,远古人类也多从神圣的神灵上寻找依据。

当时,将一切不能解释的现象归因于超自然的神力是自然的,也是安全的。而对于当时掌握至高权力的统治者们来说,神授说也是维护其权力的有利保证,因此他们热衷于验证这种神赋权力的存在。①

根据相关书籍记载,大约公元前 600 年前,埃及法老萨姆提克在两个刚出生的婴儿身上验证了神赋权力的存在。为了验证人类的语言是"神授",而不是学习得来的,法老在两个婴儿刚出生后就将他们与世隔绝,与一群山羊和一个哑巴牧羊人生活。两年后,长大后的孩子们说出了第一个单词:bekos(面包),但这个单词并不是埃及语,而是佛里几亚语。据此,法老萨姆提克认为,佛里几亚语是"神授"的语言形式。

几乎在相同的时间,苏格兰国王詹姆斯四世也进行了类似的实验,但他的验证结果是希伯来语才是"神授"的语言。

可见,权力统治者们的验证结果相悖。不仅如此,神授说的理论基础还受到了事实的打击,"狼孩"的例子就表明语言环境的空缺并不能导致语言能力的产生。

(二)拟声说

拟声说将语言的产生归因于各种"声音",这也是语言起源的重要假说。这里的"声音"既包括自然界万物,如昆虫鸟兽、草木、风、水等的声音,又包括人类在特定的情感状态下或集体劳作中本能地发出的声音。归纳起来,拟声说主要有以下几类。

1."汪汪"理论

"汪汪"理论认为,人类最初的语言是通过模仿自然界中的声音而形成的。"wow-wow"便与狗叫声十分相似。早期的人类祖先可能会听见某只飞鸟发出"caw caw"的声音,便用 caw caw 来命名这种飞鸟,当听见另一种飞鸟发出"cukoo-cukoo"声时,便以 cukoo 来命名另一种飞鸟。依照这种方法,一些耳熟能详的自然之声,如 miaow, cluck, buzz, oink, hiss, tinkle, boom, cock, quack 等都可以用来表示发出这些声音的实体。这些"称呼"经过

---

① 许菊.语言的起源:假说与理据[J].文教资料,2007(6):101.

长时间的不断重复得以固化,慢慢地被约定俗成地成了某些自然现象或某些动物的名称。

语言中拟声词(onomatopoeic word)是"汪汪"理论最佳的证明。例如:

splash(泼水)

tick tock(滴答声)

moo(牛叫声)

oink(猪叫声)

bang(重击声)

这一理论也遭到了一些人的反对,他们认为,拟声词在任何语言中所占的比例都很小,代表性不强,该理论显然无法证明语言中的其他非拟声词语,包括无声的实体和其他一些抽象的概念的来源。

2."噗噗"理论

"噗噗"理论主张语言起源于人类对自身情感的表达,如疼痛、愤怒、兴奋、激动、高兴、生气、悲伤等。"pooh-pooh"便与人在表达不屑的情感时发出的声音相似。原始人类祖先在艰苦的生活条件下会本能地发出某些声音,如 ouch,ah,wow,hey,yuck,ugh 等。以 ouch 一词为例,该理论主张人类在突然感到疼痛时发出的"ouch"声,其本身就暗含着疼痛之意。

3."呦嗨呦"理论

"呦嗨呦"理论认为,语言的起源是早先人们在共同劳动时,为了动作协调一致而发出来的声音,"yo-heave-yo"便是昔日水手们起锚时有韵律的号子声。这类词汇一般没有具体的内容,适用的范围很小,如一起打猎、拖曳重物时才会使用。

"呦嗨呦"理论的创新点在于其将语言起源的问题放在了特定的社会环境中思考,强调了社会环境对语言的作用,即语言是由简单交流的需要而产生的。这为此问题的研究提供了新的视角。但是,该理论的局限性也非常明显。该理论只是一种关于语言起源的推测,一些灵长类的动物也会通过鸣叫或哼叫向同伴发出信息,但是它们并不能掌握语言,因此该理论不具有适用性。

4.“塔塔”理论

“塔塔”理论认为,语言产生于人的发声器官对身体动作的模仿而发出的声音。[①] 该理论的代表人物佩吉特(Paget)认为,人类首先可能是通过手势配合嘴部动作来交流,此时这种交流是无声的;其次,由于嘴部动作会发出相应的声音,因此这些声音逐渐成为交流的重要组成部分;最后,当人们意识到交流仅凭嘴部动作发出的声音就可以完成时,语言便产生了。

(三)人类本源说

德国哲学家赫尔德(Johann Gottfried Herder)是“人类本源说”的主要倡导者之一。该学说认为,人的本质在于拥有语言,人的语言能力是天生的,是一种“对观念、印象进行区分和组织的自然秉性”,一种“与文字互为依存、互为条件的悟性”。[②]

赫尔德在《论语言的起源》一书中提出了一个著名的论断:神造就了人类的心灵,而人类的心灵通过自身的作用能够创造和更新语言。语言来源于人的“心智”。赫尔德有一句名言:当人还是动物的时候就已经有了语言。

不过,人类本源受到了许多社会学家的反对,因为人类的发展进化和社会性的劳动为语言的形成提供了前提。

(四)进化说

进化说试图将语言的产生与人类的进化联系起来。大约在400万年前,人类的祖先就开始了直立行走。古罗马哲学家主张

---

① Hayes,C. W. ,et al. *The ABC's of Languages and Linguistics*[M]. Chicago:Voluntad Publishers,Inc. ,1987:12.

② 转引自魏旭群,牛跃辉.语言起源的几种假说[J].网络财富,2010(18):191.

直立行走使人类的喉部和声道结构发生了变化,发出了清晰的声音。直立行走使人的口腔和喉咙形成直角的形状,喉咙在地球万有引力的作用下,位置下移,且牙齿、双唇、舌头、嘴巴等器官进化后有助于发音时对气流的控制,因此可以发出清晰的语音。① 因此,直立行走带来了身体和认知功能的革命性变化。上肢得到解放,呼吸系统更加顺畅,发音器官更加灵活,进而也带动了大脑和神经系统功能的进化。这一点在许多考古发现中都得到了印证。

还有学者从社会因素的驱动角度来解释语言的产生:人类在学会钻木取火后,提高了抵御严寒的能力,寿命也得到延长,因而人口的数量快速增长,他们开始分散在各地,长时间后形成了彼此不同的部落氏族。但是,低下的生产力水平和恶劣的自然环境使不同的部落间只有相互依仗,集体劳作,才能生存,因此产生了语言。

(五)拟象说

与拟声说将语言起源归因为自然界的声音不同,拟象说认为语言来源于对自然物象的模仿。该学说根据模仿对象的不同分为口腔手势说和口型拟象说。

1.口腔手势说

该学说认为语言的起源与人们在进行交流时的肢体语言,如手势、面部表情、动作等有一定的关联,即原始的语言是通过发音器官模仿各种肢体表意动作而产生的。因此,依照各种肢体表意动作而产生的口腔发音动作便形象地称为"口腔手势"(oral gesture)。

该理论在提出后便受到了人们的质疑。因为,如果语言是由口腔的发音器官模仿肢体表意动作而产生的话,那么,在表达"Goodbye"时,口腔中的发音器官——舌头应该模仿招手的动作而左右晃动才是。其次,该理论还存在一个不合理的地方,那就

---

① 聂玉景.语言的起源:假说与论证[J].辽宁行政学院学报,2007(6):154.

是口头语言的表达能力是无限的,但是肢体语言的表达能力是有限的。

2.口型拟象说

与口腔手势说不同,口型拟象说将原始人所目击或想象得到的普遍意义上的物象看作口型模拟的对象。

陈澧在《东塾读书记·小学》一文中这样描述汉字发音口型和物象之间的关系:"盖天下之象,人目见之则心有意,意欲达之则口有声。意者,象乎事物而构之者也;声者,象乎意而宣之者也。"进而,他又指出,口型的大小表示事物的大小(如"大"字之声大,"小"字之声小),声音的长短表示事物的长短("长"字之声长,"短"字之声短)等。

有学者通过对现代汉语中2 500个常用字的语音口型特征与语义的形象特征对比研究发现,有73.2%的反义词是符合这样的口型拟象规则的。[①]

口型拟象说为语言起源的研究提供了另一种思路,令人耳目一新。但是,该理论是否具有普遍性,还有待事实的进一步检验和充实。

上述介绍了几种比较流行的语言起源假说,它们从不同的角度出发探讨语言起源,都有一定的合理性和语言学价值,但究其本质,它们都没有触及语言产生的根本。究竟语言的起源在哪里至今仍是一个难以确证的问题,需要我们继续研究。

二、语言的发展

(一)语言发展的影响因素

语言发展的影响因素主要有两大类,即外部因素和内部因

---

① 转引自许菊.语言的起源:假说与理据[J].文教资料,2007(6):102.

素,具体来说,可以分为以下几个方面。

1.社会因素

语言是人类最重要的交际工具。人类可以通过语言对自然界的认识与社会经验进行交流、讨论。语言的交际功能要想得到很好的发挥,就应敏锐地反映人类对自然界的各种认识与各种社会经验,跟随社会发展的步伐。语言具有的交际工具属性,决定了社会的发展变化必然会对语言的发展变化具有促进作用。

(1)经济因素。随着世界各国经济的迅速发展以及经济全球化的到来,英语语言中出现了大量有关经济方面的词汇。例如:

European Economic Community 欧洲经济共同体

European Community 欧洲共同体

ASP(American Selling Price,美国售价)

soft-landing 软着陆

revenue sharing 国库分享

Recycling Economy 或 Cyclic Economy 循环经济

business continuity 永续经营

loyalty card 购物卡

outplacement 转岗

off-the-shelf 现货产品

not-for-profit 非盈利的

hole-in-the-wall 自动取款机

European Union 欧洲联盟,简称欧盟

European Common Market 欧洲共同市场

petrodollar 石油美元

total quality management 全面质量管理,简称 TQM

just-in-time 即时装配,简称 JIT

power lunch 商业午餐

(2)政治因素。第二次世界大战后,世界政治形势发生了很大的变化,这些政治领域的变化不可避免地为英语增添了不少词

语。例如,arm race(军备竞赛),Cold War(冷战),iron curtain(铁幕)等词语就是由美国和苏联两大军事集团的长期对峙而产生的。英美等国的领导人上台执政后所采取的政治、外交、经济、社会等各具特色的政策也给英语增添了一些词语。例如:

Clintonism 克林顿的政策

Clintonite 克林顿的支持者

Blairism 布莱尔的政策

Majorism 梅杰的政策

Majorite 梅杰的支持者

(3)科技因素。随着科学技术的飞速发展,各种新技术不断涌现,许多词语也因此应运而生。比如,英语中的 telephone, cablegram, radiator, microwave oven 等词语都是随着科技的不断革新而产生的。下面从科技领域的以下几个方面窥探科技因素对英语词语发展的影响。

科学技术的发展催生了很多新词语。例如:

air-bus 空中巴士

air-cushion 气垫式运输工具

hovercraft 气垫船

人类对宇宙的探索不断深入,宇航事业不断发展,这为英语带来了很多词语。例如:

pulsar 脉冲星

black hole 黑洞

space science 航天科学

space age 太空时代

space sickness 宇航病

space travel 太空旅行

lunar rover 月球车

space race 太空竞争

moonwalk 月球漫步

space lab 太空实验室

space suit 宇航服

电子技术的突飞猛进也为英语带来了许多词语。例如：

mechatronics 机械电子学

writer 刻录机

instant photo 即印相片

liquid crystal display 液晶显示屏

cinecamera 电影摄影机

lasercomp 电脑激光照排

laser printer 激光打印机

electric blanket 电热毯

immersion heater 浸没式加热器

egg-timer 煮鸡蛋计时器

moletronics 分子电子学

photonics 光子学

camcorder 手提摄像机

instant camera 即影即有相机、拍立得相机

clock radio 钟控收音机

cordless telephone with caller ID 无绳来电显示电话

e-textile 电子纺织

deep-freeze 快速冷冻

flatscreen television 液晶显示超薄电视机

医学的飞跃发展也给英语带来了不少词语。例如：

genetic code 遗传密码

transsexual operation 变性手术

open heart surgery 开心手术

genetic fingerprinting 基因指纹

2.心理因素

语言在用于交际与思维的过程中,必然会受到使用语言的人的心理的制约,最终促使语言发生变化。思维作为一种心理因

素,对语言的发展变化影响最大。先民们以具象思维为主,抽象思维发展较缓慢,受此影响,他们的语言具有明显的具象特征,从一些古代语言的遗迹中可以寻找出这一心理特征。例如,在新西兰不能说"地震"一词,这是因为人们认为如果提及这一词语就会真的发生地震。再如,在因纽特语中,对"雪"有各种各样的表达,多达15个名词,然而却没有一个概括性的词。这是因为在他们的生活中,往往会有各种不同形态的雪以及落到不同地点的雪,他们需要创造不同的词汇来形容这些不同形式、不同条件下的雪。

3.网络因素

随着互联网的飞速发展,许多有关网络的词语不断涌现。例如:

e-customer 电子客户

home page 主页

import 输入

cut and paste 剪贴

download 下载

freeware 免费软件

online publishing 网络出版

information superhighway 信息高速公路

virtual world 虚拟世界

virtual reality 虚拟现实

virtual classroom 虚拟教室

menu 菜单

netizen 网民

export 输出

surf/browse 漫游

e-mail 电子邮件

online trading platform 网上交易平台

shareware 共享软件

e-cash 电子货币

virtual company 虚拟公司

virtual environment 虚拟环境

virtual space 虚拟空间

online love affair 网恋

4.语言自身因素

如果说上述介绍的各种因素都是外部因素,那么语言自身的因素就是其发展变化的内部因素。

言语是人们对语言的口头与书面运用,要受到交际对象、交际语境、交际信息和情感等因素的影响。这些因素具有开放性、多变性和具体性的特点,不可避免会使言语与语言系统产生矛盾,进而引发各种"出格"现象。这些"出格"现象有的只是昙花一现,转瞬即逝,有的则遗留下来,成为语言系统的一部分。可见,"出格"现象是语言发展变化的源泉。

除了"出格"现象,语言形式和意义之间的矛盾也是语言变化发展的重要因素,因为这种矛盾会对语言形式产生一定的冲击,其直接后果就是语言形式的更新与衰亡。

(二)语言接触

语言接触(language contact)是指不同语言之间的接触现象,特别是当这种接触影响了其中至少一种语言时。具体来说,不同的社会群体在彼此相互接触的过程中会为语言的接触提供机会。这种接触可以是经济贸易往来的接触,可以是文化交往而产生的接触,也可以是由殖民或军事占领而产生的接触,还可以是移民或杂居带来的接触。由于语言接触的方式多种多样,因而接触的结果也各不相同。一般来说,语言之间的接触会带来以下几种可能。

1. 同化

以汉语和满语的接触为例,清定都北京后,大批满人入关,形成了满汉杂居的局面。统治者的语言是属于阿尔泰语系满—通古斯语族的满语。但是由于汉语和汉文化强大的同化力量,在汉文化和满族文化之间存在着一种巨大的落差,汉文化属于比较先进的农耕文明,而满文化则属于相对落后的游牧文明。在两种文明接触的时候,先进的文化势必会对落后的文化具有强大的吸引力,满人开始学习和吸收汉文化,最终也完全放弃了本民族的语言。从人口比例来看,汉族人口远远多于满族人口,到清中叶后期,满语逐渐淹没于汉语的汪洋大海中。今天已经很难找到活着的满语社团,只有黑龙江边远地区的少数老人还能说满语,而满语的近亲锡伯语在新疆维吾尔自治区哈萨克自治州锡伯自治县存活下来。

2. 并存

语言接触还可能形成双语现象或多语现象。双语现象或多语现象就是在一个语言社团中通行两种或多种语言,或者某语言社团的一些成员,能讲两种或多种语言。例如,锡伯语与汉语、维吾尔语、哈萨克语并存,在锡伯自治县形成了一个多语社会,尽管各种语言有接触,但都各自保持着自己的独立地位。这些语言属于不同的语系或语族,锡伯语属于阿尔泰语系满—通古斯语族,汉语属于汉藏语系,维吾尔语属于阿尔泰语系突厥语族,各种语言和平共处。再如,比利时的佛莱芒语和法语虽然处于同一个社会,但都保持着彼此的独立,比利时成为双语社会。在新加坡,汉语、泰米尔语、马来语、英语都是法定的语言,都有自己的使用群体、媒体、学校和出版物,虽然这些语言彼此之间有接触,甚至在词汇上互相借用,但是仍保持着各自的独立,因此新加坡也是一个多语社会。

3.借用

各个民族间的接触必然会促使语言的接触,而语言上的接触首先体现在词语的相互借代上。例如,汉语中包含大量的借词,如"电话""戈壁""狮子""沙发""石榴""葡萄""因果""菩萨""哈达""喇嘛""马达"等,这些都是借助于国外或国内民族的语言。

除了语言借代,语音和语法也出现了借代现象。例如,西双版纳傣语吸收了汉语的借词,而增加了一个复合元音/au/;之前"主语+宾语+动词"是白语的语序,但介入了汉语的"主语+动词+宾语"的语序,之前的语序反而不怎么使用了。

此外,在地域上本就比较接近的语言,由于长期的语言接触,会相互借代一些语言要素,从而使得这些语言有了一些共同的特点,这是语言长时间接触产生的结果。

(三)语言融合

1.语言融合的过程

导致语言融合的因素有很多,如经济往来、文化交流、文化落差、战争征服、通婚等。语言融合的过程可以归纳为双语、竞争、排挤、替代几个阶段。开始的时候是双语并存,如比利时的法语和佛莱芒语,加拿大的法语和英语,中国延边的汉语和朝鲜语、历史上的满语和汉语、蒙古语和汉语。刚刚开始接触时保持着双语社会,两种语言彼此竞争,如果其中的一种语言处于劣势,在竞争中失败,这种语言就会处于被排挤的地位,慢慢地被另一种语言所替代。满语融入汉语的过程就是这样一个过程。加拿大的法语和英语都是官方语言,因此从理论上说加拿大是一个双语社会,但是法语的地盘明显没有英语大,其中蒙特利尔、魁北克在法语社群中占优势。蒙古语与汉语的大面积接触是在元代,统治者的语言是蒙古语,但蒙古语与汉语的这种大面积接触时间较短,还没有导致语言的融合。尽管如此,我们看元杂剧的时候还是能够发现蒙古语的影子。

2.自愿融合与被迫融合

自愿融合是指一个民族自愿放弃自己的语言而采用其他民族语言的现象。[①] 例如,5世纪我国的北方建立了鲜卑族统治的北魏政权,统治者为巩固统治,倡导学习汉语及其先进文化,并提出要"断诸北语,一从正音",也就是主张王公卿士在朝廷上要禁止说鲜卑语(北语),要讲汉语(正音),极力推行"汉化"政策。

被迫融合是指占据统治地位的民族采取的语言同化政策,即强制被统治民族使用他们的语言文字,不仅如此,还限制被统治民族使用自己的语言文字。这种通过强势语言对其他语言的同化、兼并现象是语言发展的基本规律。强迫同化的作用主要体现在以下四个方面。

(1)政治同化。这是指国家权力机关、行政机关利用国家政治力量强制使用语言,加大该种语言对其他语言的同化力度,加快这种语言的普及进程。

(2)经济同化。某些国家或地区因其经济发展较快,其所通用的国家语言或地方方言便借助经济优势,逐步获得全国范围甚至全世界范围的优势地位,而原本流行的方言或语言被迫隐退甚至消失。

(3)文化同化。强势地位的某种语言利用文化因素进一步强化自身的语言强势地位,进而同化、融合其他语言,这就是文化同化。

(4)教育同化。学校教育是人们学习与运用语言的重要场所。人们在学校教育中所接受的语言将作为学习者学习其他学科、语言的工作而存在,并对其日后的学习用语、生活用语产生很大的影响。

---

① 白雅,岳夕茜.语言与语言学研究[M].昆明:云南大学出版社,2010:9.

第二节　语言的定义与特征

一、语言的定义

(一)什么是语言

语言的定义和语言的起源一样,至今没有一个统一的看法,不同学者从不同的视角出发提出了各自的观点。

(1)鲍林杰与赛尔斯(Bolinger & Sears)认为,"人类语言往往与交际者的经历相关,并运用任意性的声音构成约定俗成的符号,按照固定的规则组装起来的一个交际系统,这一交际系统由听说两方构成。"①

(2)布龙菲尔德(Bloomfield)认为,"语言社团内部的人通过语言进行合作,语言弥补了不同的人在神经系统上的差距,对语言社团中某一个人的刺激,可能会引起另一个人的反应行为。语言把个别的人凝聚成社会的有机整体。"②

(3)刘易斯(Lewis)指出,"语言是一种活动方式,也可能是人们最为重要的一种行为方式。"③

(4)惠特尼(Whitney)认为,"语言是人类独有的,是文化的重要组成部分,是获得的能力。语言与其他表达手段的重要区别就是语言需要交际这一直接动因,且交际是语言史上起决定作用的

---

① Bolinger,Dwight & Donald A. Sears. *Aspects of Language*[M]. New York：Harcourt Bruce Jovanovich Inc. ,1981:1-2.

② Bloomfield,Lenonard. "Philosophical Aspects of Language", in Charles F. Hockett(ed.) *A Leonard Bloomfield Anthology*, abridged edition, Chicago and London：The University of Chicago Press, 1970,1987:267.

③ Lewis,M. M. *Infant Speech:a Study of the Beginnings of Language*[M]. London:Kegan Paul,1936:5.

因素。"①

（5）缪勒（Muller）认为，"动物与人类的最大区别和障碍就在于语言上，人类会说话，而动物至今都没有说过话。"②

（6）本福尼斯特（Benveniste）指出，"语言是一个系统，而其作为某种类型的成分是语言的重大意义。而语言的意义与功能往往由结构赋予而成。之所以交际能够无限制地展开和进行，就是因为语言是根据编码规则来进行系统的组织。也就是说，发话人首先组成个别的语言符号，进而将这些个别符号构筑成成组符号，最后形成无限话语，而听话人需要对发话人所说的这些符号展开辨别，因为听话人本身也存在同样类似的系统。"③

我国很多学者也从多个层面对语言进行了界定。

（1）高名凯、石安石指出，"就语言结构而言，语言是由词汇与语法构成的一个系统，这一系统中的每一个成分都是由声音与意义组成。根据语言的基本职能来说，语言首先是交际的工具，其次是思维的工具。"④

（2）王希杰认为，"语言是一种社会现象，其与其他社会现象有着明显的区别，具体体现在：语言是作为人们交流思想、交际的工具来为人们服务的；语言是作为人们的思维工具来为人们服务的。"⑤

（3）王力认为，"语言是人们表达情感与思想的工具……人类普遍的语言是用口说的，即口语，口语是狭义的语言。但是口语虽然便利，但很难维持久远，因此就创造出文字来代替口语。文

---

① Whitney, W. D. Nature and Origin of Language[A]. *The Origin of Language* [C]. Bristol: Thoemmes Press, 1875: 291.

② Muller, Friedrich Max. Lectures on the Science of Language[A]. *The Origin of Language*[C]. Roy Harris. Bristol: Thoemmes Press, 1861: 14.

③ Benveniste, Emile. *Problems in General Linguistics*[M]. Coral Gables: University of Miami Press, 1966: 21.

④ 高名凯, 石安石. 语言学概论[M]. 上海: 中华书局, 1963: 16-17.

⑤ 王希杰. 语言是什么？[M]. 上海: 上海教育出版社, 1983: 116-117.

字也就成了语言的一种。"①

（4）赵元任认为，"语言是由发音器官发出的，是形成系统的一种行为方式，是人与人互通信息的工具。"②

（5）徐通锵指出，"从语言的性质来说，语言是现实的编码体系；从语言的功能来说，语言是人们交际、交流的工具，而交际的实质就是对现实的认知。"③

虽然国内外学者对语言的界定看法不同，但是基本上都认为语言作为人类特有的交际符号，是人类区别于动物的根本特征。

（二）语言的外延

1.语言的结构

语言可以理解为语音与意义结合的词汇、语法体系。在这一体系中，语言所包含的所有结构要素都是有规律地相互制约、相互联系，从而形成一个统一体。

首先，在语言体系中，词汇就是语言的建筑材料。词汇涉及词与熟语两部分。其中词是语言中能够独立使用的最小单位，主要由词素构成，但词素不能再继续划分。例如，highly 是由 high 加上后缀-ly 这两个词素组成的；eggs 是由 egg 加上后缀-s 两个词素组成的。熟语就是词的固定搭配或者活动组合，如 come up with，take care of，turn out 等。

其次，语法是语言的组织规律和建筑方法。受语法规则的制约和影响，词素组合成词，词组合成词组，词组构筑成句子，句子构筑成语篇。如果没有语法规则的影响和制约，那么组成的语言也就混乱不堪了。在语言中，语法规则是现成的，正是因为这些语法规则的存在，才能组织成合理的句子和篇章。

---

① 王力.中国现代语法[M].上海：上海教育出版社，1943：21.
② 赵元任.语言问题[M].台北：台湾商务印书馆，1968：2.
③ 徐通锵.语言论——语义型语言的结构原理和研究方法[M].长春：东北师范大学出版社，1997：21.

2.语言的建构

语言的建构主要涉及两个层面：一是对语言体系中原有的材料的运用来建构话语；二是对话语进行创新，从而充实语言体系。

语言的建构有两大特征：连续性与阶段性。并且，这两大特征是辩证统一的关系，连续性使语言结构不断衍生和发展，从而为人们日益改变的交际需要服务。相比之下，阶段性使语言趋于平衡和稳定，从而保证人们日常交际的需要。

此外，任何语言结构都是建立在交际与思维的活动中，并通过对其运用得以形成，形成之后并不是永久不变的，而是随着时间和需求不断发展的。可见，语言建构本身属于一个动态过程，即在实际的交际过程中，人们在创造无数话语的同时也会产生一些新成分，从而对话语体系进行充实和完善。

综合来说，语言的结构和建构这两个方面相互影响、相互制约。如果离开了任何一方，那么语言体系就无法建构或者变得匮乏。因此，语言学在对语言结构进行研究时，还需要对语言建构规律进行探究，从而不断推动语言向前发展。

二、语言的特征

(一)符号性

语言是一种符号系统，具体来说是音、义结合的符号系统。这里的音指的是语音，是作为语言的外壳出现和存在的，语音的最小单位是音素。这里的义指的是语义，是语言的意义内容，包含词汇意义、语法意义和修辞意义等。如果没有语音，语义就不能表达出来；如果没有语义，语音也就不能作为语言单位存在。

语言的符号具有任意性和线条性的特点。社会交际的需要构成了潜在的意义系统，并且这一系统需要依据语义系统才得以实现；语义系统通过语法系统以语音的形式呈现出来。但是，语言中的语音与语义的结合、词汇系统和语法系统的构成并不是天生的,其中没有必然的联系,而是经过人们长期的社会交际和实践形成的。

(二)生理性

基因是人类大脑语言器官的载体,人类大脑的语言器官主要是内嵌于大脑皮层之上,具有人类特有的生物禀赋。通过基因,大脑的语言器官得以遗传,并且万世都不会枯竭。动物无论怎样都不可能学会人类的语言,这正体现出人类大脑中特殊的生理基础,即存在着一种特殊的处理机制和语言习得机制。

(三)移位性

移位性是指语言使用者可以用语言来表达不在交际现场(时间和空间上)的物体、事件或概念。例如,尽管大教育家孔子已经去世两千五百多年,但是我们今天仍然可以提及、评价孔子。这也是人类语言与动物语言的重要区别,语言使得我们可以谈古论今,甚至可以谈论未来还未出现的事物。语言的这种移位特征使人类受益无穷,使人类可以用抽象的概念来交谈和思考(Fowler,1974)。

(四)交际性

语言是人类独有的,是人类最重要的交际工具,是社会交际需要与实践的产物。正是由于交际的存在,语言才有生命。世界上任何一个人不可能创造出一个只有自己清楚的语言同他人进行交际。既然语言是人类交际的工具,那么其必然会在社会群体中进行,因此该语言也是社会全体所清楚的。在实践过程中,人们学会使用语言,语言也在实践的过程中得以发展与变化。

(五)能产性

能产性也就是语言的创造性,这是语言的一个重要特征。创造性指语言的二重性和递归性使语言变得具有无限变化的潜力。二重性使得说话者通过组合基本的语言单位就可以创造出无限多的句子,其中的大部分句子说话人可能从没有听过也没有说过;递归性使得语言有潜力产生出无限长的句子。

具体来说,我们可以运用有限的语言手段,通过组合和替换,造出无限的句子。德国语言学家洪堡特在《论人类语言结构的差异及对人类精神发展的影响》一文中指出:"语言不仅是一种产品,更是一种创造性的活动。"[①]语言是不断发展和变化的,并在语言活动中得以体现出来。语言的生命的表现形式就是讲话,而一旦将语言记录成文字,就变成了僵死的作品,如果要想这些作品发挥价值,就必须要依赖于使用者的再创造,包含领会、阅读、朗诵、理解等。从这一点来说,创造性必然是语言的本质特征。

语言的创造性还反映了人类精神,正如洪堡特所言,"语言是精神不由自主地流射与发挥"。人类的思维和精神无时无刻地反映着物质世界的发展和变化,而能够将思维和精神活动体现出来的根本方式就是语言。简单来说,一个国家、民族要怎么思维,那么他们就会怎么说话。然而,当思维具体到可以感受语言时,这一过程实际就是交际的过程,是在真实地传达思想、表达情感。

(六)文化性

语言是一种特殊的社会现象,与其背后的社会因素和文化因素密切相关,从这个方面来说,语言也是一种文化现象,而且是文化的重要反映。作为人类特有的描述客观世界的手段,语言符号是文化的一项重要组成部分。语言是思维方式、思维深度、思维范围的体现,而思维的直接产物是精神文化,间接产物是物质文化。美国著名的人类学家萨丕尔(Sapir)指出,语言结构对思维结构予以规定,而从本质上说思维结构决定着某一民族的文化结构类型。因此,学习一门语言,实际上是学习该语言所属的文化类型。

---

① 转引自朱淑媛.语言的功能与语言的创造性[J].集宁师专学报,2007(1):20.

第三节　语言的功能与物理载体

一、语言的功能

语言的功能主要有以下几个。

(一)信息功能

语言的信息功能又称为"概念功能",在语言的各种功能中占据主导性的地位。如果人们想要表达自己的思想、传达自己的情感,就必须有语言的参与。同时,语言可以对事件发生的情况进行记录,这是社会不断发展的有效前提。在韩礼德看来,语言主要用于信息与内容的传达。其中的信息和内容就是发话人在现实生活中的一些经历或经验。为了服务于这些信息和内容,语言发话人会将与信息和内容相关的经历和经验结构化,帮助听话人形成正确对待事物的方式。

(二)元语言功能

元语言功能主要涉及对语言本身展开的探讨。简单来说,就是我们可以用"椅子"一词来谈论一张椅子,也可以用"椅子"来谈论语言符号。为了能够将书面的文字组织成一个连贯的整体,作者往往会用某些特定语言对将要发生的情况对读者进行组织。

(三)人际功能

人际功能属于一种社会功能,是语言最主要的社会功能。人与人的关系需要人际功能的参与和维持,人际功能主要关注的是发话人与听话人的互动,以及发话人对听话人所说的话或所写的东西的状态和态度。例如,从称呼上而言,有些话语方式将人际关系的阶层情况显示出来,如敬爱的女士、尊敬的校长等都是最好的体现。可见,人际功能所涵盖的范畴是非常广泛的、复杂的,其涉及的术语也非常广泛。

(四)寒暄功能

寒暄功能从广义上来说,也属于上述人际功能的一种。在日常生活中,人们常常会使用看似没有意义的、简单的表达来阐述人与人的关系,如"Thanks.""Sorry."等。中国人也常会说诸如"早上好!""下午好!"等关于问候的话语,外国人则通常会讨论天气,以此打开话题。

(五)施为功能

"施为"这一概念源于著名学者奥斯汀(Austin)和塞尔(Searle)等人,并且随着历史的发展,逐渐成了语用学的一种支柱性理论。语言的施为功能主要针对人们社会地位的变更,且使用的往往是正式的、程序化的语言。在某些特殊场合中,语言的施为功能还能够被用来对现实世界进行控制。例如,在汉语语境中,如果有人打碎盘子,主人会念叨"岁岁平安",这是取了谐音的意思,但是也是对打碎东西会对未来产生不好影响的避免。

(六)情感功能

情感功能在语言中是最有用的功能之一,因为其对于听话人的情绪有左右的影响,且有助于改变听话人对人或事的态度。大卫·克里斯托(David Crystal,1992)认为,"语言有助于人们在面临压力时进行情绪的释放。"[①]例如,誓言、猥亵之词、对艺术或美景发出的不自觉的感叹,习惯性话语"哦""天哪"等。

情感功能在表达功能中也有所论及。表达功能可以完全是不掺加任何与他人的交际,可以是个人化的情况。例如,一个人

---

① David Crystal. *A Dictionary of Linguistics and Phonetics*[M]. Oxford:Basil Blackwell,1992:17.

不小心把手挤到了,会喊"哎呦"等。

(七)娱乐功能

娱乐功能在语言的功能中一般应用比较小,因此往往会被忽略,但是也不能否定语言的娱乐功能存在的意义。例如,婴儿的牙牙学语就是体现了娱乐功能。再如,当孩子们在玩耍时,往往会有声音的力量,虽然可能这些话语没有任何意义,但是只是为了表达语言的快乐,用语言的节奏来对玩耍的节奏进行控制,孩子们获得的乐趣会更大。

二、语言的物理载体

语言如果不用声音和文字进行落实,那么就是一种神秘的抽象概念,从这点上说,声音和文字是语言的两种物理载体。这是因为这两种物理载体赋予了语言可听、可视的物理特征。不过,语言除了这两种物理载体,还有盲文和手语等特殊的实现方式。下面就对语言的物理载体进行具体分析。

(一)口语

口语也就是面对面的口语交流,表现为听和说。在日常生活中,口语交流可以说是人们最常用、最熟悉的交流形式。一次典型的口语交流一般包含两部分:说话者与听话者。说话者发出声音,听话者洗耳恭听,然后双方进行角色转换,即听话者变说话者,如此循环往返。从表面上来说,这是一个普通的、自然的、简单的过程,但是如果对说话者的"说"和听话者的"听"进行仔细分析,不难发现其中的奥秘,如图 2-1 所示。

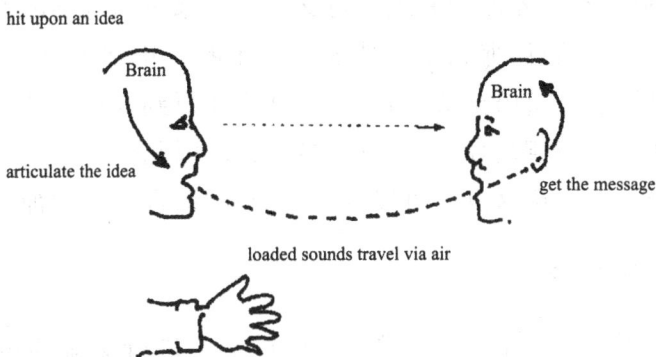

图 2-1 口语交流的四个步骤

（资料来源：蓝纯，2009）

具体来说，口语交流分为以下四个步骤。

（1）说话者在头脑中产生一种想法，并想将这一想法说出来与听话者分享。说话者在说之前，需要对自己头脑中的想法进行解码，并选择合适的词语，组织成句。这是口语交流的第一步，也是语言筹划阶段。

（2）说话者说出了自己头脑中的想法，即通过声音的方式给予了这一想法抽象的物理形式。在传递的过程中，说话者从肺部排出少量气体，使气流顺着气道通行，由于在通行中会产生空气的震荡，因此最后由鼻腔或者口腔排出时就会产生声音。这是口语交流的第二步，也是声音发出的阶段。

（3）如前所述，气流流动时会使得空气震荡，产生声音，但是这一声音并不是无意义的，而是蕴含着说话者的思想的声音。一般情况下，口语交流的双方距离较近，因此声音从说话者到听话者耳朵之间的时间是可以忽略的。这是口语交流的第三步，也是语言传播的阶段。

（4）听话者接收说话者的信息，并对这些信息进行解码。当具有说话人思想的声音传到听话者的耳朵时，声音会不断敲击听话者的耳膜，耳膜再将这些声音信号传达给大脑，并由大脑对其进行解读。这是口语交流的第四步，也是语言的接受和解读阶段。

经过这四个步骤，如果听话者能够准确地接收和捕捉说话者的信息,那么双方才能顺利地进行交际。如果听话者不能够理解或曲解说话者的信息,那么就会造成交际中断。正常来讲,人们每天需要重复地进行口语交流,但是人们并未注意到其复杂性。这是因为,人类的大脑对嘴、耳朵等部位进行指挥,因此会毫不费劲地完成上述四个步骤。从这点上可以看出,人类的语言是非常神奇的。

(二)书面语

书面语是与口语相对应的,是通过文字进行交流和传播的形式。书面文字可以刻在甲骨或岩石上,也可以写在丝绸、竹简、纸张上,还可以敲打到电脑屏幕上。在教育程度较高的社会里,人们容易将语言与书面文字等同,但事实上,书面语的出现要晚于口语。

在信息技术出现之前,人们往往会通过书信方式来互通信息、交流感情。这一交流方式会经历四个阶段。例如,Steven 与 Mandy 生活在不同的城市,Steven 思念 Mandy,决定用信件的方式来传达信息。在做出这个决定时,Steven 就进入了语言的筹划阶段,这是书面语交流的第一步。做出决定后,Steven 开始写信,这就进入了交流思想的第二步。在这一步进行中,Steven 会面临多重选择,如怎么称呼 Mandy,如何开头,如何收尾,采用何种语气等,简单来说就是 Steven 采用何种风格和文体来组句成篇。信件写好之后,就进入了书面语的第三步——传送信件,即寄信。第四步,Mandy 收到信件,阅读和理解 Steven 所要传达的信息和表达的感情。

随着信息技术的进步和发展,寄信的方式有很多种。除了以往贴上邮票邮寄出去之外,现在还可以选择发 E-mail、MSN、QQ 等。这已经改变了传统的寄信模式,但是其实发挥着与传统书面文字同样的交流形式。需要指出的一点是,信息传递方式的不同对信息结构、措辞、文体、风格等产生影响。例如,一般短信中输入的内容较短,而 E-mail 的内容较长。

同时,最后一阶段是信息的接收和解读阶段。但是在阅读过程中,收信人需要经历一个复杂的过程,因为阅读几乎包含了人类所有的心理功能,实现多种身体和心理功能的协调。在阅读过程中,收信人需要发挥两个作用:一是对输入的符号进行分辨和记忆,这是发挥了视觉作用;二是对声音进行分辨和记忆,这是因为阅读是一个对所看到的文字的发声做出反应的结果,只有熟练的读者才能将其转化成默读的形式。因此,在这一阶段,人类的大脑需要对字形、字音、字义等进行解读和理解,如果缺少了任何一个层面,都会导致收信人的障碍。

(三)手语

手语是为聋哑人准备的语言表达方式。所谓手语,是指人们在聋哑环境下,运用手的动作、指式、朝向、位置等配合面部表情,按照一定的规则来传达意思的特定交际工具。也就是说,手语是通过手形这一物质载体来传达信息的。

但是需要注意的是,手语与打手势不同。打手势是人们表达某种情感、某一态度的简单动作,一般与口语配合使用,而手语是专供聋哑人使用,并能相互理解的交际手段。手语有自己独特的构词方法和句法,与有声语言并无多大联系,因此不会受到有声语言规则的影响和制约。图 2-2 为美国手语 26 个英文字母的表达。

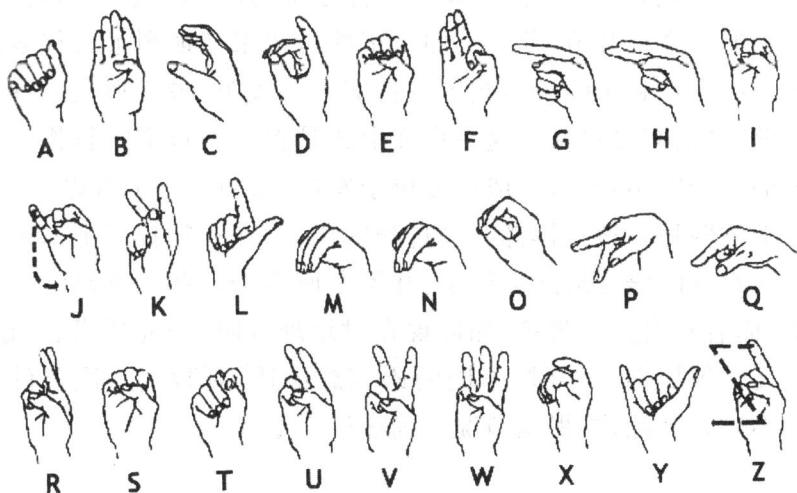

图 2-2　美国手语 26 个英文字母

(资料来源:蓝纯,2009)

(四)盲文

盲文是专门为盲人设计的、依靠触觉来识别的语言。1829年,法国学者路易·布莱叶(Louis Braille)发明了"点字",这是现在国际上通用的盲文。这一盲文格式是采用六个点来构成的,并运用点数的多少及点的位置来确定不同的符号。图2-3是布莱叶盲文中的26个英语字母的表达。

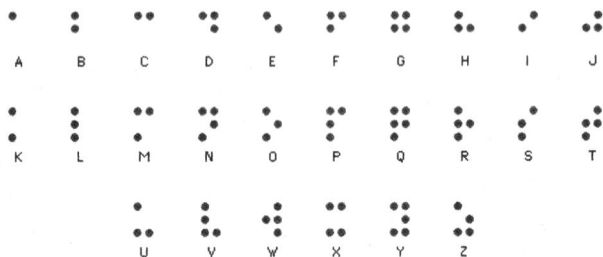

图2-3　布莱叶盲文中的26个英语字母

(资料来源:蓝纯,2009)

在我国,"康熙盲字"是使用最早的通用汉语盲文,也称为"408"或者"数字盲字符号"。"康熙盲字"是一种代码性质的盲字,是将声方盲字符号和韵方盲字符号排列成408个号码,代表汉语中的408个音节,并且按照一定的规律来变换图形来代表汉语中的四声。到1975年,我国对盲文进行改革,最终形成了现在通行的"汉语双拼盲文",这一盲文形式是将两方盲文字符拼写成汉语的一个实用音节,一般声方位于左边,而韵方位于右边。

上述四种物理载体都有其自身的优势,在一定程度上都影响着其所承载的语言形式。但是,并不是所有语言载体都是完美无缺的,而有其自身的劣势,如体现在对地理屏障、采光要求、反馈、时间要求等层面。同时,不同的语言载体适用的场合、服务的目的也不同。因此,要根据情况来确定语言形式。

第三章　英汉语言对比的跨文化渊源

　　语言根植于文化,是文化的重要组成部分,反映着文化,所以英汉文化差异必然也会在语言上有所体现,并导致英汉语言存在差异。对此,本章将对英汉语言对比的跨文化渊源进行探讨。

第一节　英汉价值观念差异

　　价值观的差异是英汉文化差异的一个重要体现。价值观,也称作价值取向,指人们心目中对于万事万物的相对比较固定而成套的看法或评价体系。价值观是文化的底层,如果不理解价值观的差异,也就不能理解不同文化之间的根本差异。本节将对英汉价值观念的差异进行探讨。

一、个人取向与群体取向

(一)西方社会的个人取向

　　西方社会崇尚个人主义,这一点在美国表现得尤为突出。西方的个人主义取向可以追溯到 15 世纪的文艺复兴时代,而个人主义这一重要观念充分体现出来是在 17 世纪以英国哲学家洛克为代表的西方哲学中。洛克认为,"生物的个体是自然的基本单位"。西方哲学家认为,社会制度产生于社会秩序建立之前的为个人利益而行动的个体之间的交往之中。这一观点对早期美国社会的发展造成了巨大影响。前英国首相丘吉尔把西方的个人主义描写为:"我们从我们的父母那里得到的只是我们的名字而已,不是财产。我们必须寻找机会。我之特殊不是继承来的,而是我通过拼搏取得的。"

个人主义,在西方人看来就意味着对个性、对差异的追求,人们的行为、言论、思想都要力争与众不同;差别化会受到赞赏,而保持一致则是个体人格丧失的表现。因此,西方人喜欢独辟蹊径,标新立异,喜欢追求个人享受,放任个性自由发展,不满足于物质利益的享受。这是因为西方人具有追求自我实现、强调个人意志的价值取向,他们才各论其理,各行其是,各展其才,各得其志。

此外,西方社会的个人主义价值取向在英语合成词中也有所体现。英语中以-self(自我)为前缀的合成词就有 100 多个,如 self-confidence(自信), self-control(自我控制), self-denial(自我克制), self-dependence(自力更生), self-esteem(自尊), self-help(自助), self-respect(自重), self-support(自立)等。从这些词中就可以看出"个人"在西方社会中所占的重要地位。在西方人眼中,每一个个体都是不同于其他人的独特的个体,每个人的思维方式、行为都与别人不同。他们拒绝被人们称为某一群体的代表,认为自己是自主、独立的实体。他们崇尚个人奋斗,不喜欢依靠别人,即便是自己的父母。他们认为无端地接受别人的帮助是无能的表现。

但需要说明的是,西方社会的个人主义取向并不意味着个人利益高于一切,完全无视他人的存在。西方人所崇尚的个性解放、自我奋斗,是在法律、法规约束之中的,总体上是积极的、健康的。但是,在中国人看来,西方人太过于强调个人主义,而这也严重影响了社会群体的合力。

(二)中国社会的群体取向

所谓群体取向,就是提倡凡事以家庭、社会和国家利益为重,个人利益在必要时可以忽略,可以牺牲。中国社会历来崇尚群体取向,主张在处理个人与集体或环境的关系方面,个人要安分守己,与集体或领导保持一致。中国人习惯于忍让,力求个人身心与整个环境相适应;尽量避免"一枝独秀",因为"树大招风""枪打出头鸟"。但随着社会的不断发展,中国传统的群体意识已有所改变,但人们对集体或群体依然有强烈的归属感。

中国社会的群体趋向具体表现在,中国人较多考虑的是别人对自己行为的看法,力求使自己的言谈举止符合群体的意志,因此求大同、随大流就成了中国人为人处世的信条。这也使得中国人为了面子,尽管心里不乐意也会委曲求全,不愿与人争执。

中国人的这种价值观念决定了中国人内向、含蓄、谦虚的性格特点,这些特点在语言中自然也会有所体现。例如,中国人在称呼语方面常用贬低自己的自谦语,如"寒舍""小女"等,而常使用敬语抬高别人,如"贵府""令爱";在受到表扬时,通常不正面接受,并使用"不敢当"这样的表达;汉语中常有反对个人英雄主义的习语,如"枪打出头鸟""树大招风"等。

二、求变与求稳

(一)西方人主张"求变"

在西方文化中,"求变"心态普遍存在,而在美国文化中表现得尤为突出。西方人崇尚个人主义,这也就促使他们倾向"求变"。西方人认为,事物是变化的,而且是永不停止的。变化表现为不断打破常规、不断创新的精神。他们不满足于已取得的成就,不甘受制于各种条件的限制。他们在意的是变化、改善、进步、发展与未来。在他们看来,没有变化就没有进步,没有创新就没有成就,没有发展就没有未来。例如,在美国,整个国家都充满着这种打破常规、不断创新的精神。

喜欢另辟蹊径,热衷于冒险探索,是西方人"求变"的突出表现。在西方历史文化中,到处充满了人们冲破传统的轨迹,标新立异的成功。当然,变化的背后是危险和破坏,但西方人将这些东西看作创造性的破坏,这样的破坏是创造的开始。也正是这种"求变"的价值取向,西方社会一直都处在创新的氛围中。

这种价值观念在语言上也有所反映。英语语言中,句子多以动词为中心,动词基本不能省略,而汉语句子则以名词为中心,可无动词,如"It is hot."(天热)。求变还意味着打破陈规,摒弃过去。对于求变的西方人,tradition,old 代表旧的、不中用的,所以西方人不服老,西方老人听到别人说 old granny 或 old Smith 时往往会不悦。求变也使得西方人善于抓住机会,勇于创新,所以"机会主义""冒险主义"在英语中具有积极的含义。

(二)中国人倾向"求稳"

受群体主义取向以及中庸哲学思想的影响,中国人的生活被"万变不离其宗""以不变应万变""祖宗之法不可变"的精神所笼罩,中国人习惯在一派和平景象中"相安无事""知足常乐",习惯于接受稳定。在中国人的心目中,"求稳"的观念和心态已经深深扎根。而且中国社会就是在"求稳"的观念下不断发展进步的,不论大家(国家)还是小家(家庭)都希望稳定和谐。

实际上,一个社会不可能固守不变,关键看为什么变、如何变、变得怎么样。中国几千年的封建社会不断改朝换代,一直发生变化,但是在"祖宗之法不可变"的精神支配下,这种变化本质上是"一治一乱"的天道循环,基本的社会制度和格局并没有变化,也没有创新。"统一和稳定"在中国历朝历代都是头等大事,是社会发展的根本保障。其实,我们可以将中国的历史用"合久必分,分久必合"来概括,"分"是表象,"合"是永恒。不可否认,中国几千年来正是在"稳定"中求生存,求发展,求进步的。而这也很好地解释了为什么中华民族的文化得以延续并完整地保存了下来。

这种价值观念在语言中也有明显的体现。例如,汉字方块字，汉语中的词语、句子、诗歌、文章等讲究形式对称、平衡，常使用押韵、排比等手法；句子呈静态，较少省略名词，而经常省略动词；句子的组建也呈现出一定的稳定性，如"早餐""中餐""晚餐"只是在"餐"前面加上一个字组成；中国人尊老敬老，鼓励发扬传统，所以常将上了年纪的人称为"老师傅"，将有经验的人称为"老手""老行家"等。这些都反映出了中国人求稳的价值观念。

随着改革开放的不断深入，中国的经济飞速发展，国际地位和综合国力也迅速上升，并取得了举世瞩目的成就。而这一切始终都是在稳定中求发展，国家始终将维持安定团结的局面放在首位，强调"稳定压倒一切"，坚持"发展是硬道理"。这种"渐变"式的发展模式符合中国的国情，也符合中国文化的特质。

三、平等与权势

(一)西方人主张平等

西方人主张民主，强调人人平等，认为公民应该享有最高的权威，所以在人际关系中常采取平等的取向。西方人常称呼别人为"Mr. /Miss"，"Sir/Madam"或"Dear"等以建立平等的关系。学生对教师、下辈对上辈可以直呼其名。男女之间也是平等的，如chair person，hero 为中性；有 chairman，也有 chair woman；singer 男女皆指。

(二)中国人强调权势

中国人注重尊卑有序，强调仁义道德，崇拜权威，人际关系呈现出权势取向。而这种观念表现在语言上，汉语中用"您"与"你"，"君"与"臣"表示等级差别；具有"长""家""老""大"等权势标志；在称呼语中，常以头衔称呼别人，如"刘会计""王经理"等。这种价值取向在汉语语言中十分常见。

四、实话实说与讲面子

(一)西方人实话实说

相较于中国人的爱面子,西方人更加注重个人自由,虽然有时候也讲面子,但是只是把丢面子看作轻微的尴尬,而不会感到有太多的羞耻。

西方人在面对自己的错误时,通常不会感到羞耻,更多的是表现出自责的状态。在西方,课堂上提问、挑战权威、说实话或者直接拒绝朋友都是很简单的事情,这些行为不会对集体产生影响,只是会影响到个人,但是这些事情对于中国人来说并不那么容易。在西方社会,人云亦云的人是不会受到尊敬的,只有那些敢于表达自己想法的人才会得到人们的肯定与赞美。

另外,相对于中国人的"暗示",西方人更喜欢直接,将问题直接摆上桌面解决,以便统一认识。

(二)中国人讲面子

中国人认为,"面子"就是自己的自尊心和荣誉感。中国人对自己的面子或者荣誉十分看重,同样会尊重他人的面子。换句话说,自己不能丢脸,同时不会让他人丢脸。

在中国,失了面子是很糟糕的事情,所以不能当众对他人进行辱骂,或者对其大吼大叫,这样会使对方陷入尴尬的境地,让他们感觉很丢脸。因此,为了在保证他人面子的情况下传达有效意见,所有的批评都应该放在私底下来谈,尽量不要当众给出,否则将有可能事与愿违。

对于自己的意愿,中国人通常不会明确表达,尤其是对他人或者他人所做的事情的否定意见,而会采用更为委婉的表达方式,希望对方能够体会到其中暗含的意思。这样既可以为对方保留面子,又不会伤害双方的感情,是中国人最希望达到的交际目的。

第二节　英汉思维方式差异

思维方式是人类看待事物、观察世界并进行认知、推理的基本方法,它包括思维形式、思维方法、思维路线、思维顺序以及思维倾向等基本要素,它是最为隐含的文化内涵之一,是一切文化特别是交际文化的深层基石。长时间生活在不同的地域和环境的人们逐渐会创造属于自己的独特文化,也会形成不同于其他地域的思维模式。其中,中西方思维模式就有着显著的差异,具体表现在以下几个方面。

一、抽象思维与形象思维

(一)西方人善于抽象思维

西方人比较擅长与现实世界物象相脱离的抽象思维,这是因为西方生存的地方相对狭小,受地域范围限制,他们必须独立与大自然的恶劣环境相抗争才能取得自身生存发展所需要的必要条件。在发展和进化过程中,西方民族在个性方面就表现出求新、思辨的思维模式。这一思维模式具有抽象性、逻辑性、客观性、分析性和准确性的特点。在西方人看来,宇宙有天和人两个截然不同的组成部分,天和人是相互分离,相互对立的。所以,他们认为,在自身的发展过程中必须不断地去征服自然,改造自然,利用自然。在激烈的斗争和艰难的生存中,他们体会到人的理性、力量以及形体之美的不同。

基于这种思维模式,所以英语中多使用抽象的表达。抽象名词虽然较为笼统,有时会给人一种晦涩难懂的感觉。但是,这种特点更有利于表达一些微妙的感情或思想变化。例如:

A lot of Diana's appeal comes from her stunning physical

presence.（戴安娜之所以受到公众的关注主要是因为她那令人倾倒的身段。）如果将句中的 presence 译作"出席""存在""到场"等抽象概念,会让人百思不得其解。

(二)中国人善于形象思维

中国地大物博,人们长期处于农耕文明的影响下,生活稳定、富足,因此汉民族就呈现出好静、内向、重视集体的个性特点。不同于西方"天人相分"的观点,中国人主张"天人合一",敬畏大自然,崇拜大自然,并顺从自然规律,希望能与大自然和谐统一。因此,中国人较擅长与外部世界的客观事物的形象相联系,然后结合呈现在大脑里的物象进行思考总结。也就是说,中国人擅长形象思维。

这种思维模式在汉语语言中有明显的体现。现代汉字的写法或结构仍浸润着丰富的物象,颇具立体感,很容易使人把它们同外部世界的事物的形象联系起来,有些现代汉字甚至仍保留着很强的意象感即清晰的意境(闫文培,2000)。例如,看到"山"这个字,我们就会在脑海中简单勾勒出山的轮廓。中国古诗也是这一特点的有力证明。例如,"古藤老树昏鸦,小桥流水人家",简单的词语组合就能让人在脑海中形成清晰、完整的意象,中国汉字的这种魅力是远非西方拼音文字所能比的。

二、直线型思维与曲线型思维

(一)西方人为直线型思维

西方人的思维模式呈直线型,注重"演绎法",即"由一般到特殊或由抽象到具体""先立论、后展开"的思维方法。而这种思维模式在语言中有着显著的体现。例如,西方人在写文章时注重开门见山,直奔主题。文章的第一句往往就是中心思想,其后是对中心思想的进一步阐述。例如:"I met with the foreign teacher from Australia on the new campus at 7：30 yesterday evening，whom most of your classmates liked most." 译成汉语为："昨晚 7 点半在新校区，我碰到了那位最受你们大多数同学喜爱的来自澳大利亚的外教。"西方人的这种思维特点在日常生活交际中也有直接的体现。西方人待人接物时非常直接外露、开放，语言也是直截了当，而且态度十分鲜明。

（二）中国人为曲线型思维

相较于西方人的直线型思维模式，中国人的思维呈现出较强的间接性和迂回性。中国人通常不习惯将什么事情都说得很明白，讲求以迂回的方式进行。他们习惯与目标问题绕道而行，或者用相对隐晦的话来表明自己的立场。所以，中国人的性格相对内敛、隐忍，甚至有些封闭。这种思维模式在语言中的表现为，在行文方式方面，"中国人撰写的文章往往是以笼统、概括的陈述开头。每个段落里经常含有似乎与文章其他部分无关的信息。作者的见解或建议经常要么不直接表达出来，要么就是轻描淡写地陈述"；在语言的思考和运用上，常常会不断重复使用之前用过的词语或句式。

三、个体思维与整体思维

（一）西方人重个体思维

个体思维就是思维主体在思想上总是将一个完整的认知对象拆分，对其各分解部分，或者整体的各种属性等分别进行研究。在西方文化中，个体成分的独立性被看重，它强调形式结构和规则制约，强调要注重细节，力求具体和精确，讲究由小到大，从部分至整体的思维观念。

这种个体性思维模式在语言上的一个表现是，英语在表达时间和空间的顺序是由小到大，表达时间的顺序为：分、时、日、月、年;表达空间的顺序为:街道、市、省、国家。

(二)中国人重整体思维

整体思维与个体思维正好相反,它在认识事物时习惯把认知对象的各部分,或者整体的各种属性作为一个整体来研究。中国人认为,整体是由部分组成的,因此想了解部分就必须先研究整体,使用综合概括的方法,反对孤立地看问题。

整体思维模式和语言观倾向于寻找整体和笼统,重悟性,具有"整体思维"的特点(潘文国,1997)。这种整体性思维模式在语言上的一个表现是,汉语在表达时间和空间的顺序是由大到小,表达时间的顺序为:年、月、日、时、分、秒;表达空间的顺序为:国家、省、市、街道。例如,"大小""岁月""远近""乡里""事无巨细""粗枝大叶"等。

四、逻辑实证性思维与直觉经验性思维

(一)西方人重逻辑实证性思维

西方人重逻辑证实,他们的思维传统就是重视实证,崇尚理性知识,认为只有经过大量实证的分析检验得出的结论才是科学的、客观的。也就是说,西方人的思维有很强的理性、实证、思辨色彩,注重逻辑推理和形式分析,形成了一种理性思维定式。

在语言上,西方人强调逻辑证实性的思维特点主要体现在对"形合(hypotactic)"的侧重上。简而言之,西方人注重运用有形的手段使句子达到语法形式上的完整,其表现形式需要逻辑形式的严格支配,概念所指对象明确,句子层次衔接紧密,结构严谨,句法功能呈外显性(overt)。

(二)中国人重直觉经验性思维

中国人注重实践经验,善于整体思考,所以常借助直接体悟

来把握认知对象的内在本质和规律。中国人在认识世界时,不善于追求深入思考感性认识,也不善于对现象背后事物本质的哲学思辨,他们更多地满足于对现象的描述和对经验的总结。

所以,在语言上,汉语注重意合(paratactic),即汉语语言表现形式主要受意念引导,从表面上看句子松散,概念、推理判断不严密,但是实质上存在一定的联系,需要受众主动去理解探究,而且它的句法功能也呈隐性(covert)。例如,"A wise man will not marry a woman who has attainments but no virtue."将其译成汉语为"聪明的男子是不会娶有才无德的女子为妻的"。句中的 a,who,but 等在译文中均没有体现。

第三节 英汉时空观念差异

在时空观念上,英汉民族也表现出显著的差异。本节将对英汉时空观念差异进行具体论述。

一、英汉时间观念差异

时间观念是在社会实践中自然形成的,是无意识的,因此时间观对正常的跨文化交流的影响也是隐蔽的。英汉时间观念差异集中表现在以下几个方面。

(一)将来与过去

1. 西方人关注"将来"

西方文化最突出的特点就是追求个体独立,讲求通过个人奋斗来满足个人的物质需求。在他们看来,时间失而不可复得,因此他们都不太留恋过去,而是更多地关注现实生活,抓紧每时每刻享受生活。在美国人眼里,时间是有限的,这就使得他们具有了较强的时间观念,"Time and tide wait for no man."(时不我待)是其潜在的意识。这种强烈的时间观念使得西方人把更多的注意力放在了规划和实现未来的事情,他们始终坚信"A future is always anticipated to be bigger and larger."(未来总是美好的)。

西方文化的线型时间观在文人雅作及民间俗语中就有所体现。例如,弥尔顿将时间比作"偷走青春的神秘窃贼",马维儿将时间比作"急驰而来的带翼飞车"。霍尔(Hall)指出:"在西方世界,任何人都难逃单向时间的铁腕控制。"民间谚语有"岁月不待人"等。这些都说明线式时间观念让西方人总觉得时间去而不返,因而有着较强的时间紧迫意识,十分珍惜时间。莉奈尔·戴维斯(Davis,2004)提到,她的朋友为提醒她珍惜时间给她写了下面这篇短文。

Time is Money

Imagine there is a bank that credits your account each morning with MYM86,400. It carries over no balance from day to day. Every evening it deletes whatever part of the balance you failed to use during the day. What would you do? Draw out every cent, of course!

Each of us has such a bank. Its name is TIME. Every morning, it credits you with 86,400 seconds. Every night it writes off, as lost, whatever of this you have failed to invest to good purpose, it carries over no balance. It allows no overdraft. Each day it opens a new account for you. Each night it burns the remains of the day. If you fail to use the day's deposits, the loss is yours. There is no going back. There is no drawing against the "tomorrow".

You must live in the present on today's deposits. Invest it so as to get from it the utmost in health, happiness, and success! The clock is running. Make the most of today. And remember that time waits for no one.

2. 中国人关注"过去"

中国具有悠久而灿烂的历史文化,中国人以此为傲,因此十分看重历史。例如,华夏族的祖先尧、舜、禹等先皇都被历代帝王所敬重;人们习惯用圣人之训、先王之道来评价个人或者事情,如"前所未有""前无古人,后无来者""后继有人"等说法。

中国人聪明智慧,善于观察,受到昼夜更迭、四季交替等现象的影响,逐渐形成了一种环式时间观。环式时间观容易给人一种时间的富裕感,因此人们做事情总是不紧不慢,认为还有时间。所谓"失之东隅,收之桑榆",中国人认为失去的东西还能有时间补回来,这就使人们渐渐形成了"过去时间取向"。时至今日,随着社会的发展,虽然人们不再过分关注过去,而是更多地关注未来,但是不可否认的一点是,"过去"这种时间观念仍然存在于人们的心中,并或多或少地影响着人们的生活。

(二) 单向与多元

西方文化是典型的单元时间文化。西方人认为,时间是一条线,是单向的,在单一的时间里只能做一件事。因此,西方人常严格按明确的时间表做事,并强调阶段性的结果,珍惜时间,注重做事效率。

中国传统文化是典型的多元时间文化。中国人认为,时间是由点构成的,在一段时间内可以同时做多件事情。因此,中国人做事没有明确的时间表,往往比较随意,不看重阶段性结果,也不讲究做事效率,认为只要在最终期限内完成所有任务就可以了。

两种不同的时间观念在跨文化交际中也有明显的体现。例如,中国人在拜访朋友时一般不会事先约定结束的时间,因为"朋友情谊无价",除非有十分紧急的事情,否则都可以放一放,以免"伤了和气"。而欧美人不仅要事先约定,而且还会约定谈话结束的时间,约定时间到了,谈话就应该结束,谈不上什么"伤和气"。因此,中外朋友相互拜访时常会产生一些误会。中国人认为西方人太过冷漠,而西方人认为中国人缺乏时间观念。

随着经济全球化的不断进展,西方的单元时间观念开始被越来越多的中国人所接受,现在的中国人也非常注重做事效率。

二、英汉空间观念差异

所谓空间观念,是指人们在长期生活实践中逐步形成的、有关交际各方的交往距离和空间取向的约定俗成的规约以及人们在社会交往中的领地意识。[①] 英汉在空间观方面也呈现出巨大的差异,具体体现在以下几个方面。

(一)交往距离

交往距离(Communicative Distance)又称"近体距离"(Proximity),是指交往中交际各方彼此之间的间隔距离,包括人情距离、社会距离和公众距离。对于交往距离不同的民族有不同的观念。由于中国人长期处于人口稠密所造成的拥挤环境中,因此中国人能够适应比较拥挤的环境,而且中国向来有"人多力量大"的观念,所以中国人对交往中的体距问题也就要求不高。但西方人常年生活在地广人稀的环境中,习惯于宽松的生活环境,因此他们很惧怕拥挤,在与人交往中也总是将自身范围扩展到身体以外,与他人保持一定的体距。通常情况下,南美、阿拉伯、非洲、东欧、中欧等地区的近体度较小,而美、英、德、澳、日等国家的近体度较大。例如,在与对方进行交谈时,英国人习惯于保留一个很大的身体缓冲带,而许多亚洲国家的人则倾向于彼此靠得很近;在公共场合,德国人总是自觉地依次排队,而阿拉伯人则倾向于一窝蜂地向前拥挤。

---

① 闫文培.全球化语境下的中西文化及语言对比[M].北京:科学出版社,2007:97.

(二)空间取向

空间取向(Space and Orientation)是指交际各方在交往中所取的空间位置、朝向等。空间取向最常涉及的就是座位安排问题。中西方的空间取向差异具体表现在以下几个方面。

1.教室座位安排

在教室座位安排方面,中国的教室桌椅摆放得相对固定死板,通常摆放成整体传统式即成排地横向摆放,体现了肃穆、严谨的教学理念。而西方国家的教室座椅摆放比较随意,常将书桌摆放成马蹄形、圆形、扇形、整体传统式、分组模块式等,这也符合西方国家轻松、愉快的教学理念。

2.会谈座位安排方面

在会谈座位安排方面,在正式场合中,如商务谈判和会谈等,中西方的就座安排基本相同,都是右为上和面向房门为上。中国人在谈正事时,尤其是谈判、商讨要事、宣布重大事项时更是要面对面隔桌而坐,批评或训斥下属则大多面对面隔桌站立。但在非正式场合中,西方人总是彼此呈直角或面对面就座,前者往往是谈私事或聊天,而后者则态度较为严肃、庄重。如果同坐一侧,就表明两人关系十分密切,通常是夫妻、恋人或密友。而中国人在谈私事、闲聊时,则无论彼此关系是否达到密切的地步,都喜欢并排就座。

3.就餐座位安排

在就餐座位安排方面,中西家庭餐桌的座位安排基本大同小异,桌首位置一般坐的都是一家之主的男性最高长辈;桌尾位置,也就是靠近厨房的位置通常是家庭主妇的位置,方便端菜盛饭等;其他家人分坐桌子两侧。而且在筵席餐桌的安排方面,中西既有相同之处,也有不同之处。相同之处是,以宾客或长者为尊,故主宾及其夫人或长者坐上方;其他主客都要依据其辈分或职位高低在两侧依序就座。不同之处是,西方人安排餐桌座位通常以右为上、左为下,中国人则以面南(或朝向房门)为上、面北(或背向房门)为下。

(三)领地意识

领地意识(Territoriality)是描述所有生物对自己领土属地或势力范围的占有、使用和保护行为的术语(Hall,1959)。这里所说的领地范围指的是"维护个人的完整、自由、独处和安全所要求和必需的身体、社交和心理等方面的空间"(胡文仲,1995)。领地范围包括个人领地和公共领地。个人领地指的是个人独处和生活的范围,如住房、卧室等。公共领地指的是家庭成员或社会成员所共同拥有的场所、设施等。在领地意识方面中西方也有着一定的差异,具体表现在以下几个方面。

1.领地标示倾向

在领地标示的倾向方面,中西方呈现出明显的差异。中国人口稠密,而且个人空间比较狭小,因此中国人习惯用有形的物品明确地将领地与公共空间隔离开来。在中国,高大的围墙、马路边的栏杆随处可见。但是在西方国家,房子与房子之间的隔离只靠矮矮的篱笆,甚至是一块匾额。

2.领地占有欲望方面

在领地占有欲望方面,西方人的占有欲更强烈,他们的领地概念甚至延伸到对个人物品的独占。而在聚拢型文化的影响下,中国人愿意将个人物品共享。例如,中国人在公共汽车或候车室阅读报纸时,如果有人凑上来一起看,他不但不会拒绝,甚至还会等别人看完后才会翻到下一页。这种情况是很少在西方人身上发生的。无论是在工作单位还是在公共场合,西方人都时刻明确划分和维护自己的领地范围,即使是在自己的家里,也不允许他人随意进入自己的房间。西方人还十分注重对自己隐私的保护，不愿意别人打探自己的隐私，即便是和自己关系亲密的人。

相较于中国人，西方人隐私的范围也相对较大，个人的隐私生活，甚至年龄、婚姻、收入状况等均在他们的隐私范围内。而中国人的隐私范围就小很多，很多在西方人看来属于隐私的，在中国人看来似乎根本算不上是隐私。例如，在医院病房中，护士常常不打招呼就进入患者房间打扫卫生，而这在西方人眼中是不能容忍的。

3.领地被侵犯时的反应

当自己的领地受到侵犯时，中国人和西方人的反应也是有所不同的。通常，中国人的反应较为温和。例如，朋友到主人家做客时，客人常会随意触动、翻看主人桌上的物品，中国人遇到这种情况常会不以为意，或者是不直接表达自己的不满，而西方人则会明确表示不满和抗议。再如，对于排队时"加塞儿"的行为，西方人会明确表示不满，并加以阻止，而中国人则会选择沉默忍受，不过多计较。

总体而言，英汉价值观念、思维模式、时空观念等方面的差异对人们学习语言、文化，了解异族文化，进行跨文化交际都产生了一定的影响。所以，了解英汉文化差异，无论对学习还是交际都有着重要意义。

第四章　跨文化交际视阈下的英汉语音、词汇对比研究

不同的地域环境造就了不同的文化背景和思维模式。文化与思维模式的差异性导致语言使用的不同。语言是文化的载体，文化差异性在语言中表现得尤为突出。语言的差异性是跨文化交际中的最大障碍，所以研究英汉语音、词汇的异同是开展跨文化交际活动的重要基础。

第一节　英汉语音对比研究

一、英汉音节对比

(一)英语音节

英语音节分为元音和辅音两类。在英语中，一个元音音素即可构成一个音节，有时一个元音音素加上一个或几个辅音音素也可以构成一个音节。此外，英语中的一个单词可能由一个或者多个音节构成，在构成音节时英语的辅音是可以连续使用的，即在一个音节中可能出现几个辅音一起构成一组辅音的现象，如brother/ˈbrʌðə/中的/br/等。英语中的元音多是单元音或复合元音，一般三个以上的元音被认为是由单元音和复合元音构成的，且组成单元音的两个音节不属于同一个音节，如 our/auə/中的

/auə/不是一整个音节,而是由复合元音/au/和单元音/ə/构成的。

(二)汉语音节

汉语音节一般可以分为三个部分:声母、韵母和声调。在汉语中,一个字对应一个音节,且在汉语音节中除少数的感叹词是由声母单独构成外,其余的字均是由声母加韵母构成的。汉语中的声母不能单独使用,必须和韵母一起构成音节。汉语中的韵母可以分为单韵母和复韵母,此外根据其发音的不同,还可以分为前鼻音韵母(如 an、en、in、un、ün)和后鼻音韵母(如 ang、eng、ing、ong 等)。汉语中的两个或者两个以上的韵母还可以构成二合复韵母和三合复韵母,如 uan、ao 等,这些韵母构成了一个整体音节。

二、英汉重音对比

(一)轻重音在英汉语中的作用

在语句中,英语和汉语的轻重音的用法有相同之处,也有相异之处。

1.轻音在英汉语中的作用

轻音在英汉语中的作用差异很大。

(1)英语的轻音是一种纯粹的语音弱化现象,与语法没有联系。英语轻音起着三个方面的作用:一是作为重音的反衬,使重音词的意义得以突出;二是使发音省力,话语流畅;三是形成一个以重音间时距大致相等为主要特征的、以重轻音节交替出现的节奏模式,以此增强话语的表现力和韵律美。例如:

'This is the 'house that Jack 'built.

(2)汉语的轻音虽然也是由语音的弱化所致,但与句法结构和语调有着密切的联系。汉语的结构轻音独立性很差,在语音上,黏附于它前面的词、词组或句子的最后一个重音节;在语法上,常常是黏附在整个词、词组和句子之后,因此这种轻音有利于分析句法结构的层次。例如,"们、的、地、得、了、着、过"等语法成分总是轻音,它们就是划分层次的最好标志。此外,赵元任、林焘等人指出,轻音与补语有一定的联系,而且有的轻音字本身就可以充当补语。例如:

趋向补语:起·来,走·去,放·下

结果补语:看·见,记·住,改·掉

汉语语句中还有一种"语调轻音",它一般有语调重音与之对立,在相同的上下文里表示不同语气。例如:

这样好的工作,你·都不干!(没有想到你不干)

这样好的工作,你都不干!(那么别的工作你就更不会干了)

2.重音在英汉语中的作用

(1)两种语句的重音都是根据语法、语义或心理、感情表达的需要而产生的,都可以分为语法重音、逻辑重音和强调重音三种。

英语中的语法重音一般由词性决定,表意重要的实词通常重读,虚词和功能词一般弱读,这也是词的语法功能所决定的。这种重音主要用来突出句中的主要内容。同一个实词在不表示任何强调或对比的句子中,无论它充当什么成分,通常都会重读。

在汉语的非强调式话语中,语法重音一般由句子结构类型决定,带语法重音的成分,一般是语意较强的实词,在表达上,重音具有提示和突出某些语法成分的作用。例如,在主谓句中,谓语或谓语中的主要动词通常重读;在主—谓—宾和主—谓—补—宾的句子中,宾语常常都重读。因此,同一个词在语句中充当的成分不同,重读与否的情况就不一样。

(2)逻辑重音在英汉语中都是根据上下文语义的逻辑联系确定的,大都具有对比、强调的含义。

(3)加强重音则与说话人心理因素有关,往往用来反映说话人在口语交际中的重心。

(二)英汉语轻重音的声学对比

1.轻声即轻音

无论操哪种语言的人说话或念读多音节词语时,各音节的响亮程度并不一样,有的响亮、有的微弱,响亮的称为"重音",微弱的称为"轻音"或"弱重音"。

英语口语中 a(n),of,can,and 等常用的虚词通常读成弱式,这也是轻音的表现。

在汉语中,各音节的轻重程度也有差别,只是不如英语中的明显,然而如"买·卖","东·西"中的第二音节以及"的、地、得、着、了、过"等称为轻声字的助词总读得明显地短而弱。在这些音节中,音长大大地缩短了,声调幅度几乎压缩到零,音高的作用仅在于决定音节起音。因此,从声学特点分析,将这些常称为"轻声"的音节看成轻重音中的"轻音"更为妥当。

2.轻重音不同的声学征兆

重音是一种复杂的语音现象,它与音高、音长、音强、音质都有一定的关系。一般说来,轻重音的声学征兆主要表现在前三个方面。然而,不同语言有不同的侧重面。

英语的重音被认为是音高、音长、音强、音质四者的综合体,其声学征兆仍有主次之分。弗赖伊(D. B. Fry)研究发现,英语重音最重要的征兆首先是音高,其次是音长,再次是音强,最后是音质。

林焘先生用语音合成的方法证明了音长在分辨北京话轻重音中起的首要作用,音高居次要地位,音强的作用不太明显。

3.语音的四要素

在英语词中,重读音节一般具有较高的音调,而且音高的变化对于重音的突出起着至关重要的作用,但它不能区别意义;重音的音长也比非重音突出,只是长短并无相对稳定的比例,这是由重音的等时性以及重音之间非重音数目的不等决定的。音强在听辨英语轻重音中的作用也比汉语的明显,它配合音高、音长产生差别较大的语音能量。英语轻重音节的响度和清晰度差别甚大,并且在快速语流中,非重读音节中元音弱化以及消失的现象也比汉语中普遍得多。

汉语的音高变化在重音节中已经起了非常重要的辨义作用,因此在分辨轻重音时以音长为主。重音音节普遍地比非重音音节读得长,调域也较宽,而且调型完整。轻音的时长明显缩短,仅为重音音长的一半,调域变窄,调型得不到充分展现,音高往往带有模糊性。加上音量的减小,发音器官肌肉变得松弛,发音活动往往不能正常到位,轻音的音色自然就不如重音的响亮和清晰。轻音中的元音韵母有明显的减缩现象,在快速口语中还可能进一步消失。

(三)英汉词重音对比

1.词重音的位置

从整体上讲,英语的词重音属于自由重音,然而就每个英语单词来说,重音位置却是固定的。念错重音,会引起歧义。例如,如果把 below/biˈləu/(在下面)的重音移到第一个音节上,别人就会认为你念的是 billow/ˈbiləu/(巨浪),词义就全然不同。

汉语词汇中轻重音差别并不明显,重音位置也不如英语中那样严格,除了那些含有明显的轻声字的双音词(如"买·卖""反·正"等)外,其余轻重音位置并不很稳定,往往可以随个人发音习惯的不同而有所变化。例如,"葡萄""聪明"的重音一般应落在第一音节上,第二音节轻读,但有人习惯地将重音移到第二音节,这种读音尽管听起来不够自然,但不影响人的理解。

2.词重音的程度

英语的词汇以多音节为主,它的重音可以分为主重音、次重音、轻音三级,它们是三个不同的音位,在一部分词语中互相区别意义。

汉语的词重音程度差别不明显,而且除少数轻声字外,各音节之间的轻重差别并无区别作用,实际上,它们都是同一级重音的变体,故一般不作细分。

这些差异源于英汉语不同的音韵体系和文字体系。在音韵上,英语采用的是元、辅音体系,音调的高低不能辨义;汉语采用的是声韵调的体系,每个字音节除由声、韵母组成外,还有一个辨义的声调。在文字体系上,英文是拼音文字,词汇又以多音节词为主;汉语每个字都是形、音、义的统一体,故重音的作用变得无关紧要。因此,英语像其他西方语言一样强调重音的作用,把它作为双音节和多音节词语音形式的组成部分,甚至把不同级别的重音作为区别特征使用。

3.词重音的比例

英语多音节词中的重音一般只有一个,轻读音节多,次重音多为节奏的需要而设。

汉语的字音节都有声调,不易将其弱化,故多音节中重音多。

4.词重音的模式

以二至四音节词的轻重模式为例对比如下。

(1)英语词重音模式。

①双音节词有四种模式。

重轻式:enter,table。

轻重式:below,support。

重中式:bedtime,window。

中重式:unknown,thirteen。

②三音节词有六种模式。

重轻轻式：family，furniture。

轻重轻式：eleven，convenient。

重轻中式：telephone，analyze。

中轻重式：interfere，entertain。

中重轻式：uncertain，foreknowledge。

轻重中式：potato，tobacco。

③四音节词有八种模式。

轻重轻轻式：impossible，intelligence。

重轻中轻式：educated，telescoping。

中轻重轻式：insufficient，universal。

重轻轻轻式：criticism，relatively。

轻重轻中式：enumerate，articulate。

重轻轻中式：capitalize，counterattack。

中轻轻重式：misunderstand，overfulfil。

中重轻轻式：unfortunate，postgraduate。

(2)汉语词重音模式。

①双音节词只有重轻式和中重式两种。

重轻式：葡萄、聪明、石头。

中重式：杜甫、老陈、看戏、喝茶。

②三音节词有三种模式，其中以"中轻重"式为主。

中轻重式：爆米花、葡萄干、糊涂虫。

中中重式：周恩来、哈尔滨、意大利。

中重轻式：小虎子、老头子、补鞋的。

③四音节词有两种主要模式，其中以"中轻中重"式为主。

中轻中重式：清清楚楚、为所欲为。

中重中重式：北京大学、求同存异。

(四)英汉轻重音与语义、语法的联系对比

英语重音在语言中起着重要作用，而汉语的轻音在语言中所

起的作用比重音要大得多。汉语的轻音可出现在双音节词、多音节词、语句中。在小部分词语中它与相应的重音构成对立,因而能区别某些词的词义或词性。因此,汉语的轻音不能像英语中的弱读音节和弱读词一样被看成纯粹的语音弱化现象。下面从语言功能的角度将英汉语的轻重音进行比较。

1.英语重音与汉语轻音的区别功能

(1)英语词重音位置的变化可以区别同形词的词义和词性。例如:

'refuse(垃圾,名词)

re'fuse(拒绝,动词)

'overall(罩衣,名词)

over'all(全部的,形容词;大体上,副词)

'desert(沙漠,名词)

de'sert(功过,名词)

'glasscase(眼镜盒,名词)

glass'case(玻璃盒,名词)

在汉语的极少数双音节词中第二音节是否读轻音也可以区别词义和词性。例如:

大意(主要意思,名词)

大·意(疏忽,形容词)

实在(不虚假,形容词)

实·在(扎实,形容词)

(2)英语重音位置的变化可以改变词的组合性质,区别短语与复合词。例如:

短语	复合词
black'bird(黑色的鸟)	'blackbird(乌鸦)
four'ways(四条道路)	'fourways(交叉路口)

汉语中有些字是否读轻音也可以改变词素的组合性质,区别短语和复合词。例如:

短语	复合词
干粮(干的粮食)	干·粮(预先做好供外出食用的主食)
管家(管理家务)	管·家(地位较高的仆人)

2.英语重音和汉语轻音的语音标志对比

英语的重音与构词法有密切的关系。英语是有形态变化的语言,它可利用丰富、灵活的词缀构成各种词语,也可通过词形变化表示性、数、格、时态、语态等。在这些变化的复音节词中,重音是一个重要的语音标志。

(1)英语的词重音是区分词干和变形词尾的标志之一。在固有的变形词中,重音总落在词干上,变形词尾轻读。例如:

名词复数:'dish-es,'child-ren

动词分词:'read-ing,'beat-en

(2)重音是区别一部分词的词根和词缀的标志之一。在固有的派生词中,重音落在词根上,前后缀一般无重音,如 'use-ful,'sudden-ly 等。有的词虽有两个重音,其主要重音仍在词根上,如mis-'lead,un-'matched 等。

(3)有些词由于词类或语法形式的原因不能直接构成词组,但借助于单一重音,有的则带双重音或加连字符,构成各种各样的复合词。例如:

名词＋动词:'daybreak,'earthquake

名词＋形容词:'homesick,'color-blind

副词＋名词:'down'stairs,'over'seas

副词＋分词:'deep-'going,'newly-'built

汉语与英语不同,它没有发达的形态变化,在需要表示上述语法意义的时候常常借助一些词语附加在名词、代词、动词、形容词或副词之前或之后,作词头或词尾,其中的词尾总读轻音。因此,这些轻音词尾可视为某种词类或某些语法成分的语音标志。例如:

子——孩·子、乱·子、竹·子

头——念·头、盼·头

们——他·们、朋友·们

的——漂亮·的、合理·的

地——拼命·地、认真·地、匆忙·地

需要注意的是,以轻音词尾为语音标志的词数量有限,而且它们的使用没有强制性,它们中有些是汉语词汇双音化的一种手段,不具稳定性,有时可根据节奏的需要而不用。例如,"甜·头"带有明显的语言色彩,在正式文体中可用"好处、利益"代替。

三、英汉语调和声调对比

由于英语和汉语分属于不同的语系,因此其发音有很大的差别。声调和语调也是英汉语音系统的重要区别之一。英汉语在运用语音手段来表达时有很多共同点,如音色、表达的速度、停顿等。但两种语言在运用语音手段来表达时也有很多不同之处,如英语中的重音、语调和音长都会对表达效果产生直接影响,英语单词没有声调,但是有重音。英语重要的语音特征就是重音有规律地排列。

从语调方面而言,英语的语调有三种,分别为升调、降调和平调。在英语中,只有短语和句子才会有语调,而单个的单词是不具有语调变化的,也就是说语调只有放在短语或句子中才会体现出来。英语的语调变化有重要作用,尤其是在口语表达中,语调的变化对于说话者的思想和情感表达具有重要作用,通过句子的音调变化就可以判断一个人说话的真实含义。在读英语中的一般疑问句时,我们通常用升调。例如,在读句子"Have you understand what I said?"时,said 应该使用升调读出。

如果两个相同的句子的语调不同,那么它们表达的意思也有可能不同。例如:

(1)That's not the bike she wants. ↑

(2)That's not the bike she wants. ↓

(3)That's not the bike she wants. ∨

以上三句话从字面上看是完全相同的,但是在读时使用不同的语调,表达的含义也不同。第一句话使用的是升调,表明说话人对自己所说的情况不肯定,她在想那辆自行车是不是她想要的。第二句话使用的是降调,说明说话者对自己所说的话十分肯定,即那辆自行车不是她想要的。第三句话使用了升降调,表明说话者除了字面表达的意思外还有其他暗示意义,即那辆自行车不是她想要的,她想要的是其他自行车。再如:

(1)I should ↓ go.

(2)I should ↑ go.

(3)↓ I should go.

(4)I should ↓ go.

(5)I ∨ should go.

这五句话中,第一句语调为一般语调;第二句语调则带有征求对方意见的口吻;第三句语调强调是我去而不是他去;第四句语调则暗示的是你不同意我去;第五句语调是升降调,含有不情愿去的意思。因而在交际中运用正确语调来准确把握好所要表达的意思十分关键。

汉语与英语不同,其语调和声调则是直接影响语音的重要因素。汉语属于声调语言,汉语中的每个字都有自己的声调。汉语的声调主要有四个,分别为:阴平,如 ā、ō;阳平,如 á、ó;上声,如 ǎ、ǒ;去声,如 à、ò。再如,伤(ˉ)响(ˊ)赏(ˇ)上(ˋ)。汉语的声调变化对汉语词的含义有很大的影响。汉语语调虽然也能体现说话人的意图和感情。音高变化分布在音节上。汉语的每个音节都由声、调、韵构成,一个汉字就是一个音节。并且每个字都有固定的、突变的、跳跃的音高变化,但句子的语调基本上是平稳的。根据赵元任的观点,汉语语调与句子的其他任何部分无关,只对句子最末的一个音节产生影响。例如:

(1)去哪儿啊↑?

(2)你干什么去↑?

这两句的语调只会对末尾的一个音节"去"和"啊"的音调产生影响,与句中其他汉字的音调没有太大关系。

汉语的另外一个独特之处在于它有多音字,即一个字不止一种读音,而且这些不同的读音对应的汉字的意思也不相同。从根本上来讲,汉字的一调对应一意。

第二节　英汉词汇对比研究

一、英汉词义对比

(一)英汉词汇指称意义比较

词汇的指称意义就是词汇的外延意义。英汉词汇的指称意义主要有三种情况,即完全对等、部分对应、完全不对应。

(1)英汉词语指称意义完全对等的现象。这种情况是存在的,多见于专用词汇、科技术语或指称自然现象的名词。表4-1就是英汉词语指称意义完全对等的情况示例。

表4-1　英汉词语指称意义完全对等的情况

英语	汉语
New York	纽约
speciology	物种学
radar	雷达
antler	鹿角
microbiology	微生物学
ant	蚁
breakfast	早餐

（2）英汉词汇指称意义部分对应的现象。这种情况是较为普遍的。所谓部分对应就是词语在各自语言中所涵盖的意义不尽相同,其中只有一个或若干个词义对应,而其他方面的意义完全不同。表 4-2 是英汉词语指称意义部分对应的情况示例。

表 4-2　英汉词语指称意义部分对应的情况示例 1

英义宽	汉义窄
uncle	伯父;叔父;姑父;伯伯;叔叔等
aunt	伯母;婶母;姑母;大娘;阿姨等
英义窄	**汉义宽**
borrow;lend	借
company;corporation	公司
introduce;recommend	介绍

英汉词义部分对应的现象还体现在词语的搭配上,如英语 draw 与汉语“拔”。两者的词义是部分对应的,通过表 4-3 的搭配,这种情况更加清晰了。

表 4-3　英汉词语指称意义部分对应的情况示例 2

英语	汉语
draw a tooth	拔牙
draw a nail	拔钉子
draw a cork	拔瓶塞

当 draw 与表 4-4 中的词搭配时,其意义又与汉语中的“拉”形成了对应。

表 4-4　英汉词语指称意义部分对应的情况示例 3

英语	汉语
draw a bow	拉弓
draw a curtain apart	拉开幕
draw down the blinds	拉下百叶窗

（3）英汉词汇指称意义完全不对应现象。受地域差异、生活习惯、社会环境、宗教信仰等方面的影响，英汉词汇指称意义也出现了不完全对应的现象。具体地说，一部分英语词汇所指的意义在汉语中没有对应的词汇，或者一部分汉语词语所指的意义没有对应的英语词汇表达。这种情况使外语学习更加困难，需要掌握更多的外语文化知识或特殊的背景知识。例如，英语 watergate 作为普通名词时，其汉语意义是"水闸、闸口"，而将其作为专有名词 Watergate 时，是指 1976 年 6 月发生在美国民主党总部的水门大厦的泄密丑闻，由于汉语中没有与其对应的词，所以我们只能将其译为"水门事件或丑闻"；汉语中，反映社会变革的"脱贫致富"，反映民族风情的"侗族大歌"等。

(二)英汉词汇联想意义比较

词汇的联想意义就是词汇在不同上下文，或不同语篇，或为不同身份的说话者使用时所表现出的特殊信息、价值或情感态度等。联想意义又称"内涵意义"。

英汉词汇联想意义主要有两种情况：相像和相悖。

（1）由于人类的思维是存在共性特征的，不同民族对世界的认识、对事物的描述都有相似之处，因而不同语言中的词汇具有的联想意义也有相像的情况。例如，"猪"在英汉两个民族中均是低劣、愚蠢、粗俗、肮脏的动物，所以在英汉两种语言中关于猪的习语均为贬义。例如：

to buy a pig in a poke 瞎买东西

to bring one's pigs to a fine market 失算，失败

to teach a pig to play a flute 教猪吹笛

Pigs might fly. 世上竟有稀奇古怪的事。

汉语中关于猪的习语有："猪狗不如""猪脑子""猪八戒吃人参果"等。

另外，英汉词汇联想意义相似的情况还体现在谚语中。例如：

to fish in troubled waters 浑水摸鱼

to look for a needle in a haystack 大海捞针

a drop in the ocean 沧海一粟

Walls have ears. 隔墙有耳。

（2）英汉词汇联想意义相悖的现象主要源自不同民族的不同文化背景、历史渊源、生态环境和宗教信仰等导致的情感、价值观、爱憎上的差异。这些情感差异体现在词汇上，就出现了意义相悖的情况。

以 dog（狗）为例，其在英语中属于褒义词，有时也是中性词，这主要是因为英语国家的人将其视为人类忠实的朋友。例如：

Fight dog，fight bear.（褒义）不获全胜不收兵。

Help a lame dog over a stile.（褒义）见义勇为。

Hot dog!（褒义）好样的！

Every dog has his day.（褒义）凡人都有得意时。

Dumb dogs are dangerous.（中性）哑巴狗最危险。

Let sleeping dogs lie.（中性）别惹是生非。

尽管中国人也将狗视为自己的朋友，可源于特殊的文化背景，与狗有关的词汇和成语多为贬义。例如，"狗胆包天""狗急跳墙""狂犬吠日""狗咬吕洞宾——不识好人心"等。

（3）英汉词汇联想意义空缺或不对应现象。联想意义空缺是指英汉两种语言中某些词汇的指称意义是对应的，而联想意义却不对应。表 4-5 就是英汉词汇联想意义空缺的示例。

表 4-5　英汉词汇联想意义空缺

指称意义	联想意义
cock（英）	风标
公鸡（汉）	［空缺］
goat（英）	色鬼
山羊（汉）	［空缺］
eight（英）	［空缺］
八	发达、发财

（资料来源：冒国安，2004）

联想意义不对应,就是某语言中的一些含有强烈联想意义的词汇在另一种语言中没有对应。这种情况多发生在典故、言语中,如表 4-6、表 4-7 所示。

表 4-6 英汉语联想意义不对应

英语	联想意义	汉语
the heel of Achilles	唯一致命弱点	[空缺]
Dutch courage	酒后之勇	[空缺]
a covenant of salt	不可违背的条约	[空缺]

(资料来源:冒国安,2004)

表 4-7 汉英联想意义不对应

汉语	联想意义	英语
四面楚歌	四面受敌,孤立无援	[空缺]
八仙过海	各显本领,互相竞争	[空缺]
福如东海,寿比南山	长寿多福	[空缺]
暗度陈仓	暗中活动	[空缺]

(资料来源:冒国安,2004)

二、英汉构词法对比

(一)缀合法

1.英语前缀和后缀

据统计,英语有 107 个前缀,79 个后缀,但这些词缀差不多有一半是缀加在词根上的,所以一般辞书上列出的前后缀的数量远没有那么多。例如,夸克(Quirk,1985)等人在《英语语法大全》中列举了 51 个前缀和 50 个后缀。其中,前缀包括下面九个类别。

(1)表方向态度前缀:anti-, contra-, counter-, pro-。

(2)表方位前缀:extra-, fore-, inter-, intra-, super-, tele-,

trans-。

（3）表贬义前缀：mal-，mis-，pseudo-。

（4）否定前缀：a-，dis-，in-(变体 il-，ir-，im-)，un-，non-。

（5）表数前缀：bi-，di-，multi-，semi-，demi-，hemi-，tri-，uni-，mono-。

（6）表时间前缀：ex-，fore-，post-，pre-，re-。

（7）表程度前缀：arch-，co-，extra-，hyper-，macro-，mini-，out-，over-，sub-，super-，sur-，ultra-，under-。

（8）反向或表缺前缀：de-，dis-，un-。

（9）其他前缀：auto-，neo-，pan-，proto-，vice-。

英语后缀包括下面四个类别。

（1）名词后缀。名词后缀可表达多种含义，如表"性质、状态"的-age，-dom，-ery(-ry)，-ful，-hood，-ing，-ism，-ship，-age，-al，-ance，-ation，-ence，-ing，-ment，-ity，-ness；表"人"或"物"的-eer，-er，-ess，-ette，-let，-ster，-ant，-ee，-ent，-er；表"人、民族"或"语言、信仰"的-ese，-an，-ist，-ite。

（2）动词后缀。动词后缀通常加在名词和形容词后，包括-ate，-en，-ify，-ize(-ise)。

（3）形容词后缀。形容词后缀通常加在名词或动词之后，包括-ed，-ful，-ish，-less，-like，-ly，-y，-al(-ial，-ical)，-esque，-ic，-ous(-eous，-ious，-uous)，-able(-ible)，-ative(-ive，-sive)。

（4）副词后缀。副词后缀可用于名词或形容词之后，包括-ward(-wards)，-ly，-wise。

2.汉语前缀和后缀

汉语中尽管被提到的前后缀有 350 个左右，但真正被详细研究过的也不过百十来个。任学良（1981）在《汉语造词法》一书中将汉语词缀分为以下四类。

（1）3 个中缀：七八、里、三四。

（2）17 个前缀：第、初、巴、老、阿、可、见、所、而、反、被、不、准、

二、小、非、以。

（3）20个量词后缀：张、亩、斤、匹、两、粒、本、支、项、件、口、间、幅、卷、群、只、辆、座、朵、册。

（4）48个后缀：者、士、师、生、手、切、而、尔、且、的、子、儿、头、处、品、巴、着、论、度、式、化、员、乎、鬼、棍、迷、犯、派、分子、以、然、其、地、家、汉、夫、丁、郎、众、属、主义、性、于、得、了、却、豪、偌。

赵元任（2001）在《汉语口语语法》（汉译本）中对前缀与后缀进行了更加细致的分类。

前缀共有29个，包括以下四类。

（1）严格前缀4个：老、第、阿、初。

（2）结合面宽的5个：可、禁、难、好、自。

（3）套语10个：先、亡、敝、贱、家、拙、贵、舍、尊、令。

（4）新兴前缀10个：无、非、单、多、不、伪、亲、泛、准、反。

后缀共有34个，包括以下三类。

（1）名词后缀5个：头、儿、子、巴、们。

（2）新兴后缀12个：论、观、化、的、性、率、法、界、炎、学、家、员。

（3）结合面宽的17个：者、工、师、士、亲、夫、家、然、来、钱、气、和、人、心、性、腾、是。

（二）缩略法

1.英语缩略法

英语的缩略构词法主要有以下两种方式。

（1）首字母缩略词。这种构词法是提取一个词组中主要词的首字母，然后连起来构成一个新词。例如：

V. O. A＝ Voice of America

IOC＝International Olympic Committee

（2）缩短词。这种构词法是去掉一个词的某一部分，留下那

些在书写形式和读音上较为简洁的部分,但是在词义和词性上通常不会发生改变。例如:

copter＝helicopter

phone＝telephone

flu＝influenza

disco＝ discotheque

fridge＝refrigerator

2.汉语缩略法

汉语中的缩略构词法同样也有两种方式。

(1)一种构词方式是将一个复杂且较长的名称缩略成一个简短的名称,其作用同样相当于一个词。这种缩略词有的已经固定,逐渐变成了新词。例如,外长＝外交部长,外贸＝对外贸易,化工＝化学工业。

(2)另一种构词方式是用数字概括一组词汇的特点或成分,从而构成一个新词。例如,"四化"除了指我国建设的四个奋斗目标,即"农业现代化、工业现代化、国防现代化和科学技术现代化"外,还可以指我国党政企事业单位干部任用的四个基本参照条件,即革命化、年轻化、知识化、专业化。究竟取何种词义,要根据特定的语境来确定。在实际生活中,许多缩略词原来的基本指称意义已经发生了改变,有的已经很少用了,而有的则有了比较固定的引申用法。例如,"五谷丰登""人吃五谷杂粮,哪没个小病小灾的"等中的"五谷"不再具体指稻、黍、稷、麦、豆,而是被引申为"粮食作物"。

(三)借词法

1.英语借词法

英语借词法主要包括音译法和意译法。音译法借词通常被认为是综合表达,而意译法借词则被认为是分析性的。由于通过音译词的词义和构词成分之间没有任何语义联系,也不遵守中心词原则,因此音译词是彻底词化词。英语中借词通常采用意译较少,而更多地采取的是音译,由于音译词是完全词化了的词,因此这些词的透明性和可分析性都不强。例如,从意大利借来的 mafia(黑手党),从德国借来的 blitz(大规模闪电战)等。英语中也有大量的从汉语中借来的词语。例如,tai chi(太极拳),wonton(馄饨),kungfu(功夫)等。

2.汉语借词法

汉语借词更倾向于意译,它可以充分利用汉字的表意功能,精心地选择语素,然后将汉语的造词模式融入其中。例如,蹦极跳(Bungee)、千年虫(millennium bug)、自助餐(buffet)等。同时也有的借词考虑到了音的因素,而且也加进表示该词的类别或属性的范畴词,这就使所用的汉字既有音译又有意译,纳入汉语典型的偏正结构。例如,黑客(hacker)、万维网(World Wide Web)等。

(四)复合法

1.英语复合法

复合法也是英语构词能力很强的一种构词法,用复合法构成的词为复合词。英语中的复合词一般是由两个或两个以上的单词构成。复合词在写法上不尽相同。因为复合词由两个以上的单词构成,所以有的复合词为体现其结构性,词与词的中间会用连词符连接,也可以将词语直接写作一个单词。复合词的不同书写方式对其意义没有影响。英语中的复合词主要有以下几类。

(1)复合名词。例如:

名词＋名词:football, blackboard, pencil-box, greenhouse, homework, workbook, workplace, workshop, newspaper, motorbike, motorcar, birthday, birthbed, bathroom, handbag, gate-keeper, gateman, pencil-box, daytime, lunchtime, lifeboat, lifetime, postcard，postman， post-office， seafood， weekday， weekend，classmate，workmate，mate，northeast，northwest，railway，south-east， southwest， cupboard， keyboard， doorbell， fireplace， farm-land，hometown，salesgirl，necklace，wardrobe，spaceship 等。

形容词＋名词:goodbye,blackboard,greenhouse 等。

动名词＋名词:washing-room,dinning-hall 等。

动词＋名词:chopsticks,checkout 等。

(2)复合形容词。例如：

形容词＋名词＋ed:kind-hearted,glass-topped 等。

形容词＋现在分词:good-looking,handwriting 等。

副词＋现在分词:hard-working 等。

名词＋现在分词:English-speaking,Chinese-speaking 等。

名词＋过去分词:man-made,self-made 等。

副词＋过去分词:well-known 等。

形容词＋名词:Mideast,round-trip 等。

英语中的复合形容词和复合名词占较大比重,英语中存在其他复合词,在此就不一一列举了。

2.汉语复合法

在汉语中也有很多复合词,它们按照一定的规律和结构组合在一起构成新的词组。例如：

(1)联合。联合结构的复合词中两个词素是平行关系,其结构形式也比较多。例如：

$n.＋n.$形式:笔墨、模范、鱼肉、卵翼等。

$a.＋a.$形式:大小、多少、贵贱、远近、松弛、破败、危险、焦躁等。

$v.＋v.$形式:得失、出入、导演、哭泣、连续、依靠、赊欠等。

联合词组有:乖巧可爱、奋勇争先、聪明伶俐等。

(2)动宾。汉语中动宾关系的复合词较多,动宾复合词中一个是动词,即动作的施动者,一个是宾语,即动作的接受者,因此其结构都为 v+n 的形式。例如:骂人、打球、喝茶、盖楼、唱歌、跳舞、结局、行政、吃力、贴心、抱歉等。

汉语中还有很多动宾词组。例如:背起书包、发动引擎、收拾屋子、打篮球等。

(3)主谓。主谓关系的复合词中的两个词素,一个是主语,即动作的施动者;另一个是动词,因此主谓关系的复合词都是 *n.* + *v.* 结构。例如:你说、月圆、狗叫、头疼、海啸、口误、事变等。

汉语中还会有很多主谓关系的词组。例如:会议开始、敌人撤退、食物充足等。

(4)偏正。偏正复合词中的一个词素去修饰另一个词素,被修饰的名词在后,前面的修饰后面的。汉语中的偏正结构的复合词最多,其结构多样且较为复杂。例如:

n. + *n.* 形式:汽车、油画、蜡笔、金鱼等。

v. + *n.* 形式:奖状、敬意等。

a. + *n.* 形式:温泉、红娘、赤字、高原、高档等。

v. + *v.* 形式:顾问、通知等。

a. + *v.* 形式:深爱、冷战、内战、古玩、努力工作等。

a. + *a.* 形式:净重、平方、钞票等。

汉语中的偏正词组也有很多。例如:加重病情、特别难过、很高兴、特别伤心等。

以上这些词都是汉语中的复合词,这些词和英语中的复合词的构成很类似。但是有一点是汉语中的复合构词法独有的,即重叠词。所谓重叠词指的是构成词汇的两个词素是相同的,主要有以下几种形式。

n. + *n.* 形式:爷爷、奶奶、爸爸、妈妈、叔叔、伯伯、猩猩等。

v. + *v.* 形式:谢谢、偷偷、闪闪、看看、侃侃、跌跌撞撞、拉拉扯扯等。

a. + *a.* 形式:好好、明明、暗暗、寥寥、宝宝、乖乖、慌慌张张、疯疯癫癫等。

num＋num 形式：万万、斤斤、个个、件件等。

三、英汉词类对比

(一)英汉名词对比

1.英汉名词的分类

英语名词主要可分为两大类：专有名词和普通名词。其中，普通名词又可分为集体名词、个体名词、抽象名词和物质名词。汉语名词则分为集体名词、抽象名词、普通名词、专有名词等。另外，英语名词还有可数与不可数之分。例如：

There is some milk in the bottle.

There is a table in the room.

There is two tables in the room.

与英语不同，汉语名词没有数的变化，表达单数与复数时一样，词形不变。例如，这支笔——那支笔，一把梳子——十把梳子，一斤小麦——三十斤小麦等。"笔""梳子"和"小麦"等在词形上没有变化。

英语可数名词前面可以直接用限定词、数词修饰，如 a pear, another room 等。英语的不可数名词则不可以直接用数词、限定词修饰，否则，这个不可数名词就会变成可数名词，产生其作为可数名词时的意义。例如，two coffees 可表示为"两杯咖啡"。如果要表达不可数名词的量，就应该利用单位词，用"泛指限定词/数词＋单位词＋of＋名词"的结构来表达。例如，four pieces of paper, three glasses of water 等。当然，这种可数名词也可以用于这种结构中，只不过这时 of 后的名词必须是复数形式。例如，a box of pencils, a bag of apples 等。在汉语中，数词或数词词组一般都可以放在名词前面进行修饰。例如，"两页纸""两个世界""几点建议"等。

此外,英语中的可数名词复数还可以表示不确定的、模糊的数量关系,而汉语中则需要采用其他,如用副词、数量词组、名词重叠形式以及带数字的固定词组等手段表达这类意思。

2.英汉名词的语法功能

在英汉两种语言中,名词或名词词组的语法功能有一定的差异:汉语名词几乎可以作句子中的任何成分,而英语名词则不能作谓语。例如:

前天星期六。

天气预报说,今天阴天,明天晴天。

需要注意的是,并不是汉语中的所有名词均能充当谓语,能充当谓语的名词仅限于表示天气、时间以及籍贯等的名词。并且这种句子很少用于书面语中,多见于非正式语的句子中。此外,单个名词作谓语的情况也相当少,一般都是由数量词短语、名词短语、“的”字短语来充当谓语。例如:

那个男孩子高个子、方脸庞、粗眉毛、大眼睛。

那个笔记本十块钱。

小王新转来的,搞计算机的。

3.英汉名词的修饰语

(1)修饰语位置。简单地说,英语名词修饰语的位置比较灵活,而汉语名词修饰语的位置则相对固定。英语名词修饰语既可以放在被修饰的名词的前面,也可以放在被修饰的名词的后面。一般来说,汉语中名词的修饰语,如果没有特殊要求,大多数放在被修饰的名词的前面。例如:

他是那个班最可爱的学生。

He is the most lovely student of that class.

这支铅笔非常像她曾经拥有的那个黄色的铅笔。

This pencil looks very much like the yellow pencil she owned before.

（2）数量修饰语。英语中的可数名词可以直接用数词修饰，但是可数名词有单复数的变化，可数名词也可以被"泛指限定词/数词＋单位词＋of"修饰，此时，可数名词一般都用复数，如 one apple，two apples，a bag of pears，a box of shoes 等。而不可数名词则不可以被数词直接修饰，需要用"泛指限定词/数词＋单位词＋of"结构修饰，当然不可数名词并没有单复数的变化，如 a cup of tea，a piece of bread 等。

相反，汉语中的数词不直接修饰名词，而是通过在名词前加数量词组修饰，如"两个鸡蛋""三斤牛肉""四个朋友"等，但并不适用于以下三种情况。

表示用途/工具的名词，如"两脚""三拳""四枪"等。

表示秒、分钟、天、年的时间名词，如"五秒""一分钟""三天""十年"等。

在成语或科技术语中，如"三心二意""五湖四海""八管半导体收音机"等。

此外，汉语中数量词组也可后置修饰名词，如"男女老少十多个""麻烦一大堆"等。但英语中修饰名词的数量词一般不后置。

英语表达一些不确定的数量，除了用 a lot of，a number of 等外，还可用名词的复数形式。例如：

The road was packed with people and vehicles.

Flowers bloom all over the village.

汉语中表达不确定的数词是很复杂的，它既可以用"一些""许多"等词汇，又可以用"百、千、万"等数词组成的四字词语，还可以用量词或名词的重叠形式。例如，"白云朵朵""条条大路""千头万绪"等。

（二）英汉动词对比

1.英汉动词的语法意义

英语动词的语法意义包括人称、数量、时态、语态、语气和体态六个范畴。其中,人称和数量是句子主语的语法范畴,时、体、态、式/语气是动词本身的语法范畴。动词本身的语法范畴还可以进一步细分,如时态包括现在时、过去时等,体态包括进行体和完成体等,进行体又分为现在进行体和过去进行体。总之,不同的范畴会有不同的动词形态来标示,其形式多种多样。当然,在使用过程中,我们一般不会只涉及它的一个语法范畴,因此根据表达的需要,可以灵活地运用动词的六个范畴,可以进行不同的组合,这样动词的形态变化就更加复杂了。例如,以动词 buy 为例,作为限定动词时,结合这六个语法范畴就会出现以下形式:

bought(一般过去时)

shall buy(将来时间,第一人称)

buys(一般现在时,第三人称单数)

buy(一般现在时,除第三人称单数外的人称)

will buy(将来时间,第二、第三人称)

should buy(过去将来时间,第一人称)

am buying(现在进行时,第一人称单数)

are buying(现在进行时,除第一、第三人称单数外的人称)

would buy(过去将来时间,第二、第三人称)

is buying(现在进行时,第三人称单数)

was buying(过去进行时,第一、第三人称单数)

were buying(过去进行时,除第一、第三人称单数外的人称)

have bought(现在完成时,除第三人称单数外的人称)

has bought(现在完成时,第三人称单数)

shall be buying(将来进行时,第一人称)

另外,英语中动词的不同形式有不同的意义,每一种形式的使用都具有强制性,是不可选择的。在一般现在时中,就要用动词的一般现在时,不能用过去将来时的形式。例如:

(1)I saw her sing in the classroom.

(2)A:What are you doing now?

　　B:I'm watching TV.

与英语动词相比,汉语动词的用法就相对简单、轻松了许多。汉语动词没有形态变化,语法意义也是通过时间词、副词、助词和语调等实现的。因此,汉语中动词的语法意义的选择非常灵活,不具有强制性。例如:

甲:怎么啦?

乙:来了/马上来/就来/马上就来了。

在回答中,动词"来"可以分别和助词"了"、副词"马上"和"就"搭配使用,也可以和助词"了"、副词"马上""就"一起使用。其语法意义没什么变化。在英语中,"来"这个动词得用 come 的进行体 be coming 的相应形式。根据具体的语境,可将这句话译成"I'm/We're/He's/They're/X's/coming."

2.英汉动词的及物性

英汉语言中动词的及物性主要体现在两个方面:一是英汉语及物动词对宾语的要求是否具有强制性,二是表示相同意思的动词在英汉两种语言中是否为及物动词。

(1)英语及物动词带宾语。具体地说,英语及物动词带宾语具有强制性,而汉语中及物动词的宾语一般可以省略。例如:

A:Do you like that girl?(你喜欢那个女孩吗?)

B:Yes,I like her very much.(是的,我很喜欢。)

答句 B 中的 like 后必须加宾语,而汉语"喜欢"后的宾语常可以省略,如括号内提供的译文。

(2)意思相同的动词的及物性。英语中有些动词,既可用作及物动词,也可用作不及物动词。通常情况下,这个动词的及物与不及物所表达的意义是相同的,不同的只是一个带宾语,一个不带宾语。例如:

My mother is shopping.

例中的 shopping 是不及物动词,但表达的意义与作及物动词时一样。这时,与汉语的及物动词"买""购"或"采购"相当。这句话用汉语可表示为"我妈妈买东西去了。"或"我妈妈购物去了。"

或"我妈妈搞采购去了。"

总之,shopping 在汉语中需要用一个及物动词来表达。相应地,汉语中有些动词,虽然是不及物动词,但在语义上也指向某一事物,表达的意思相当于及物动词。例如:

我的言行若有不当,敬请指正。

例中的"指正"是不及物动词,但在语义上指向"言行不当",相当于英语的 point out and correct,故可将其译为"If there are any mistakes in my words and deeds, please point them out and correct them."

3. 英汉动词造句的作用

通常,英语造句时,一个分句至少要包含一个主谓结构,谓语必须由动词词组承担,动词是造句的核心,是不可或缺的(部分感叹句除外)。

汉语造句以意合为主,动词并不是非常必要的成分。除了动词谓语句外,形容词谓语句、名词谓语句和主谓谓语句比比皆是。例如:

小赵东北人。(名词谓语句,口语)

他帅得很。(形容词谓语句)

这条河水急浪大。(主谓谓语句)

(三)英汉形容词对比

英语中的形容词可以用作定语、表语、宾语补足语以及状语等。英语中的形容词具有明显的动态特征,而汉语中形容词的作用远不及英语中的形容词那么广泛,汉语中的形容词一般用来修饰名词,作定语。例如:

The American veterans are guilty of what they have done in Vietnam.

美国越战退伍军人为自己在越南所做的一切感到愧疚。

Although I knew he was well-intentioned, his behavior was

really very embarrassing.

尽管我知道他的本意是好的，但他的行为还是令我很难堪。

The students in that school were very cooperative, so we finished the questionnaire very soon.

那所学校的学生合作得很好，所以我们很快就完成了问卷调查。

第五章　跨文化交际视阈下的英汉语义、句法对比研究

英汉两种语言分别属于不同的语系,因此在很多方面都存在差异。从语义层面来看,不仅英汉词汇的词义表达方式有所区别,二者的词义关系与文化内涵也不完全对应。从句法层面来看,英汉语言在句子结构与句子成分方面的不同较为明显。本章就对跨文化交际视阈下的英汉语义、句法进行对比研究。

第一节　英汉语义对比研究

词汇是语言的基本组成部分,而且是其中最活跃的成分,因此词汇对比是英汉语义对比研究的重要内容。下面就从词义表达方式、词义关系以及词汇文化内涵三个层面展开论述。

一、英汉词义表达方式对比

(一)英语的词义表达方式

英语属于屈折语言,具有丰富多变的语法形态。正是通过这些语法形态,英语词汇才有了丰富的含义。

英语名词有可数与不可数之分。其中,可数名词又分为单数名词与复数名词。

英语动词也有丰富的形式变化,主要体现在人称、语态、时

态、语气、情态及非谓语等的变化上。

除了名词与动词之外,形容词、副词等也有词形的变化。因此,英语中的词类、性、数、格、语态、时态的变化不需要借助其他虚词就可以实现。

(二)汉语的词义表达方式

与英语相比,汉语属于表意文字,是一种非屈折语言。具体来说,汉语名词没有可数与不可数之分,也没有单复数之分;动词也没有形态变化,谓语动词的语态、时态等往往需要借助词汇手段来实现。因此,汉语中的词义表达是通过上下文语境实现的,其词与词的关系需要读者自己解读。

二、英汉词义关系对比

概括来说,英汉词义关系主要有以下四种情况。

(一)不对应

在中西文化差异的影响下,英汉语中有很多词被赋予了特殊的社会文化内涵,这类词通常难以在对方语言中找到相应的词汇。这一现象被称为"词汇空缺"。例如:

chocolate 巧克力

hippie 嬉皮士

bikini 比基尼

beddo(一种多用途的)床

hot dog 热狗

bingo game 宾果游戏

overkill(核弹超过军事目的的)过度杀伤力(系资产阶级渲染核武器"威力"的用语,现又用来表示宣传活动等方面不必要的过度行为)

Qigong 气功

Tanghulu 糖葫芦

Fengshui 风水

the three periods of the hot season 三伏

(二)交叉对应

英语中常见一词多义的现象。英语多义词的多种意义分别与汉语中不同的词或词组形成对应,这就是交叉对应。要确定英语多义词的意义,需要考虑上下文语境。

下面以图 5-1 为例进行分析。

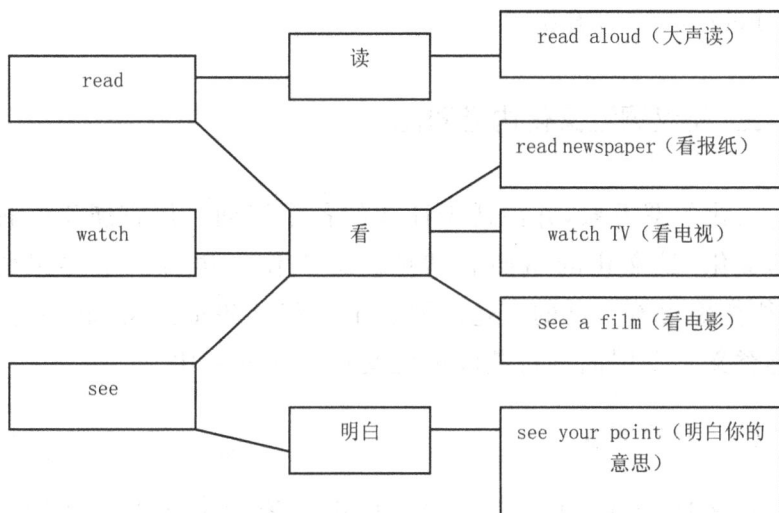

图 5-1 英汉交叉对应情况示例

由图 5-1 可知,read,watch,see 与"读""看""明白"属于交叉对应的情况。

(三)部分对应

英汉两种语言中还有一些词的词义是部分对应的关系。有的英语词范围广,而汉语中与之对应的词范围小;有的汉语词范围广,而英语相应的词范围较窄。例如:

gun 枪;炮

marry 娶;嫁

uncle 伯父；叔父；叔叔；伯伯等

（四）完全对应

英汉两种语言中有些词在词义关系上是完全对应的。英语中的这类词主要是专有名词、术语、常见事物的名称，同时具有特定的通用译名。例如：

radar 雷达

minibus 微型汽车（面包车）

speciology 物种学

helicopter 直升机

三、英汉词汇文化内涵对比

文化包罗万象，并渗透于社会的各个层面。语言属于一种特殊的文化，是文化的写照和载体。词汇作为语言的重要组成部分，往往蕴含着丰富的文化内涵。下面就从象征意义、联想意义、情感意义三个层面进行英汉词汇文化内涵的对比。

（一）象征意义

受文化差异影响，英汉很多词汇在象征意义上存在较大差异，这在数字词、色彩词、动物词、植物词等体现得尤为明显。换言之，在不同语言中，同一概念可能被赋予了不同的象征意义。

例如，英语 red 与汉语"红"虽然均可以象征喜庆、热烈，但英语中的 red 还可以象征脾气暴躁，如 see red，而汉语中并无这一象征意义。

（二）联想意义

无论是在英语中还是在汉语中，均有很多比喻性词汇，如成语、典故、颜色词、植物词等。这些词生动、形象，且具有鲜明的联想意义，被赋予了特定的民族文化特色。

尽管有不少英汉词汇的本体可以相互对应,但是也有一些词汇在另一种语言中具有不同的联想意义,或缺少相对应的联想意义。例如:

beard the lion 虎口拔牙

black sheep 害群之马

as timid as a rabbit 胆小如鼠

(三)情感意义

在英汉语言中,有一些词汇虽然字面意义相同,但是有着不同的情感意义,也就是词的褒贬含义不同。例如:

英语 peasant 一词有明显的贬义色彩,是指社会低下、缺乏教养等一类的人;peasant 与汉语的"农民"一词字面意义相同,但情感意义不同。汉语中的"农民"指从事农业生产的劳动者,被视为最美的人,具有明显的褒义色彩。所以,汉语中的"农民"一词译为 farmer 更合适。

第二节　英汉句法对比研究

语法研究的是词、词组、短语及分句的排列规则、规律和方式,能够为准确、深刻地理解和运用语言提供理论基础。英汉句法的差异不仅表现在句子结构方面,还表现在主语、定语、宾语、谓语等句子成分方面。

一、英汉句子结构对比

(一)英语的句子结构

英语民族重视个性,崇尚自由,注重逻辑分析和论证,在表达时先是主语、行为,后是行为客体和行为标志,重视形式或形态上的一致性,基本的句型结构为"主语＋谓语＋宾语＋状语",各成分之间一旦发生移位,就会产生倒装等非常规的表达。名词、动词、代词等词类的构形变化是进行意义构建或逻辑推理的必要手段。例如,名词或代词在充当句子主语时要发生数、人称、性或格等方面的变化,动词在充当句子谓语时也必须在时态、语态、数和人称等方面与相关成分保持一致。如果违反了一致性的原则,就会造成逻辑上的混乱。

此外,英语中句子结构具有较强的严密性和完整性。以不及物动词和及物动词为例,不及物动词本来就可以表达相对完整的概念,而及物动词没有完整的语义,必须搭配宾语才能成为有效的表达。例如,wash 一词在作为不及物动词时,不搭配任何宾语就可以表达完整的动作意义,如"She washes."一句中,wash 一词就隐含了各种与"洗"有关的意义。另外,wash 也可作及物动词使用,如"She washes her feet before going to bed."

(二)汉语的句子结构

汉语民族在注重个人感受的同时,讲求平和和谐,表现在语言表达中是先主体、行为标志,后行为、行为客体。常见的句子结构表现为"主语＋状语＋谓语＋宾语",但这只是基本的句子构造,汉语的句式远没有英语句式那样严谨。汉语的语法表达手段和句子成分安排相对灵活多变,语义也常常不甚清晰,句子成分之间的移位对句义的表达影响不大。例如,在"生命开始了(Life begins)"和"生命已经开始(Life began)"中,汉语的时间界限不甚明了,而英语中则界限分明,动词的时态变化明显。又如,汉语中的"了""的""是"等词往往可以省略,并且省略后更加简洁,符合汉语的表达习惯,而英语中的 be,become 等词则是句子不可缺少的必要成分。例如,"生命是不灭的"一句改为"生命不灭"更符合汉语的行文习惯,而在英语中则必须表达为"Life is imperishable."如为"Life imperishable"则是错误的。

二、英汉句子成分对比

(一)主语

主语是句子主体成分中的重要因素,与谓语一起构成句子的主干,其是一个句子所要表达和描述的人或物,是施事的主体。主语是一种名词性的句法成分,通常位于句首。英汉语中的句子主语在类型、构成方面皆有不同。

1.英汉句子主语的构成

英汉句子主语在构成成分、构成规则和特点等方面,既有相同之处,又存在差异。

(1)英语句子主语的构成。一般来说,英语句子的主语可以分为名词性主语、代词性主语、短语主语和句子主语等。其中,名词性主语中又可分为名词、动名词、the＋形容词、the＋过去分词等。代词性主语主要包括人称代词、物称代词(it)、指示性代词、不定代词、数词、短语、句子等。

(2)汉语句子主语的构成。汉语句子主语的成分比英语简单得多,除名词、代词、数词外,还可以有名词性短语、谓语短语和主谓短语。但是,汉语中的名词主语成分涵盖范围比英语窄,也没有从句作主语的现象。

2.英汉句子主语的类型

(1)英语句子主语的类型。英语句子主语根据性质进行划分,可以分为逻辑主语和执行主语。

逻辑主语与非谓语动词在逻辑上有一定的主谓关系,是动作的直接执行者,其常常作为被动句式的主语置于句首,与谓语动词之间存在承受关系。例如:

This novel has been translated into several languages.

Her house is furnished in excellent taste.

此外,逻辑主语也可作为被描述的对象存在于主动句式中,这时句子主要描述主语的特征、性质、状态等。例如:

Jane's being careless caused so much trouble.

He is broad-mined.

The road runs directly north.

执行主语作为行为动作的实施者或执行者往往由有生命的名词或代词来充当,常见于主动句中。例如:

A bee pricks the skin with its sting.

He went to bed immediately when he finished his work.

(2)汉语句子主语的类型。汉语句子中的主语根据主谓关系进行划分,可以分为施事主语、受事主语和中性主语。

施事主语是动作行为的发出者,通常是表示人或物的名词或代词,谓语动词与施事主语的主观意志可以存在紧密的关系,也可以没有关联性。例如:

妈妈批评了我。

同学们要积极参加课外活动。

钱包丢了。

目标暴露了。

狗不停地叫。

受事主语作为动作的承受者常置于句首起强调作用,这时施事主语会紧随其后。例如:

衣服我昨天洗好了。

什么事情我都不想干。

那个电影他看过两遍。

中性主语在句中既不是施事者,也不是受事者,而是被描写、判断和说明的对象。例如:

妹妹十二岁了。

北京是中国的首都。

祖国**疆域**辽阔。

(二)定语

定语是指对作为中心词的名词或代词起修饰、描述或限制作用的成分。由于英汉两种语言所属语系不同,社会文化背景也存在显著差异,定语在英汉两种语言中也存在一定差异。

1.英汉句子定语的构成及形式

(1)英语句子定语的构成成分及形式。在英语中,定语的构成不仅包括单词,还包括短语和从句。

第一,单词定语。英语中的名词、代词、形容词、数词、冠词和分词(包括现在分词和过去分词)等都可以作定语。从词类来看,与汉语相比,英语中单纯的动词不能作定语。另外,由于英语中没有量词,因而英语中没有量词定语。例如:

his brother(代词)

the man(冠词)

college student(名词)

beautiful flowers(形容词)

three books(数词)

boiling water(现在分词)

spoken language(过去分词)

第二,短语定语。英语中动名词短语、分词短语(包括现在分词和过去分词短语)、介词短语、不定式短语等都可以作定语。例如:

a pen **bought by his mother**(分词短语)

the question **to be discussed**(不定式短语)

the girl **in yellow**(介词短语)

第三,从句定语。英语中还可以用句子来作定语,这种句子称作"从句定语"。这是英语和汉语不同的定语构成成分。英语中的从句定语包括限制性定语从句和非限制性定语从句两种。例如:

He is the very man **I am looking for**.（限制性定语从句）

The man，**who is standing by the door**，is a father of four chil-dren.（非限制性定语从句）

英语中，修饰或限制名词或代词的定语成分主要由形容词、名词(含所有格)、(物主、指示、疑问、不定)代词、分词、介词短语、不定式(短语)、分词短语等来充当。例如：

Put it in the **top** drawer.

France and Switzerland are **European** countries.

His mother and father are both **college** teachers.

This is the day that I never forget in **my** life.

因此，英语定语的构成形式呈现多样化，包括无标志定语结构和有标志定语结构。其中有无标志结构包括单个词定语或者多个词语叠加的无特别标志的定语形式；有标志定语结构包括所有格结构、有 of 结构和从句结构等。

第一，无标志定语结构。无标志结构是指由单个词定语或者多个词语叠加的无特别标志的定语形式。

一般情况下，单个名词或者形容词作定语都是无标志的，单个词作定语的主要有名词、形容词、代词、数词、冠词等。例如：

The **little** boy needs a blue pen.（形容词作定语）

Two boys need **two** pens.（数词作定语）

His son is **an** engineer.（代词、冠词作定语）

Can I have **Tuesday** afternoon off to see my doctor?（名词作定语）

第二，有标志定语结构。有标志定语结构是指由特别标志词来显示的定语形式，包括所有格结构、有 of 结构和从句结构等。这类有标志定语结构主要体现修饰语和中心词之间的某种关系。

所有格结构是英语定语的常见形式之一，其显性标志是 's。所有格结构是在有生命的名词后及表示时间、距离、国家等无生命的名词后加 's，表示修饰语和中心词之间一种所有关系或者从属关系。例如：

Robert Browning's poems（罗伯特·勃朗宁的诗）

the Europe's future（论欧洲的前景）

five minutes' walk（五分钟的路程）

two miles' distance（两英里的距离）

英语中的 of 结构是英语定语的常见形式之一，其显性标志是 of。of 结构可以用来体现修饰语与中心词之间不同类型的关系。例如：

the love **of** god（逆序主谓关系）

the shooting **of** a football player（顺序动宾关系）

the creation **of** man（主谓关系）

the speech **of** the President（从属关系）

the city **of** Rome（同位关系）

a box **of** wood（偏正关系）

从句结构也是英语定语的常见形式之一，其显性标志是引导从句的关系代词和关系副词，具体包括作主语的关系代词 that，which，who，作宾语的 whom，作定语的 whose 以及表示时间的关系副词 when，表示地点的关系副词 where，表示原因的关系副词 why 等。例如：

The prosperity **which** had never appeared before took on in the countryside.（农村出现了前所未有的繁荣。）

The man **whom** you spoke to just now is our English teacher.（你刚刚说话的那个男人是我们的英语老师。）

The package **that** you are carrying is about to come unwrapped.（你拿的那个包裹快要散开了。）

She didn't tell me the reason **why** she refused the offer.（她没跟我讲她拒绝帮助的原因。）

There comes a time **when** you have to make a choice.（你必须做出抉择的时候到了。）

Barbary was working in Aubury, **where** she went daily in a bus.（巴巴拉在奥伯里工作，每天得坐公共汽车去上班。）

除了上述三种主要的定语结构形式外,还有介词短语、不定式短语作定语的,其显性标志是介词和不定式符号 to。例如:

We need someone **to** go and get a doctor.（我们需要人去请医生。）

She has nothing **to** worry about.（她没什么好担心的。）

The man **in** the car is his father.（车上的那个人是他的父亲。）

The pen **on** the desk is a gift **from** his friend.（桌上的那支钢笔是他朋友送给他的礼物。）

(2)汉语句子定语的构成成分及形式

在汉语中,定语主要由词构成。通常情况下,单个的名词、动词、代词、形容词和数量词等可以作定语。例如:

名词定语:**老虎**尾巴、**钻石**项链

动词定语:**开幕**词、**烤**肉

代词定语:**他**孩子、**这**花

形容词定语:**优美的**环境、**炎热的**天气

数量词定语:**七大姑八大姨**、**两床**被子

汉语中,动词短语、介词短语等也可以作定语。例如:

戴帽子的过来。（动词短语定语）

以邻为壑的国家往往会受到孤立。（介词短语定语）

在汉语中,"的"是定语的显性标志,即定语一般是由"的"结构构成的,但是这种中心语与定语之间的标志有时必须显现,有时必须省略,有时可以省略。

第一,显现"的"结构标志。汉语中,名词、形容词、动词短语、介词短语等作定语修饰语时,结构助词"的"标志往往需要显现。例如:

海南的工业发展很快。（名词作定语）

暖和的阳光照着**平静**的湖水。（形容词作定语）

吃过饭的(人)跟我走。（动词短语作定语）

在教室里的学生都是很用功的。（介词短语作定语）

我们的历史有**自己**的特点。（代词作定语）

第二,省略"的"结构标志。汉语中数量词作定语修饰语时,"的"结构标志往往需要省略。例如:

我给大家讲**一个**故事。（数量词作定语,省略"的"）

当几个定语修饰语叠加存在时,标志"的"往往间隔性省略,即不能连续使用标志"的",而是间隔使用。例如:

我们学校的**两位**有三十年教龄的**语文**老师当上了代表。（代词、名词、数量词、动词短语、名词作定语）

第三,"的"结构标志可显可隐。汉语中"的"结构标志有时可显可隐,即作定语修饰语的"的"结构标志可以隐略,也可以显现。显现时既可以突出强调性,也可以产生意义上的区别。例如:

毛泽东思想

上例是一个固定的概念,表示是集体智慧的结晶。

毛泽东的思想

上例表示对毛泽东个人思想的强调。

2.英汉句子定语的位置

定语作为中心词的修饰成分,必定紧挨中心词。但是在不同的语言中,由于语法规则和表达习惯不同,定语的摆放位置也存在一定的差异。与汉语相比,英语定语的位置较为灵活,可以置于所修饰的中心词之前或之后,且后置情况比较普遍。

(1)英语句子定语的位置。英语中单词作定语时,一般放在被修饰的名词前面,而且有一定的次序:冠词/物代、年龄/形状、大小/温度、色彩、来源、质地/材料、目的/用途。

定语还可以由从句充当,定语从句一般放在所修饰的词之后。

英语中,充当定语的既可以是单词,也可以是短语,还可以是定语从句。英语定语的位置可以前置,也可以后置。例如:

The report shall address the current and probable future course of military-technological develvpment on the People's Liberation Army.

然而,英语定语的前置和后置有自身的规则和要求。在英语中,为了追求句子平衡的效果,一般情况下单词作定语都前置,短语和从句作定语都后置。但也有少数特殊的例外情况。

第一,单词定语前置或者后置。在英语中,单词作定语一般前置,但在一些特殊情况下则需要后置。

一般来说,名词、代词、冠词、数词、形容词或现在分词和过去分词等单词作定语通常置于中心词之前。例如:

I saw **many beautiful** flowers in the garden yesterday.

Her mother is **a** teacher.

少数单词定语需要置于中心词之后。其中,复合不定代词的定语后置。修饰由 some,any,no,every 等构成的复合不定代词的定语往往需要后置。例如:

He asked her to look and see if she missed anything else.

People have to live on something **more nourishing** than hope.

Let's go somewhere **quiet**.

There is nothing **important** in today's newspaper.

He remembered everything **unusual**.

时间副词(now,then,today,yesterday⋯)、地点副词(here,there,back,in,out,home⋯)作定语时,放在被修饰的名词之后。例如:

I could not find my way **out**,so I stayed there all along.

The lecture **yesterday** was good.

以-able,-ible 词缀结尾的动词或者名词转化的形容词作定语时往往需要后置。例如:

He is a person **dependable**.

表示强调作用的过去分词作定语往往需要后置。例如:

The views expressed in this article are not necessarily the colleges **mentioned** in this article.

第二,短语定语需后置。英语中的分词短语、介词短语、不定式短语等都可以作定语。短语定语一般都需要后置。

具体来说，介词短语修饰名词时，只能放在名词的后面。例如：

The monkey **in the cage** was caught yesterday

The key **to the door** is in my bag.

分词短语（包括现在分词短语和过去分词短语）修饰名词时，通常放在名词的后面。例如：

The man **standing by the door** is from New York.

Did you see the homeless man **sleeping under the bridge**?

The film **shown in the cinema** was exciting.

不定式短语修饰名词时，通常放在名词的后面。例如：

The building **to be built** is our Library.

I have a lot of work **to be done** today.

第三，从句定语需后置。句子修饰名词时，通常放在名词的后面。例如：

The people **who worked for him** lived in mortal fear of him.

He liked his sister, **who was warm and pleasant**, but he did not like his brother, **who was aloof and arrogant**.

（2）汉语句子定语的位置

汉语中定语往往由词或者词组来允当，因此通常处于前置的位置，即定语通常置于中心词之前。汉语经历了从古汉语到现代汉语的转变。在古汉语中存在三种定语后置的情况。

第一，中心词＋之＋后置定语。例如：

蚓无爪牙之利，筋骨之强。

（《劝学》）

第二，中心词＋之（而）＋后置定语＋者。例如：

马之千里者，一食或尽粟一石。

（《马说》）

第三，中心词＋后置定语＋者。例如：

村中少年好事者，驯养一虫。

—— 113 ——

(《促织》)

在现代汉语中,定语一般都前置。例如:

在音乐会上**演奏的那位音乐家**是从中国来的。

林大娘的脸色立刻变得灰白,瞪出了眼睛望着**她**的丈夫。

他手里拿着**一大束红色**的**玫瑰**花。

这首歌献给**我**的父母。

(三)宾语

宾语是谓语动词所表示的行为动作所支配、影响或关涉的对象。从功能上说,宾语在英汉句子结构中都是主干成分之一,充当谓语动词所施发动作的承受对象或者作为介词所示行为的关涉对象。由于英汉语言的体系和规则存在一定的差异,因而在宾语的类型与构成上也存在各自的特点。

1.英汉句子宾语的构成

在英汉语言中,构成宾语的成分有相同的,也有不同的。在汉语里,只有单独的词语和词组可以作宾语,没有用句子作宾语的。而在英语里,可以作宾语的既可以是单个的词语,也可以是词组,还可以是句子(宾语从句)。

(1)英语句子宾语的构成。在英语中,宾语可由名词、代词、动名词、名词化的形容词、不定式短语、动名词短语、宾语从句等充当。例如:

Show **your passport**,please.(名词)

She didn't say **anything**.(不定代词)

They sent **the injured** to hospital.(名词化的形容词——the＋V-ed)

I enjoy **working** with you.(动名词短语)

He took down **what the teacher said**.(宾语从句)

(2)汉语句子宾语的构成。在汉语中,可以作宾语的只有词和词组。

114

第一，单个词作宾语。在汉语中，名词、动词、形容词、人称代词、数量词等可以作宾语。例如：

我们最了解**他**。（人称代词）

她喜欢**笑**。（动词）

她边打毛线边听**音乐**。（名词）

这部小说我看过**三遍**。（数量词）

妈妈特别爱**干净**。（形容词）

第二，词组作宾语。在汉语中，名词性词组、动词性词组、主谓词组等可以作宾语，其中，名词性词组包括偏正词组、"的"字结构等。例如：

他年轻时是做**生意的**。（名词性词组——"的"字结构）

爸爸去过**很多地方**。（名词性词组——偏正词组）

他从小就喜欢画**山水和人物**。（名词性词组——联合词组）

她讨厌**做家务**。（动词性词组）

人们听说**老总被双规了**。（主谓词组）

2. 英汉句子宾语的类型

在汉语中，只有动词可以带宾语。而在英语中，动词和介词都可以带宾语。在英汉语言中，谓语动词都可以带一个宾语，称为单宾语，也可以带双宾语，包括直间双宾语、并列双宾语和复合双宾语等。由于语言的构成规则不同，对宾语的分类标准也存在一定的差异性。

(1)英语句子宾语的类型。在英语中，根据宾语成分的功能进行分类，主要有动词宾语和介词宾语。

第一，动词宾语。动词宾语是指谓语动词所表示的行为动作所关涉的对象，这类宾语通常位于及物动词之后，通常由名词或起名词作用的成分充当。例如：

I saw **a cat** in the tree.

He said **he could be here**.

在英语中，及物动词之后一般至少要有一个直接关涉的对象才能使句子的意思表达完整,这个关涉的对象就是该及物动词的宾语。因此,宾语有单宾语和双宾语之分。

单宾语是指在一个句子中只有一个宾语存在的情况。例如：

She doesn't know **me.**

The young should respect **the old.**

英语中有时会出现两个宾语。一种是结构性的,叫作并列性双宾语。另一种是功能性的,叫作直间双宾语。

并列宾语是指由 and,both…and,either…or,neither…nor 等连词连接的两个或两个以上的并列性宾语。并列宾语主要是出于句子结构的需要,将两个或两个以上的主语和谓语相同而宾语不同的简单句进行合并而构成的。例如：

They went to help **the dying** and **tire wounded.**

The manager drinks neither **coffee** nor **tea**,he likes drinking water.

直间双宾语是指出于功能的目的受谓语动词动作影响所直接关涉的对象与间接关涉的对象。

在英语中,有些及物动词要求跟两个宾语,一个指物,另一个指人。指物的宾语是动词直接关涉的对象,通常称为直接宾语。指人的宾语是动词间接关涉的对象,通常称为间接宾语。例如：

Give **him whatever he needs.**

She showed **her ctassmates the beautiful pictures.**

间接宾语一般放在直接宾语之前,如果对直接宾语进行强调,则可以把直接宾语放在间接宾语之前,但必须在间接宾语前添加介词 to,for 等。例如：

My father bought me **a book.**

My father bought **a book** to me.

She bought **me some tomatoes.**

She bought **some tomatoes** for me.

有些及物动词除跟一个宾语外,还需要加上宾语补足语,否则意思不够完整。具有逻辑上的主谓关系的宾语和宾语补足语共同构成复合宾语。例如：

We all call **him Rock Jim**.

Please color **it red**.

We found **the little girl in the hill**.

第二，介词宾语。介词宾语是指英语中某些表示行为工具、方式、结果等介词所关涉的对象，这类宾语通常位于介词之后。可以接宾语的介词主要有动词词组之后的介词和进行解释性表述的介词。介词宾语是英语有别于汉语的重要特征。例如：

No one paid attention **to what he said**.

I succeeded **in passing the driving test**.

He entered the chemistry lab **without being permitted**.

需要注意的是，英语中为了维持句子的平衡，当作宾语的是比较长的不定式短语、动名词短语或者从句等结构时，往往用指代词 it 替换宾语，而将真正作宾语的不定式短语、动名词短语或者从句等结构置于句末。指代词 it 通常被称作"形式宾语"。例如：

I find *it* hard **to get along with her**.

He felt *it* important **learning Chinese well**.

They found *it* difficult **that they would finish their work in two days**.

当从句作宾语时，有以下几点值得注意。

首先，一些表示"喜、怒、哀、乐"的情感动词，如 like，enjoy，love，hate 等往往不能直接接宾语从句，而需要借助形式宾语 it。例如：

I don't like *it* **that he's so lazy**.

I hate *it* **when my mother asks me to get up early**.

其次，that 引导的宾语从句不能直接作介词的宾语，而需要借助形式宾语 it。例如：

You may depend on *it* **that we shall always help you**.

He insisted on *it* **that he was innocent**.

最后,在由及物动词与介词组成的固定搭配中,宾语从句若作该动词的宾语时,必须借用形式宾语 it。例如:

I leave *it* to your own judgment **whether you should do or not.**

We owe *it* to you that there wasn't a serious accident.

(2)汉语句子宾语的类型。汉语中,只有谓语可以带宾语,介词不能带宾语。受谓语成分的制约和宾语成分的功能影响,其类型与英语有相似之处,也存在一定的差异。在汉语中,动词宾语也有单宾语和双宾语之分。

第一,单宾语。一般情况下,汉语中的谓语只带一个宾语。谓语带单宾语的情况比较常见,也很普遍。例如:

房里有**老鼠**。

保安抓了**个小偷**。

第二,双宾语。在汉语中,谓语有时可以接两个或两个以上的宾语,包括并列宾语和直间双宾语两种。

在汉语中,由一个动作行为同时或者继发性实施和完成的两个或两个以上的任务,可以用并列连词"和"连接,构成并列宾语。例如:

她帮你拿来了**毛巾**和**拖鞋**。

猎人一枪打中了**一只兔子**和**一只猪**。

她学了**二胡**、**吉他**和**葫芦丝**。

在汉语中,和英语相同的是,有些及物动词也要求跟两个宾语,一个指物,另一个指人。指物的宾语是动词直接关涉的对象,通常称为直接宾语。指人的宾语是动词间接关涉的对象,通常称为间接宾语。例如:

他想问你**一个问题**。

我要告诉大家**一个好消息**。

(四)谓语

在任何语言中,句子的谓语都是不可缺少的。谓语对主语的动作或行为进行描述或说明,一般位于主语之后。英汉语句子的谓语在类型、构成方面也存在不同。

1.英汉句子谓语的构成

并不是所有的动词都能充当句子的谓语,只有行为动词,也就是实义动词才可以。由于汉语与英语的语法规则不同,二者谓语的构成也存在差异。

(1)英语句子谓语的构成。英语中的动词有谓语动词与非谓语动词之分。谓语动词能够独立充当谓语,主要有系动词(包括be 动词)和行为动词,情态动词和助动词要与系动词和行为动词配合使用才能作谓语。非谓语动词不能独立充当谓语,主要有动名词、不定式和分词(过去分词和现在分词)。

英语句子中的谓语有时态、语态和语气等不同的表现形式。

时态谓语动词的构成受英语时态的影响。表 5-1 详细列举了英语中常见的几种时态。

表5-1　常见的英语时态

现在时			
		Be 动词	行为动词
一般式	一般现在时	am,is,are	V/V+s
进行式	现在进行时	—	am(is/are)+V-ing
完成式	现在完成时	have(has)+been	have(has)+V-ed
完成进行式	现在完成进行时	—	have(has)been+V-ing
过去时			
		Be 动词	行为动词
一般式	一般过去时	was,were	V+ed
进行式	过去进行时	—	was,were+V-ing
完成式	过去完成时	had been	had+V-ed
完成进行式	过去完成进行时	—	had been+V-ing

续表

将来时		Be 动词	行为动词
一般式	一般将来时	will be	will＋V
进行式	将来进行时	—	will be＋V-ing
完成式	将来完成时	—	will have＋V-ed
完成进行式	将来完成进行时	—	will have been＋V-ing
过去将来时		would be	would＋V

　　语态谓语动词的构成受英语语态的影响。英语语态分为主动语态和被动语态两种。表 5-2 展示了英语被动语态的谓语构成。

表 5-2　英语被动语态的谓语构成

	现在时	过去时	将来时
一般式	am(is,are)＋V-ed	was(were)＋V-ed	will＋be＋V-ed
进行式	am(is,are)＋being＋V-ed	was(were)＋being＋V-ed	—
完成式	have(has)＋been＋V-ed	had＋been＋V-ed	will have been＋V-ed

　　英语中常见的语气有疑问语气和虚拟语气等。疑问语气的谓语除系动词 be 以外,还有行为动词加助动词 have,has,will 等。虚拟语气中谓语的变化较复杂,如表 5-3 所示。

表 5-3　虚拟语气的谓语构成

与现在的事实相反	If＋主语＋V-ed(were)	主语＋would(should)＋V
与过去的事实相反	If＋主语＋had＋V-ed	主语＋would(should)＋have＋V-ed
与将来的事实相反	If＋主语＋V-ed (were to/should＋V)	主语＋would(should)＋V

　　(2)汉语句子谓语的构成。汉语句子的谓语没有时态、语态或语气方面的变化。但是,汉语句子的谓语除了可以由动词充当

外,还可以由形容词充当。例如:

他很**英俊**。

军港的夜**静悄悄**。

节约**光荣**,浪费**可耻**。

2.英汉句子谓语的类型

(1)英语句子谓语的类型。英语句子中的谓语根据繁简程度可以分为简单谓语和复合谓语。

简单谓语由单个动词的各种形态组成,其中既包含时态的变化,又包含语态的变化。例如:

I **like** singing.（一般现在时主动语态）

It **is used** by people all the world.（一般现在时被动语态）

复合谓语由多个动词的各种时态组成,如情态动词或助动词＋不带 to 的不定式,或者系动词＋表语构成的复合谓语,其往往含有一定的语气,如命令、责备、请求等。例如:

They **must move** the case away.

We **did complete** the task.

I **felt happy** all the time.

You **look the same.**

(2)汉语句子谓语的类型。汉语句子中的谓语可以是一个动词,也可以是多个动词,可以是单独谓语,也可以是联合谓语。因此,汉语句子中的谓语可以分为独立式、联合式、连谓式和兼语式。

独立式谓语只有一个动词。例如:

我**看**过这部电影。

他**生活**很幸福。

联合式谓语中的动词需要与其他行为动词配合使用。例如:

妹妹**会**画画。

毒蘑菇**不能吃**。

你**愿意**空出点时间吗?

121

连谓式谓语是指句中的几个动作先后发生,具有连续性,只存在逻辑意义上的联系。这种谓语在汉语表达中很常见。例如:

她**端**着一杯水**走**进卧室。

外婆**上**街**买菜**。

老头**进**城**看**朋友去了。

兼语式谓语是汉语中独有的。汉语中的使令动词要与行为动词配合使用才能充当谓语。兼语式句式是由一个动宾短语配合一个主谓短语组成的,句中的名词既是使令动词的宾语,又是行为动词的主语。

第六章　跨文化交际视阈下的英汉段落、语篇对比研究

段落和语篇是语言组织的高级形式,同时是跨文化交际的基本单位。在语言和文化的影响下,英汉段落、语篇组织方面都有着各自的特点。本章就从跨文化交际视阈下对英汉段落、语篇展开对比研究。

第一节　英汉段落对比研究

一、段落概述

段落(paragraph)是句子向语篇转变的重要媒介,是文章的基本组成形式。一般而言,段落是由句子按照一定的规则、形式组成的表达特定含义的意群。

(一)段落的种类

段落通常由以下三种类型组成。

(1)开头段。开头段的主要作用是点明观点,确立主题。有时,开头段还可以对全篇文章的展开层次进行概括,使读者能更好地把握作者思路。

(2)主体段。主体段是文章的主要内容,通常由一个或几个段落构成,主体段的数量与文章主题的深度以及作者的写作思路

有很大关系。

（3）结尾段。结尾段是对全文内容的归纳与概括，也是对开头段的呼应与升华。结尾段的篇幅不一定很长，但没有结尾段的文章是不完整的。

（二）段落的构成

从微观角度对段落的构成进行总结，段落主要由主题句、推展句和结论句构成。

1. 主题句

主题句是一个段落的灵魂，是段落开展的中心。可以说，主题句的好坏直接影响段落组织的好坏。具体来说，一个合格的主题句应达到以下三条要求。

（1）必须是一个完整的句子，能表达一个明确的、完整的思想。如果主题句表达不完整或不明确，段落开展起来就很容易偏离主题或无从开展。

（2）必须紧扣文章的中心思想，把全段的内容限定在中心内容之内。

（3）必须具有限制性。主题句中必须借助关键词或词组来限制主题，从而使段落内容不至于偏离全文的中心。另外，限定的范围不能太宽、太大，否则仅靠一个段落无法阐明如此庞大的一个主题。

主题句在段落中的位置较为灵活，最常见的是位于段首，也有的主题句位于段中或段尾。

（1）位于段首。主题句位于段首的优点在于能够开门见山地直奔主题，使读者更快、更清楚地把握段落大意，同时有助于段落层层推进、结构清晰。

（2）位于段中。当段落主题比较枯燥时，大多会在段首讲述一个故事、现象或提出一个问题，一方面引发读者深思，另一方面增强段落的趣味性和可读性，以此来引出主题。

（3）位于段尾。主题句位于段尾时能够起到概括段落大意的作用，同时会加深读者对段落观点、主题的印象。需要指出的是，即使主题句位于段尾，它仍然对全段内容的组织安排起到决定作用。

2. 推展句

一个段落仅有主题句是不完整的。主题句提出中心思想之后还必须有足够的证据来对其进行论证说明，即需要推展句来发展段落的中心思想。可以说，推展句是对主题句的引申与发展，它必须切题、明确，且层次分明。

3. 结论句

结论句是对全段内容的归纳总结，通常位于段落的末尾。需要指出的是，结论句并非是对主题的简单重复，而是进一步强调段落主题、加深读者印象。一个合格的结论句需要达到以下三条要求。

（1）围绕主题句的关键词总结段落大意。

（2）和主题句相呼应。

（3）回答主题句中隐含的问题，并注意总结推展部分的重点内容。

需要指出的是，结论句并非段落必不可少的部分。某些描述性很强的段落可以没有结论句。

二、英汉段落的对比

段落是具有明确的始末标记、语义相对完整、交际功能相对独立的语篇单位。完整的段落必须主题明确、结构合理、完整统一。

（一）段落结构的差异

英汉两个民族在思维方式与语言表达习惯上的不同，使英语段落与汉语段落在结构与内容安排上也产生了一些差异。下面就来具体分析两种语言的段落结构特点。

1.直线推理段落结构

英美人的思维模式是直线型的,通常按照逻辑直线推理的方式进行,且每个段落必须集中一个内容,因此英语段落通常包括以下三个部分。

(1)主题句(topic sentence):点明整个段落的中心思想或主题。

(2)扩展句(supporting detail):通过细节对主题进行说明。

(3)结论句(concluding sentence):重申段落主题,与主题句首尾呼应。

一般来说,一个段落只有一个主题句,且扩展句都围绕主题展开。英语段落的结构特点如图 6-1 所示。

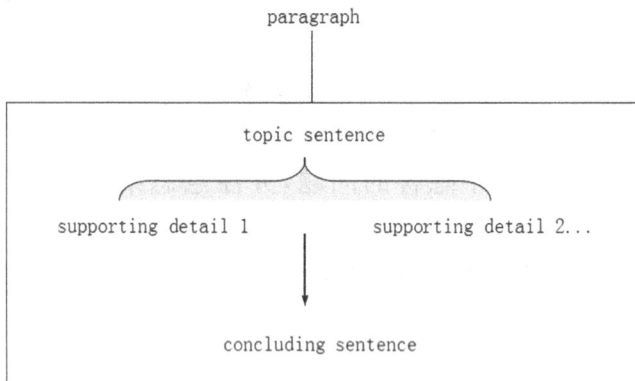

图 6-1　英语段落结构图

(资料来源:杨丰宁,2006)

请看下面的例子。

(1)Although the New Testament writers used the popular language of their day, they often achieved great dignity and eloquence. (2)Convinced of the greatness of their message, they often wrote naturally and directly, as earnest men might speak to their friends. (3)Although St. Mark's writing was not necessarily polished, he wrote with singular vigor and economy. (4) St. John struggled with the language until he produced sparse and unadorned prose of great beauty. (5) St. Paul, at his best, reached heights of eloquence which some consider unsurpassed in literature. (6) St. Luke, the most brilliant of the New Testament writers, gave us Jesus' Parable of the Prodigal Son. (7) Taken as a whole, the work of these great Christian writers of the first century has a dignity and splendor all its own.

这个段落由七句话组成,下面对其结构进行分析。

(1)和(2)点明了全段的主题:尽管那些《新约》的作者们用了他们当时流行的语言,他们常常取得了高贵和雄辩。深信于他们言语的伟大,他们经常写得自然而直接,就像热心的人们向他们的朋友述说那样。换句话说,(1)和(2)告诉读者,作者将从文学作品而不是《圣经》的角度对《新约》进行讨论。

(3)、(4)、(5)和(6)分别以圣马可、圣约翰、圣保罗和圣卢克为例子来说明本段的主题:圣马可的创作有奇异的活力和简约的风格,圣约翰用精练和朴实创造出华美的散文,圣保罗的雄辩程度难以超越,圣卢克是最有才气的《新约》作者。通过对这四个例子的分析,读者可以明白,正是因为《新约》作者的文采才使得《新约》受到世人尊敬并享有雄辩的赞誉。

(7)作为段落的总结句再次表明了作者的观点:基督的作者们享有尊严和荣耀。

总体来说,这是一个典型的直线型段落,观点鲜明、理由充分、结论明确。

2.螺旋型段落结构

中国人的思维模式是曲线型的,习惯跳动、迂回、环绕的方式,使汉语段落呈现出螺旋型的特点。具体来说,汉语段落以反复而又发展的螺旋型对一个意思加以展开,中间做出的结论又被进一步展开,或者成了一个新的次主题的基础。例如:

索引在我国出现得较晚。有人认为起源于南北朝的类书就具备了索引的性质,这种说法是不科学的。类书是将群书中可供参考的资料辑录出来,分类或依韵编排的一种工具书。它具有文献摘要的性质,并且所记录的范围漫无边际,而索引则只注明文献的出处,使读者"执其引以得其文",并不司摘录原文之职。并且索引还有严格的范围,如作《史记人名索引》就绝不可将《汉书》中的同名人物一并编入。

为古书作索引大体始于明清之际。明末的著名学者傅山曾编制了《春秋人名韵》《春秋地名韵》。乾隆时汪辉祖编制的《史姓韵编》是依韵编排的。嘉庆的毛谟所编制的《说文检字》,采用了用部首笔画来进行编排的方法。

本例中,"索引在我国出现得较晚"是主题句,但下面的段落并没有以此为中心思想展开。

第一段主要是讨论类书和索引的区别,在第二段,作者才回到主题上来,继续谈索引在我国出现的时间,充分体现出迂回、反复的特点。

(二)段落意义连贯差异

1.段落意义连贯的内涵

段落连贯是指段中各句的安排要有逻辑条理,前后句的承接、过渡要自然、流畅。简单来说就是段落要通顺。连贯性强的段落往往具有合乎逻辑、过渡自然、思路清晰、浑然一体的特点,是读者理解文章的关键。

实现段落连贯的手段主要有两种:形连和意连。形连是借助一定的语言手段来实现连贯,是显性的。意连是借助句子的含义、逻辑来实现连贯,是隐性的。形连和意连并非是互相排斥的,而是互补共存的。缺少形连的段落通常艰涩不顺,可读性差,缺少意连的段落就会使语义混乱、逻辑不清。

2.英汉段落意义连贯的差异

英语是形合语言,英语句子各成分之间的逻辑关系往往需要通过连接词的使用才能体现出来,而汉语是意合语言,汉语句子之间不像英文篇章那样有大量的连接词,而是主要通过语义体现句子之间的逻辑关系,只要语义相关,篇章自然就会流动。总之,汉语句子是靠语义的自然衔接、前后贯通、上下呼应来表达一个完整的意思。英汉句子连接方式的差异可能给英语学习者带来一些问题。许多中国英语学习者在写英语文章时不知道如何正确使用衔接手段,因而写出来的文章支离破碎,条理不清,语义模糊。

英语段落的构成大致可分两类:一类是典型的"主题句—阐述句—总结句"结构;另一类则是类似于汉语中的以某一中心思想统领的形散神聚结构。与汉语不同的是,注重形合的英语常常使用许多衔接、连贯手段来从形式上显现各种组合关系。前一类结构的主题句标明段落的主题思想,而接下来的句子则必须在语义上与主题相关联,在逻辑上演绎严谨。汉语段落通常围绕一个比较含蓄的中心思想,以迂回式、流散式的表述方式表现主题,段落句际之间的意义关联是隐约的、似断非断的。虽然汉语中也有不少十分注重逻辑推演的段落,句与句之间环环相扣,不过相当数量的汉语段落都是形分意合的,并没有英语中常见的那些连接词。例如:

Gold, a precious metal, is prized for two important characteristics. First of all, gold has a lustrous beauty that is resistant to corrosion. Therefore, it is suitable for jewelry, coins and ornamental purposes. Gold never needs to be polished and will remain beautiful forever. For example, a Macedonian coin remains as untarnished today as the day it was minted twenty-three centuries ago. Another important characteristic of gold is its usefulness to industry and science. For many years, it has been used in hundreds of industrial applications. The most recent use of gold is in astronaut's suits. Astronauts wear gold-plated heat shields for protection outside the spaceship. In conclusion, gold is treasured not only for its beauty, but also for its utility.

此段落是典型的"主题句—阐述句—总结句"结构。段落中阐述部分的句子既以语义与主题句直接关联,又以一些逻辑标识显现论述的逻辑序列、句际关系。段落主要依靠关联词、词语重复、指代替换等手段连接句子。再如:

自1840年鸦片战争使中国蒙受历史性屈辱以来,从林则徐、魏源、龚自珍到孙中山,历代志士仁人曾为中国的救亡和发展,前仆后继,英勇奋斗,但由于缺少科学理论的指导而饮恨九泉。实践告诉我们,在一个半殖民地半封建的中国,改良封建专制制度,不是出路;实行资本主义,亦非良策。在历史的比较中我们认识到,唯有马克思列宁主义,才能救中国。马克思列宁主义一经传入中国,中国人民就在精神上由被动转为主动,中国共产党才在马克思列宁主义和中国工人运动的结合中诞生并成为中国革命的领导力量,中国人民的民族解放和民族振兴才找到了正确的方向。从此,开始了马克思列宁主义在中国的实践和发展历程。

上例中段落的中心思想是:历史告诉我们,只有马克思列宁主义才能救中国。但段落中这一主题的阐发方式明显与英语论说文段落模式不同。本段落形散神聚,我们可以从段落中找到词句随"意"自然流动、重文气(气韵)而轻文理(理则),乃至断句不严等特点。

汉语一般采取两种手段实现意义的连贯:过渡词的使用;逻辑的连贯。过渡词的使用是指依靠过渡词表现连贯的意义;逻辑的连贯就是依靠扩展句自身具有的逻辑关系对句子进行正确的排列所实现的连贯。

第二节　英汉语篇对比研究

一、语篇概述

一般来说,语篇就是由一系列连续的段落或句子构成的语言整体。从形式上看,它既可以是小说、诗歌,也可以是文字标志(如交通标志);既可以是众人交谈(multiperson interchanges),也可以是对话(dialogue)或独白;既可以是文章,也可以是讲话。从篇幅上看,它既可以洋洋万言以上,也可以只包含一两个句子。可见,无论是一本文稿、一份科研报告、一封书信、一张便条,还是一次记者招待会的问答、一场论文答辩、一次谈话、一句问候,都可以构成语篇。

无论语篇采取哪种形式,都必须确保语义的连贯。具体来说,这种连贯既指语篇内部在语言上的连贯,也包括与外界在语义上和语用上(semantically and pragmatically)的连贯。此外,语篇还必须合乎语法。

除连贯与语法之外,语篇内的句子之间应保持一定的逻辑联系,从而使语篇拥有逻辑结构或论题结构。正是在这一结构的基础上,语篇中的句子、话段才能组织在一起。一般认为,单句是语篇分析的最小单位,因此在大多数语言学家看来,语篇分析应该是超句法分析。韩礼德和哈桑(1976)曾提出,语篇最好被看作语义单位(semantic unit)。换句话说,就是将其看作意义单位,而不是形式单位。

通常情况下,一个以上的句子或话段可以构成语篇,且语篇不仅具有交际上的独立性,还具有句法上的组织性。然而,交际上具有完整性的单句语篇(one-sentence-/-utterance text)也是存在的,如提示语 No smoking(不准吸烟)。

很多语言学家都对语篇进行了界定,下面是几位著名学者的观点。

韩礼德认为,语篇是具有功能的语言,如发出指令、传递信息或情感等,这种定义方法比较简单。

威尔斯(Wilss)认为,语篇是语言交际的一种呈现形式。

语篇学家们(Graesser et al.,1997)认为,把复杂的模型建立在普通认知理论上是十分必要的。一般来说,语篇理解通常涉及以下语篇认知要素。

(1)知识网络结构。

(2)记忆存储。

(3)语篇焦点。

(4)共鸣。当存储在语篇焦点、工作记忆中的内容与文本表达的内容或长时记忆内容高度匹配时,便会形成共鸣。

(5)节点的激活、抑制和消除。

(6)主题。主题是指语言使用者赋予或从语篇中推导出来的整体意义,不同的读者对主题具有不同的理解。

(7)连贯。语篇连贯不仅仅是指语篇全局连贯,也指语篇的局部连贯。连贯是指序列命题之间的意义关系。连续通常包括两种。一种是所指连贯或外延连贯,即语篇涉及事件的心理模型;另一种是内涵连贯,即基于意义、命题及其关系的连贯。

(8)隐含意义。隐含意义指从语篇中的词、短语、小句或句子实际表达的意义推导出来的命题。可见,隐含意义离不开推理。

(9)词汇的言外之意。言外之意是读者根据自己的文化、知识赋予一定词汇的评价和看法,有利于激活读者或译者的审美观点与社会知识。

(10)读者目的。读者持有不同目的时,其会对语篇的理解和记忆带来不同影响。

二、英汉语篇的差异

(一)语篇风格差异

英语语篇的风格偏向朴实、直接,而汉语语篇的风格则比较华丽、夸张、婉转、曲折,更多地注意文章形式上的东西,这从上文中的例子中就可以看出来。英语语篇比较注重语句的简洁以及用词的精确,因此语篇多用名词、动词进行写作,只有在必要时才使用形容词、副词;与英语相比,汉语语篇更注重语句的华丽,因此较多使用形容词、四字成语。

英汉语篇中都运用修辞手段,但是使用频率不同,英语中的使用频率大大低于汉语。例如,英语文章中很少使用连串的比喻句子;在汉语描写性的语篇中通常可以见到大量的夸张手法,而频繁使用夸张手法在英语中则被视为拙劣的表达手段;英语崇尚文字的新颖、独特,具有新颖独特魅力的表达文字往往得到更多的欣赏,一个与众不同的表达方式往往被评价为生动、富有表现力,而中国读者则往往更喜欢夸张华丽的语篇风格。

英语忌讳重复,讲英语的人往往十分厌烦随意重复的相同的音节、词语、句式。许多外籍教师常告诫学生"Never use the same word or write the same thing twice in a sentence unless you are repeating intentionally for emphasis or for clarity."

中国英语使用者由于对英汉两种语篇风格之间的差异缺乏了解,写出的英语文章往往使英语本族人觉得矫揉造作。因此,对英汉语篇风格的差异有所了解十分有必要,按照英语语篇的风格选用最恰当、最准确的词语来表达自己的思想,从而使写出的英语文章简洁有力,符合英美人的表达习惯,最终促进跨文化交际的进行。

另外,在英语交际过程中有一部分交际者尤其是有一定英语水平的人,经常处于因英汉修辞传统与风格的冲突而起的困境中,不仅是语言差异所引起的冲突,更多的是文化含义差异所造成的冲突。交际者在英语使用中经常会在不知不觉中就使用了汉语中的语篇模式、修辞风格,而这些带有汉语文化特征的修辞风格往往会使英语文章显得不伦不类,并且容易造成交际中的文化误解。

汉语文化中包含大、小两种"自我",英语文化中的"自我"相当于汉语文化中的"小自我",因而极易被我国英语学习者理解为个人主义。中国人理解自我价值常与集体利益相连,在写作中主题大多与国家、民族、社会进步有关,而西方人更看重作者个人的想法。因此,中国英语使用者受汉语文化的影响,在英语交际中频繁使用复数人称代词 we 而不是单数人称代词 I。"We think…""Our opinions are…"等表达频繁地出现在英语文章中,仿佛不是作者本人在发表看法,而是在与读者一起探讨。此外,中国英语使用者在文章中还经常使用回避性手法来表达自己的观点,如"Some people say…""It is said that…""Some claim…"在英语文化中,人们更强调个人的观念,更多使用人称代词 I,他们的个人观点与集体看法之间的界限明确。

综上所述,英汉语由于不同的地理、历史等而导致二者语篇上存在较大差异,学习者只有深入了解英汉语篇之间的不同之处,才能真正学好英语,为日后的跨文化交际服务。

(二)语篇策略运用差异

"语篇策略"一词是由著名的学者恩奎斯特(Enkvist)提出的。他指出,"语篇策略是指语篇生产者以交际目的为出发点,对语篇布局所做的总体选择和决策,是为了一定目的而对选择和决策进行的权衡。"也就是说,语篇策略就是如何选择主题、框架、论据、手段等,以保证语篇的完整。

英语语篇强调以理服人,即往往采用客观的论据、观点等展开,并且要求具有较强的逻辑性,而汉语语篇侧重以情动人,多采用慷慨激昂的词语、典故、成语等,并掺加一些主观想法来完成。

正如我国学者邓炎昌所说，"英语语篇多讲究用真实的论据进行事实说话，而汉语的语篇多用豪情万丈的语句进行战斗性说话。"例如：

> We should/should not… 我们应该/不应该……
>
> It is absurd… ……是荒谬的。
>
> We must… 我们必须……
>
> Resolutely demand… 坚决要求……
>
> It was dead set against… 坚决反对……

上述这些实例凝聚着诸多情感，因此在英语语篇中往往需要避免。这是因为，在英美人眼中，对于存在争议的情况必须要通过事实论据的方式加以验证，才能说是否正确，而上述这些语句掺杂了过多的主观臆断和个人情感，很容易让英美人反感。相反，中国人则认为是正确的，符合中国人的组篇方式。可见，在语篇策略上，英汉语存在明显的差异。

(三)语篇衔接手段对比

1962 年，英国著名语言学家韩礼德提出了"衔接"一词，并在他所著的《英语中的衔接》一书中给"衔接"下了定义，即衔接是构筑语篇的一种非结构性关系。同时，韩礼德还认为语篇是一个语义单位。

所谓衔接，是指语篇中的不同成分之间在意义上呈现相关性的现象。这种相关的表现形式可以是不同的，既可能存在于两个毗邻句子间，也可能存在于同一句子内部或同一成分间，还有可能是存在于距离较远的两个句子或者成分间。

在英语语篇中，解释某一成分可以从另一成分入手，这时就必然需要衔接。总而言之，语篇衔接是语言系统的一项重要内容，且衔接的条件就在于语篇本身的各种衔接手段。

1.英语语篇的衔接手段

英语语篇强调结构的完整性，句子多有形态变化，并借助丰富的衔接手段,使句子成分之间、句与句之间,甚至是段落与段落之间的时间和空间逻辑框架趋于严密。形合手段的缺失会直接影响语义的表达和连贯。因此,英语语篇多呈现为"葡萄型",即主干结构较短,外围或扩展成分可构成叠床架屋式的繁杂句式。

此外,英语语篇中句子的主干或主谓结构是描述的焦点,主句中核心的谓语动词是信息的焦点,其他动词依次降级。具体来说,英语中的衔接手段主要包括以下两种。

(1)形态变化。形态变化是指词语本身所发生的词形变化,包括构形变化和构词变化。构形变化既包括词语在构句时发生的性、数、格、时态、语态等的形态变化,也包括非谓语动词等的种种形态变化;构词变化与词语的派生有关。

(2)形式词。形式词用于表示词、句、段落、语篇间的逻辑关系,主要是各种连接词、冠词、介词、副词和某些代词等。连接词既包括用来引导从句的关系代词、关系副词、连接副词、连接代词等,又包括一些并列连词,如 and, but, or, both … and, either … or, not only … but also 等。此外,还有一些具有连接功能的词,如 as well as, as much, more than, rather than, for, so that 等。

2. 汉语语篇的衔接手段

汉语语篇表达流畅、节奏均匀,以词汇为手段进行的衔接较少,过多的衔接手段会使行文梗塞,影响语篇意义的连贯性。汉语有独特的行文和表意规则,总体上更注重以意合手段来表达时空和语义上的逻辑关系,因此汉语中多流水句、词组或小句堆叠的结构。汉语语篇的行文规则灵活,多呈现为"竹节型",句子以平面展开,按照自然的时间关系进行构句,断句频繁,且句式较短。

汉语并列结构中往往会省略并列连词,如"东西南北""中美关系"等。此外,汉语语篇句子之间的从属关系常常是隐性的,没有英语中的关系代词、关系副词、连接副词、连接代词等。

3.中西语篇衔接手段的具体差异

由于英语和汉语在词汇衔接手段上大致相同,但是在语法衔接上有很多不同之处。因此,这里主要对中西语法衔接手段进行对比。

(1)照应。当英语语篇需要对某个词语进行阐释时,如果很难从本身入手,但可以从该词语所指找到答案,就可以说这个语篇中形成了一个照应关系。由此可见,照应从本质上看是一种语义关系。

照应关系在汉语语篇中也是大量存在的。需要注意的是,汉语中没有关系代词,而关系代词尤其是人称代词在英语中的使用频率要远高于汉语。因此,汉语语篇的人称代词在英语中常用关系代词来表示。

(2)连接。除照应与省略之外,中西语篇的另一个重要衔接手段就是连接。一般来说,连接关系是借助连接词或副词、词组等实现的,且连接成分的含义通常都较为明确。连接不仅有利于读者通过上下文来预测语义,还可以更快速、更准确地理解句子之间的语义联系。中西语篇在连接方面的差异主要表现在以下两点。

其一,英语连接词具有显性特征,汉语连接词具有隐性特征。

其二,英语的平行结构常用连接词来连接,而汉语中的衔接关系常通过对偶、排比等来实现。

(3)省略。将语言结构中的某个不必要的部分省去不提的现象就是省略。由于英语的语法结构比较严格,省略作为一种形态或形式上的标记并不会引起歧义,因此省略在英语中的使用远高于汉语。例如:

每个人都对他所属的社会负有责任,通过社会对人类负有责任。

Everybody has a responsibility to the society of which he is a part and through this to mankind.

需要注意的是,在省略成分方面,中西语篇也存在明显区别。具体来说,英语中的主语通常不予省略,而汉语语篇中的主语在出现一次后后续出现的均可省略,这是因为与英语主语相比,汉语主语的承接力、控制力都更强。

(四)语篇段落模式对比

语篇段落的组织模式实际上说的是段落的框架,即以段落的内容与形式为基点,对段落进行划分的方法。语篇段落组织模式是对语言交际的一种限制,对于语篇的翻译而言至关重要。对于中西两种语篇,其段落组织模式存在相似的地方,即都使用主张—反主张模式、叙事模式、匹配比较模式等,但是二者也存在着差异。

1.英语语篇的段落组织模式

英语语篇的段落组织模式主要包含五种,除了主张—反主张模式、叙事模式、匹配比较模式,还包含概括—具体模式与问题—解决模式,这两大模式与汉语语篇组织模式不同,因此这里重点探讨这两大模式。

(1)概括—具体模式。该模式是英语中最具有代表性的常见模式,又被称为"一般—特殊模式"。这一模式在文学著作、社会科学、自然科学语篇中是较为常见的。著名学者麦卡锡(McCarthy)将这一模式的宏观结构分为如下两种。

第一种:

概括与陈述→ 具体陈述 1 → 具体陈述 2 → 具体陈述 3 → 具体陈述 4 →……

第二种:概括与陈述→ 具体陈述 1→具体陈述 2→具体陈述 3→ ……→ 概括与陈述

(2)问题—解决模式。问题—解决模式在英语语篇中也是非常常见的,其基本程序主要包含以下五点。

第一点:说明情景。

第二点:出现问题。

第三点:针对问题给出相应的反应。

第四点:提出解决问题的具体办法。

第五点:对问题进行详细评价。

但是这五大基本程序并不是固定不变的,其顺序往往会随机加以变动。这一模式常见于新闻语篇、试验报告、科学论文中。例如:

An Experiment

PRELIMINARY

The chemistry laboratory is a place where you will learn by observation what the behavior of matter is. Forget preconceived notions about what is supposed to happen in a particular experiment. Follow directions carefully, and see what actually does happen. Be meticulous (very exact and careful) in recording the true observation even though you "know" something else should happen. Ask yourself why the particular behavior was observed. Consult your instructor (teacher) if necessary. In this way, you will develop your ability for critical scientific observation.

EXPERIMENT I: DENSITY OF SOLIDS

The density of a substance is defined as its mass per unit volume. The most obvious way to determine the density of a solid is to weigh a sample of the solid and then find out the volume that the sample occupies. In this experiment, you will be supplied with variously shaped pieces of metal. You are asked to determine the density of each specimen and then, by comparison with a table of known densities, to identify the metal in each specimen. As shown in Table 1, density is a characteristic property.

Table 1: Densities of Some Common Metals, g/cc

Aluminum	2.7
Lead	11.4

Magnesium	1.8
Monel metal alloy	8.9
Steel (Fe，1% C)	7.8
Tin	7.3
Wood's metal alloy	9.7
Zinc	7.1

PROCEDURE

Procure (obtain) an unknown specimen from your instructor. Weigh the sample accurately on an analytical balance.

Determine the volume of your specimen by measuring the appropriate dimensions.

For example, for a cylindrical sample, measure the diameter and length of the cylinder. Calculate the volume of the sample.

Determine the volume of your specimen directly by carefully sliding the specimen into a graduated cylinder containing a known volume of water. Make sure that no air bubbles are trapped. Note the total volume of the water and specimen.

Repeat with another unknown as directed by your instructor.

QUESTIONS

1. Which of the two methods of finding the volume of the solid is more precise? Explain.

2. Indicate how each of the following affects your calculated density: (a) part of the specimen sticks out of the water; (b) an air bubble is trapped under the specimen in the graduated cylinder; (c) alcohol (density, 0.79 g/cc.) is inadvertently substituted for water (density, 1.00g/cc) in the cylinder.

3. On the basis of the above experiment, devise a method for determining the density of a powdered solid.

4. Given a metal specimen from Table 1 in the shape of a

right cone of altitude 3. 5 cm with a base of diameter 2. 5 cm. If its total weight is 41. 82g, what is the metal?

实验

准备工作

化学实验室是你通过实验观察可以知道物质性状的地方。忘记一切在特定实验条件下可能会发生什么情况的先入之见,细心地按照指令观察事情发生的实况。在记录实地观察到的情况时,即使你"明知"会发生其他问题,也必须十分慎重,做到非常准确,极其仔细。要问一问自己,为什么会观察到这种特殊的情况。如有必要,向导师请教。只有这样,才会提高你具有批判性的科学观察能力。

试验一:固体的密度

物质密度的定义是单位体积的质量。确定某一固体密度的最简单方法是称出该固体样品的质量,再求出样品的体积。做这项实验时,你会根据形状不同的金属块,要求确定每一种金属样品的密度,再和已知密度的一张表对比,以识别每种样品的金属。表 1 所示密度是诸金属的特性。

表 1:几种普通金属的密度(克/立方厘米)

铝	2.7
铅	11.4
镁	1.8
莫涅耳合金	8.9
钢(含 1%碳的铁)	7.8
锡	7.3
伍德合金	9.7
锌	7.1

步骤

从导师处领取一块不明性质的样品,放到分析天平上准确地称出它的质量。

测出该样品适当部位的尺寸,以确定其体积。比如,对于一个圆柱体样品,要测出它的直径和长度,算出它的体积。

小心地把该样品放进盛有水量已知的量筒内,直接确定该样品的体积。保证水里不含气泡。把样品和水加在一起的总体积记录下来。

遵照导师的指导,用另一块样品,重复上面步骤。

问题

1.上述两种方法中,哪种求固体物的体积更准确?试说明。

2.指出下述各种情况怎样影响到你所计算出来的密度:①样品的一部分露出水面;②量桶内,样品下面隐有气泡;③量桶内错把酒精(密度为 0.79 克/立方厘米)当成了水(密度为 1 克/立方厘米)。

3.根据上面的实验,想出一种确定粉末状固体物密度的方法来。

4.设表 1 中的一种金属样品,呈正圆锥状,高 3.5 厘米,底部直径 2.5 厘米,重 41.82 克,这是什么金属?

2.汉语语篇的段落组织模式

与英语语篇的段落组织模式相比,汉语语篇主要有以下两点特色。

(1)一般来说,汉语语篇段落的重心位置与焦点多位于句首,但这也不是固定的,往往具有流动性与灵活性。例如:

你将需要时间,懒洋洋地躺在沙滩上,在水中嬉戏。你需要时间来享受这样的时刻:傍晚时分,静静地坐在海港边上,欣赏游艇快速滑过的亮丽风景。以你自己的节奏陶醉在百慕大的美景之中,时不时地停下来与岛上的居民聊天,这才是真正有意义的事情。

在上述这则语篇中,其重心位置与焦点出现在段尾,即"真正有意义的事情",这则语篇清晰地体现了汉语段落组织焦点的灵活性。

(2)汉语语篇的段落组织重心和焦点有时候会很模糊,并没有在段落中体现出来，甚至有时候不存在重心句和焦点句。
例如：

坎农山公园是伯明翰主要的公园之一，并已经被授予绿旗称号。它美丽的花圃、湖泊、池塘和千奇百怪的树木则是这个荣誉的最好证明。在这个公园，您有足够的机会来练习网球、保龄球和高尔夫球；野生动植物爱好者可以沿着里河的人行道和自行车道游览。

第七章　跨文化交际视阈下的英汉修辞、语用对比研究

修辞和语用是影响语言理解和使用的重要因素。英汉语言在各自语言特点的影响下,修辞和语用有着极大的差异。跨文化交际中,修辞和语用的差异影响着交际者对信息的吸收与理解,对整体交际效果的达成有着关键影响作用。本章就从跨文化交际视阈下对英汉修辞、语用对比展开研究。

第一节　英汉修辞对比研究

修辞的使用增加了语言的魅力,英汉两种语言中都含有多种修辞手段,下面对其进行对比研究,从而加深对语言的研究深度。

一、音韵修辞对比

音韵修辞在语言中的使用能够增强语言的表现力和感染力,因此英汉两种语言中都有广泛使用。

(一)英汉拟声对比

拟声词是指对事物声音和节律进行描写和表现的词汇表达形式。在语言中使用拟声词能够使表达更加生动,增加读者或交际者的理解和感知程度。

1. Onomatopoeia

英语中 Onomatopoeia 对应为汉语修辞中的拟声,其广泛应用在不同的文体之中。需要注意的是,英语中的拟声词多半属于动词或名词,通常在句中作谓语、主语或宾语。例如:

The north wind is whistling.

北风呼啸着。

The crowd hissed the speaker when he said taxes should be increased.

当演讲者说到应该加税时,听众向他发出了嘘声。

The drunken driver drove bang into the store window.

喝醉酒的司机开车砰的一声撞进了商店的橱窗。

2. 拟声

汉语语言注重对语言生动性和形象性的表达,因此含有很多拟声词汇。这点从自古至今的中国文学作品中可见一斑。《诗经》第一首诗头一句"关关雎鸠"就使用了拟声词"关关";杜甫《兵马行》头二句"车辚辚,马萧萧",接连用了两个拟声词。现代汉语中,拟声词使用得更加普遍,增强了话语的实体感和表现力。与英语的拟声词不同,汉语的拟声词大多带有形容词性质,在句中作谓语、状语或定语。例如:

砰!敌人听说是红军,慌乱地开枪了。可是他们已经晚了,一下子四面都是我们的火力,通通通,嘟嘟嘟,我们的火力对准敌人。敌人逃啊,跑啊,顽抗的自己倒霉,活着的都当了我们的俘虏。

(杨得志《大渡河畔英雄多》)

在上述句子中,作者通过"通通通、嘟嘟嘟"拟声词的运用,把红军火力威猛无比的场面形象地展现在读者面前,让人仿佛身临其境,亲闻其声。

(二)英汉押韵对比

在英汉语言中,音韵修辞的使用都具有明显的押韵性。下面对英汉押韵修辞进行对比分析。

1. Alliteration,Consonance 和 Assonance

头韵(Alliteration)的修辞指的是对相邻词或重读音节的开头重复。头韵修辞的使用增加了语言表达的节奏感。

辅韵(Consonance)的结构特点与头韵相反,是对相邻词或重读音节的末尾重复。

半谐音(Assonance)是在重读音节上重复某些相同或相似的元音,具有音乐的节奏感和较强的语言表现力。常用于诗歌、谚语、绕口令和标题中。例如:

Wherefore feed, and clothe, and save,

From the cradle to the grave,

Those ungrateful drones who would

Drain your sweat—nay, drink your blood?

(Shelley：*Song to the Men of England*)

凭什么,要从摇篮直到坟墓,

用衣食去供养,用生命去保卫

那一群忘恩负义的寄生虫类,

他们在榨你们的汗,喝你们的血?

上述例诗选自著名诗人雪莱在《致英国人的歌》中的一节诗。诗中 drones,drain 和 drink 这三个紧密联系的词均以爆破音/dr/开头,从而加强了气势,产生一种非常好的听觉和视觉效果。

Doubt you the stars and fires;

Doubt that the sun does moves;

Doubt truth to be a liar;

But never doubt I love.

你可以疑心星星是火把;

你可以疑心太阳会转移；

你可以疑心真理是谎话；

可是永远别疑心我的爱。

诗的第二行 move 和第四行 love 形成辅音，增添了音乐效果，表达了诗人对爱人的忠贞不渝。

I love snow, and all the forms

Of the radiant frosts,

I love waves, and winds, and storms,

Which is nature's form.

(Shelley)

我爱璀璨的白雪，我爱凝霜的光泽，

我爱波浪、狂风和暴雨，

我爱一切天然的形态。

诗中 form 和 storm，wave 和 wind 结合在一起，使得韵律优美，读起来朗朗上口。

2. 双声、叠韵和叠字

同英语中押韵修辞类似，在汉语中也能找到很多使语言表达带有丰富韵律感的修辞形式。

（1）双声。汉语中，相连接的两个或多个音节彼此声母相同的词就是双声词。按照构成形式的不同，双声词可以分为三种：双声联绵词、双声合成词和其他双声词。双声的使用可以追溯到两千多年前的《诗经》，在以后历代的诗文中更是被大量使用，并且还将双声与叠韵、叠字配合使用，以增强语言的节奏感和韵律感。例如：

时难年荒世业空，弟兄羁旅各西东。

田园寥落干戈后，骨肉流离道路中。

吊影分为千里雁，辞根散作九秋蓬。

共看明月应垂泪，一夜乡心五处同。

（白居易《自河南经乱》）

（2）叠韵。叠韵指紧密相连的两个字的韵部相同，即韵腹韵尾相同，韵头的有无或有什么样的韵头没有影响，如"蓝天"，一个有韵头/i/，一个没有韵头，可是韵腹和韵尾相同。根据构成的形式，叠韵可以分为：叠韵合成词，即具有相同韵母的合成词，如"报告""响亮""山岚""明星"等。叠韵联绵词，即不可分割并且成为一个整体的双音节词，如"斑斓""沧桑""彷徨""徘徊"等。其他叠韵词，包括存在于一些词组内的叠韵词，如"飞机坠毁"中的"坠毁"，"橘子洲头"中的"洲头"，"看万山红遍"中的"万山"。

叠韵词的运用，可以加强语言的音乐美，增强文字的描绘渲染作用。例如：

盖夫秋之为状也：其色惨淡，烟霏云敛；其容清明，天高日晶；其气栗冽，砭人肌骨；其意萧条，山川寂寥。

（欧阳修《秋声赋》）

这段话中用了五个叠韵词组，"惨淡""清明""山川"都是叠韵合成词；"其意"的韵母都是/i/，构成叠韵词组，"萧条"是叠韵联绵词。这些叠韵的运用，把秋天的气象描写得有声有色，读起来铿锵悦耳，富有音乐感。

（3）叠字。叠字就是把相同的字或词紧密相连着使用，这些字和词的意思不变，只是重复出现而已。用叠字或叠音的方式所构成的词叫作叠字词或叠音词。在汉语中常见的叠字词主要有三种形式：二字叠字词、三字叠字词和四字叠字词。例如：

一眼望去，疏疏的林，淡淡的月，衬着蔚蓝的天，颇像荒江野渡光景；那边呢，郁<u>丛丛</u>的，阴森森的，又似乎藏着天边的黑暗：令人几乎不信那是繁华的秦淮河了。……此地天裸露着的多<u>些</u>，故觉夜来的独迟些；从清清的水影里，我们感到的是薄薄的夜——这正是秦淮河的夜。……到了此地，豁然开朗，身子顿然轻了——习习的清风荏苒在面上，手上，衣上，这便又感到了一缕新凉了。南京的日光，大概没有杭州猛烈；西湖的夏夜老是热蓬蓬的，水像沸着一般，秦淮河的水却尽是这样冷冷的绿着。任你人影的憧憧，歌声的扰扰，总像隔着一层薄薄的绿纱面幕似的；它尽是这样静静的,冷冷的绿着。

（朱自清《桨声灯影里的秦淮河》）

在上述例句中,作者巧妙地运用了"疏疏""淡淡""清清""薄薄""习习""憧憧""扰扰""静静""冷冷""郁<u>丛丛</u>""阴森森"等一系列的叠字词,把"烟笼寒水月笼沙"的秦淮河的夏夜景色写得栩栩如生,读起来不仅使人身临其境,而且还给人一种比实景还美妙的感觉。

二、词语修辞对比

词汇修辞也是修辞文化的重要组成部分,下面对英汉词语修辞进行对比分析。

(一)英汉比喻对比

比喻修辞主要分为明喻、暗喻和借喻三种。英语修辞学术语中的 metaphor 应和汉语中的暗喻和借喻相对。

明喻是直接地比较两个不同事物的相似之处,是表明用作比喻和被比喻的两种不同事物之间的相似关系,故常使用 as,like(如,像)等词。

暗喻的结构与明喻不同,它对事物的比较较为隐秘,也不出现比喻词 as,like。暗喻在英汉语言修辞中占有重要的地位,其通常是把某一事物说成是另外一种不同的事物,暗示其相似之处。常用的比喻词是:"是""成了""成为""变成""当作""等于"等。

借喻中没有本体和喻体出现,而是由喻体直接代替本体出现。构成前两者比喻必须具备两个成分(本体和喻体)、两个条件(本体和喻体应是性质不同的两种事物;二者之间必须有相似之处;并且有一定的联系)。

1.明喻

英语中,明喻标志性的连词通常是 as,like,有时会用 as…as。

例如：

My heart is like a singing bird.

我的心像一只啼鸣的鸟儿。

I wandered lonely as a cloud.

我就像一片浮云一样四处飘流。

汉语中的明喻通常使用"像""似""如""好像……似的/一样"等词来连接比喻和用作比喻的事物。例如：

他确实有点像棵树，坚壮，沉默，而又有生气。

南方的夏夜，蛙声如潮，月色似银。

水，汹涌奔泻而来，如箭离弦，如马脱缰，如猛虎出山，江水出峡了。

2. 暗喻

暗喻就是不用明显的比喻词，而直接把本体说成是喻体，因此含义较为含蓄。例如：

Mr. Smith doesn't have an idea of his own. He just parrots what others say.

史密斯先生没有主见，只会鹦鹉学舌。

Money is the lens in a camera.

金钱就是相机镜头。

汉语中暗喻的例句也有很多。例如：

书是昨天的记载，今天的镜子，明天的见证。

此句的精彩之处不仅是在于"书"被比喻成了"记载、镜子、见证"，而且还在于喻体的语音对应、和谐。

3. 借喻

与英语中暗喻较为类似的汉语修辞是借喻。这种修辞方式在汉语中经常使用，其特点是把表喻体的语言手段直接代替表本体的语言手段，本体和比喻词均不出现。例如：

Freshest colors soonest fade.

最鲜艳的颜色褪得最快。

Birds of a feather flock together.

物以类聚。

他山之石可以攻玉。

船到桥头自然直。

星星之火可以燎原。

在上述的例句中,喻体 colors,birds 以及"石""船""火"等词是喻体,没有指出本体。但是它们使用广泛,适用性强,令人产生无限的联想。

(二)英汉拟人对比

英汉两种语言中,把本来只适用于人的动词、代词、名词、形容词等用于写物,使其具有人的属性,借以增强表现力,这种手法就是拟人。如果把物当作人并直接用于对话,则构成英语的"呼语"。汉语中,除了拟人,还有拟物。

1. Personification

英语中拟人修辞的使用较为频繁,其可以增加语言的生动性和表现力,因此受到很多人的喜爱。例如:

Autumn sunsets have come to me at the bend of a road in the lovely waste, like a bride raising her veil to accept her lover.

秋天的夕阳,在荒原上的大路转角处迎接我,如新娘掀起她的面纱迎接她的爱人。

在上述例句中,作者通过拟人手法,把 autumn sunset 比作 bride,通过 come, raise, accept 一系列动词的修饰,将秋日夕阳的美丽、迷人、含蓄表现得淋漓尽致。

England! Awake! Awake! Awake!

英格兰,醒醒,醒醒,醒醒吧!

这就是英语中的呼语。作者将 England 赋予了人的状态,从而增加了语言的表现力。

2.汉语的比拟

汉语中的比拟就是把物拟作人、把人拟作物或是把甲拟作乙来表现。分为拟人和拟物两种。

（1）拟人。当作者的感情比较激动、比较强烈的时候，会情不自禁地把描述之物赋予人的言行和情感，让它们也同人一样喜怒哀乐起来。这样的表达，使人易于理解、接受，引人共鸣。例如：

广州空调市场"打摆子"价格忽儿狂跌忽儿骤升。

（《中国青年报》1994 年 7 月 25 日）

（2）拟物。拟物就是直接把人当作物来写，或是把甲物当作乙物来写。例如：

学生被挂在黑板上两个小时。

上述例句将学生形容为"挂在黑板上"，带有戏谑意思的味道，非常值得回味。

（三）英汉夸张对比

夸张是词语修辞的重要组成部分，通过夸张的使用，读者能够增加对语言的理解力。

1. Hyperbole

Hyperbole（夸张）是一种故意言过其实，或夸大或缩小事物的形象，从而突出事物的某种特征或品格，鲜明地表达思想情感的修辞方式。通过夸张修辞的使用，能够增加句子的表现力，通常可以用于描写、说理、抒情。例如：

Jesse went out. The whole world seemed to have turned golden. He limped slowly, with the blood pounding his temples, and a wild incommunicable joy in his heart. "I'm the happiest man in the world," he whispered to himself, "I'm the happiest man in the world."

(Albert Maltz)

杰西走了出去,整个世界仿佛变成了金黄色。他一瘸一拐慢慢地走,热血冲击着太阳穴,那狂喜的心情却难以表达出来,于是自言自语道:"我是世界上最幸福的人了。"

2. 夸张

汉语中的夸张有的尽量夸大,有的尽量缩小,运用夸张的关键是让人知道是夸张,而不会误以为是事实。例如:

只要功夫深,铁杵磨成针。(从大到小)

尺水能掀万丈浪。(从小到大)

就这么点吃的,还不够塞牙缝呢。(缩小夸张)

三、结构修辞对比

修辞文化中的另一重要组成部分是结构修辞。下面对英汉结构修辞进行对比分析。

(一)英汉倒装对比

1. Anastrophe

Anastrophe(倒装)在 *Standard College Dictionary* 中的定义是:in rhetoric, the inversion of the natural or usual order of words, as Homeward directly he went. 语言的使用过程中讲求句式的平衡或需要对事物进行强调,因此经常选择倒装的修辞。同时倒装修辞的恰当使用还能增强语言的生动性。例如:

The door burst open and in rushed a troop of children in all sorts of fancy dresses.

门一开,呼的一声跑进来一群穿着各式各样化妆衣服的孩子。

2. 倒装

在汉语中,也经常使用倒装的修辞,其主要可以分为语法倒

装和修辞倒装。按照不同的分类标准,也可以分为全部倒装与部分倒装。例如:

他大约就因为境况的不佳。烟也吸了,酒也喝了,钱也赌起来了。

(柔石《为奴隶的母亲》)

上述例句将宾语"烟""酒""钱"分别放在谓语动词"吸""喝""赌"的前面,可以起到强调的作用。

(二)英汉排比对比

排比修辞在语言中应用得十分广泛。

1. Parallelism

英语中 Parallelism(排比)指的是平行排列两个或两个以上结构相同或相似、意义相关的短语或句子。在实际运用中,多是三项或三项以上的。排比的修辞主要可以分为单词的排比、短语的排比和句子的排比。例如:

An Englishman thinks seated; a Frenchman, standing; an American, pacing; an Irishman, afterward.

英国人坐着想,法国人站着想,美国人走着想,爱尔兰人事后想。

Studies serve for delight, for ornament, and for ability.

(Francis Bacon: *Of Study*)

读书足以怡情,足以博采,足以长才。

The feeling of the nation must be quickened; the conscience of the nation must be roused; the propriety of the nation must be startled; the hypocrisy of the nation must be exposed; and its crimes against God and men must be proclaimed and denounced.

(Frederick Douglass: *An Ex-Slave Discusses Slavery*)

我们必须触动这个国家的情感,唤起她的良知,震撼她的礼仪之心,揭露她的伪善,公开谴责她违背上帝和人类的罪行。

2.排比

汉语中的排比句式常出现在文学作品、名人的演讲稿以及歌词中。例如：

我看樱花，往少里说，也有几十次了。在东京的青山墓地看，上野公园看，千岛渊看……在京都看，奈良看……雨里看，雾中看，月下看……日本到处都有樱花，有的是几百棵花树拥在一起，有的是一两棵花树在路旁水边悄然独立。

（冰心《樱花赞》）

这段话中，出现了几个连续的排比句，从结构上来看是相似的，所表达的意思也是相连和相关的，而且语气一致。它们都有一个共同的字眼"看"，这也正是作者需要反复强调的。

(三)英汉反复对比

反复是一种重要的修辞手段，现代英汉语都常用反复来表现强烈的情感，表示越来越加剧的紧迫感，或者强调某种事物的意义。

1. Repetition

反复是连续或间隔地重复使用同一个单词、短语或句子，且它们在句中的位置也不是固定不变的。例如：

We kept talking, talking, talking all night long.

我们谈呀，谈呀，谈了整整一个晚上。

We'll work for freedom, we'll fight for freedom, we'll die for freedom.

我们为自由而工作，为自由而斗争，为自由而献身。

2.反复

汉语中"反复"可以应用于多种文体，不仅可以用于演说、诗歌和小说，还可以用于论说文体。例如：

在一个深夜里,我站在客栈的院子中,周围是堆着的破烂的什物;人们都睡觉了,连我的女人和孩子。我沉重地感到我失掉了很好的朋友,中国失掉了很好的青年,我在悲愤中沉静下去了,然而积习却从沉静中抬起头来,凑成了这样的几句。

……今年的今日,我才坐在旧寓里,人们都睡觉了,连我的女人和孩子。我又沉重地感到我失掉了很好的朋友,中国失掉了很好的青年,我在悲愤中沉静下去了,不料积习又从沉静中抬起头来,写下了以上那些字。

(鲁迅《为了忘却的记念》)

上述两段话中存在大部分的重复内容,但是也有稍许的变化,从而起到了强调和突出主题的效果。

第二节　英汉语用对比研究

语用,简而言之,就是语言的运用。英汉语言由于具体的语系不同、语言方式不同,在语言运用方面也有着自身的特点。本节就对英汉语用展开对比分析。

一、英汉语用功能对比

对于英汉语用功能的对比主要从语用语调、词汇语用、语法语用几个角度展开。

(一)语用语调对比

在语言交际过程中,语用语调对语用含义有着极其重要的影响作用,因而也是影响交际效果的重要因素之一。不同语言使用中,发话者可以通过不同的语调形式,如停顿、节奏、音长等,来表达不同的语用含义;受话者则可以通过对语调和语境的理解来分析发话人的交际意义。

　　英汉两种语言在语用语调方面存在很大的差异，下面具体从语调功能角度对二者进行对比分析。

　　1.英语的语调功能

　　英语属于印欧语系，是一种拼音文字。在口头交际过程中，英语主要利用语调、重音、停顿等形式来表达具体的语用含义。其中，英语语调对交际有着重要的影响。一般来说，英语语调都伴随着说话人的个人感情色彩，是通过约定俗成的规律的语音系统进行的。在调控语调的过程中，一般需要利用语调组。所谓语调组，通常是由调头、调核、调尾三部分组成的。其中，调核对整个语调有着关键的影响作用，决定着语调的高低、长短、节奏等。

　　具体的语言交际过程，需要交际者根据不同的交际目的，选用不同的语调方式。英语语言学家韩礼德（Halliday，1967）根据系统音系学的理论提出了英语语调的三个选择系统。①

　　(1)进行语调组划分。

　　(2)确定重音的位置。

　　(3)选择核心语调。

　　下面分别从英语语调的不同方面进行语调功能分析。

　　(1)声调。英语声调主要有五种：降调、升调、降升调、升降调和平调。在交际中通过使用这些声调能够表达不同的语用含义。即使对于同一个句子来说，由于语调的不同，其语用含义也会有所不同。例如：

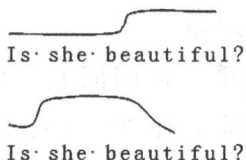

Is·she·beautiful?

Is·she·beautiful?

　　上面的例句为同一句话不同的语调表达形式，其中第一句话通过平调向升调的转换，表达的是一种询问的语用功能。第二句

---

　　①　转引自冒国安.实用英汉对比教程[M].重庆：重庆大学出版社，2004：198.

话语调形式为从升调向降调,表达了说话人的怀疑与否定的态度。再如:

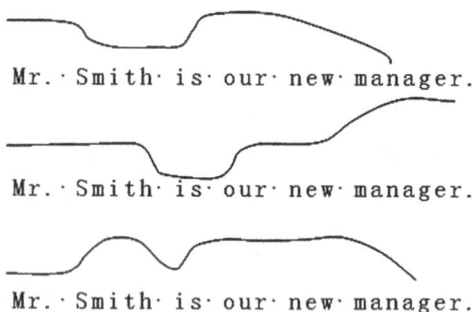

Mr.·Smith·is·our·new·manager.

Mr.·Smith·is·our·new·manager.

Mr.·Smith·is·our·new·manager.

在上面的例句中,三个同样的句子由于使用了不同的语调而产生了迥然不同的语用功能。其中第一句的声调呈现"平—降—升—平"的模式,最后的降调表明其为一个陈述句。第二句的声调呈现"平—降—升"的变化模式,最后的升调增加了语句表达的怀疑性与询问性。第三句的声调呈现"平—升—降—升—平—降"的模式,可以体会到一种感叹的语气。

(2)重音。重音也是英语语调表达的重要方式,其通过强调不同的词汇或加强语气来改变具体的句子语用功能。例如:

John kissed Mary.

就是约翰吻了玛丽。

John **kissed** Mary.

约翰是吻了玛丽。

John kissed **Mary.**

约翰吻的那个人是玛丽。

上文中加粗部分为重音强调词汇,通过重音表达,语句的含义发生了一定的变化。除了对词汇进行重音强调之外,英语中多使用词汇手段突出重音形式,进行不同的语用功能表达。例如:

He **came** here this morning.

He **did** come here this morning.

对比上述两个例句,第二个例句通过增加 did 一词对 came 的动作进行了强调。

除了上述提及的两种重音强调形式,在英语中也可以通过改变句法结构来进行强调。例如:

Peter can speak Chinese.

It is **Peter** who can speak Chinese.

It is **Chinese** that Peter can speak.

在上面的三个例句中,第一句为正常的陈述句,表达"彼德会说中文"的含义。第二句通过对 Peter 的强调,表达的是"就是彼德会说中文"。第三句使用的是强调句型,强调的是 Chinese,表达的是"彼德会说的是中文"的含义。

(3)停顿。在英语语调中,还有一种重要的形式,那就是停顿。所谓停顿,指的是由于句子结构或出于表达意义的需要而稍作间歇的读音方法。英语中的停顿往往可以改变一个句子的意思。例如:

Tom said//the teacher is a stupid donkey.

Tom//said the teacher//is a stupid donkey.

上述两个完全相同的句子形式,通过不同的停顿,能够表达不同的语用含义。其中,第一个句子表达的含义是"汤姆说,老师是蠢驴",第二句话的含义为"老师说,汤姆是蠢驴"。

2. 汉语的语调功能

在汉语中,主要有阴平、阳平、上声和去声四种基本调值。汉语的语调是其语言的重要特征之一,对语用功能有着关键的影响作用。除了基本的调值外,汉语也可以通过声调、重音和停顿来体现句子含义及其语用功能。

(1)声调。汉语中的声调主要有升调、降调、平调和曲折调四种。通过不同的声调,句子的语用功能会发生一定的变化。例如:

上课铃响了,同学们都向各自的教室跑去。

这句话为平调,主要用来表达表述的功能。

这篇文章是他写的?

这句话为升调,主要用来表达惊异的功能。

你不觉得他今天很奇怪吗?

这句话为疑问句,是升调,表达反问。

这个电影真好看。

这句话为降调,表达一种感叹。

请你拿一下那本书。

这句话为降调,表示的是请求。

你面子真大,全校同学都会来参加你的晚会呢。

这句话为曲折调,暗含讽刺之意。

汉语中还有很多语气词,如"啦""啊""嘛""啰""呀"等,它们都影响着语用功能的发挥。例如:

她昨天迟到了。(平调)

她昨天迟到了啦。(陈述)

她昨天迟到了?(升调)

她昨天迟到了吗?(询问)

她昨天迟到了!(降调)

她昨天迟到了啊!(抱怨)

(2)重音。汉语中也有通过重音来表达具体语用内涵的使用情况。一般来说,汉语中的重音主要包括语法重音和逻辑重音两种。

语法重音指的是说话人根据不同的语法结构来对某个词语进行强调的方式。例如:

我**说**了,可他不听。

谓语重音,表示"我的确说了,可他不听"。

赶快走,否则来不及了。

状语重音,表示"真得赶快走,否则就来不及了"。

谁是今天的值日生?

疑问词重音,表示"究竟谁是今天的值日生?"

逻辑重音指的是说话人通过对比前后语言和人物来突出其中一方的读音方式。需要指出的是,逻辑重音对交际者对话语的理解有着重要的影响作用。例如：

我知道你会来看我。

言外之意：其他人不知道你会来看我。

我**知道**你会来看我。

言外之意：你瞒不住我。

我知道**你**会来看我。

言外之意：我不知道别人会不会来，但你一定会来看我的。

我知道**会来**看我。

言外之意：凭我们的关系，你怎么会不来看我呢？

我知道你会来看**我**。

言外之意：你来看的肯定是我。

（3）停顿。在汉语语调中，停顿的使用也会影响句子的语用功能。例如：

老师看到我//笑了。

老师看到//我笑了。

对上述两个句子进行分析，虽然二者的语言结构相同，但是根据不同的停顿方式，其语言含义有着明显差异。其中第一句表示的是"老师笑了"，第二句表达的则是"我笑了"的含义。

（二）词汇语用对比

词汇语用指的是利用词汇变化来表达话语的语用功能。通过词汇语用的使用，交际双方都能了解话语的言外之意，从而促进交际的顺利进行。英汉两种语言中带有不同的语言使用规律，下面就对二者的词汇语用进行对比分析。

1.词汇运用变化差异

在词汇语用变化方面，英汉两种语言具有很大不同。英语主要是通过屈折形态变化来表达不同的语用含义，而汉语则较多通过词汇手段，如虚词、语气词、助词等来表现语用功能。

例如，英语中的敬称主要是通过 your 加上具体需要敬称的词语构成，如 your majesty，your highness 等。而汉语中的敬称可以通过不同的词汇表示，如"您的大作""贵子"等。

2. 词汇运用原则差异

由于不同的社会背景、历史环境等因素的影响，不同的语言形成了不同的词汇系统，在词语的运用和选择上也带有很大的差异性。

例如，在打招呼方面，英语习惯通过问候天气，而汉语中则较多用"吃了吗？""干吗去？"等进行表达。受中西方传统思维形式的影响，西方人多为直线思维，表达过程中喜欢直接表达自身感受，并注重个人隐私与个人空间。中国人受儒家思想的影响，注重交际中的礼仪，在问候、称呼、称谓等方面都具有自身的特点。

(三)语法语用对比

英汉两种语言在语法语用方面也带有各自的特点，因此也会产生不同的语用功能。不同的语用功能可能会通过相似的句法形式传达，相同的语用功能也可能通过不同的句法形式传达。从这个意义上说，对英汉语法语用进行对比分析十分有必要。

1. 不同句法形式具有相同的语用功能

在具体语言环境的作用下，交际者会根据不同的交际意图，选择使用不同的语言策略。在英汉两种语言中，存在不同的句法形式，但是具有相同的语用功能的表达。例如：

Close the door.

关门。

Someone's forgotten to close the door.

有人忘了关门。

Can you feel cold in this room?

在屋子里你感觉冷吗？

对上述三个例句进行分析，可以看出其有祈使句、陈述句和疑问句三种语言形式,但是最终的语用功能都是用来表达命令。需要指出的一点是,在请求他人做事时,英汉两种表达具有差异性。通常英语中会使用间接的言语行为,而汉语则使用直接的言语行为。例如:

Can you tell me where the post-office is?

劳驾,邮局怎么走?

2. 相同句法形式具有不同的语用功能

语用学主张联合不同的语言环境进行话语的理解。在具体的交际场景中,相同的句法形式也可能具有不同的语用功能。在英汉两种语言中,这一点都有所体现。例如:

Lucy is coming.

露西来了。

这句话为普通的陈述句,但是放在具体的语境中,也可以表达一种建议或警告的语用功能。

Can you shut up now?

你能闭嘴吗?

这句话为一般疑问句,看似是疑问语气,但是在实际交际过程中,也能表达一种威胁的含义。例如:

What time is it now?

现在几点了?

上述例句为特殊疑问句,用于平常的语境中可以表达询问时间之意。但是在特殊语境中也能表达一种抱怨的语用含义。

英汉两种语言中都含有相同句法形式带有不同语用功能的现象,在具体的语言理解和翻译过程中应该进行具体区分。

3. 英汉其他语法手段的语用功能对比

除了上述提出的句法手段之外,在语言表述中还可以使用一些其他语法手段,如语态、时态、附加语等来表达不同的语用功能。英汉两种语言在这些语法手段上具有各自的特点。例如,英语具有屈折形态形式,但是汉语中却没有。

(1)英汉否定语用功能对比。在英汉语言中,为了体现对交际者或谈论对象的尊重,经常会使用一些否定形式来表达过于直接的语用含义。例如:

You are fat.

你很胖。

You are not thin.

你不瘦。

在上面两个例句中,第一句话的表述过于直接,很可能会影响交际者的情绪,从而造成一定的交际矛盾。而第二句通过恰当的否定形式,增加了语言表达的含蓄性,对受话者的影响较小,礼貌程度增加。

(2)英汉附加语的语用功能对比。在日常交际过程中,为了达到一定的交际目的,交际者会选择在句尾增加一定的附加语。例如,汉语中经常使用的"好吗?""可以吗?""行吗?"等,英语中经常出现的 please,if you don't mind 等。

二、英汉语用策略对比

语言使用的目的在很大程度上是为了交际,因此语言交际过程中会使用礼貌策略,从而保证交际的顺利进行。

(一)言语行为礼貌

言语行为是语用的基本单位,在不同的文化环境中,同一言语行为的语言兑现是存在差别的。下面对几种基本的言语行为进行一个简单的对比分析。

1.问候

问候(greeting)是当今社会中人们维系和保持人际关系的一种润滑剂或调节剂。文化背景不同,所使用的问候语也是不同的。下面来比较一下英汉常用问候语的不同。

（1）英语常用问候语，如表 7-1 所示。

表 7-1　英语常用问候语示例

英语常用问候语	用法
How do you do?	陌生人初次见面时用
Hi/Hello!	熟人或朋友见面时用
Good morning!	熟人上午见面时用
Good afternoon!	熟人下午见面时用
Good evening!	熟人晚上见面时用
How are you?	熟人或朋友见面时用
How are things going?	熟人或朋友见面时用
How are you doing?	熟人或朋友重逢时用
How is your wife?	熟人或朋友见面时用

（资料来源：邵志洪，2010）

（2）汉语常用问候语，如表 7-2 所示。

表 7-2　汉语常用问候语示例

汉语常用问候语	用法
您好！	长辈或上级见面时用
你好！	熟人或朋友或同辈见面时用
（你）早！早上好！	熟人或朋友见面时用
您早！	长辈或上级见面时用
（你）吃了吗？	熟人或朋友见面时用
（你）去哪里？	熟人或朋友见面时用
（你）干什么去？	熟人或朋友见面时用

（资料来源：邵志洪，2010）

　　通过对英汉问候语的表达分析，可以看出中西语言的巨大差异。通常来讲，英语的问候语表达较为空泛，而汉语则相对具体。这种差异主要是由于中西方对隐私的接受程度不同造成的。英语国家的人十分看重自己的隐私，因此在交谈中涉及自身的问题都是一种禁忌,而中国人则喜欢谈论自己的事情,认为这是一种交往的需要。

2.称呼

称呼(addressing)是言语交际过程中的重要组成部分。很多言语交际中的意义都是通过不同的称呼进行传达的,甚至称呼在很多情况下都是交际的第一信息。因此,交际中恰当称呼的使用是保证交际顺利的重要因素。中西方在称呼文化上具有自己的使用特点。

(1)中国人的称呼。由于几千年来的历史传统,在中国形成了一种长幼尊卑的等级关系,这种关系是极其讲究的。例如,孩子不能对父母、长辈、老师等直呼其名,否则就是不懂礼貌。在亲属关系的称谓上,中国人一般对他人采用"叔叔""阿姨""先生""女士"等尊称。在职场中,中国人往往用抬高对方职称的方法来表示尊重,如在称呼一些副职的人员时把"副"字去掉,由此才能显示出对对方的尊敬。

(2)西方人的称呼。根据不同的交际场合,在与英美人面对面交流时通常有以下三种称谓方式。

头衔＋姓氏。用于较正式的交际场合,头衔包括 Mr.(男士),Mrs.(已婚女士),Miss(未婚女士),Ms.(婚姻状况不明的女士)。

直呼其名。用于非正式的交际场合且交际双方的关系比较密切时。例如,一个姓名为 Michael Wood 的美国人,他的父母、妻子、朋友、同事甚至儿女都可以使用 Michael 或 Mike 来称呼他。一般而言,西方年轻人在任何场合都倾向于使用这种称谓方式。

以职务或职称代替。可以用作称谓的表示职务或职称的词在英文当中为数很少,如 Professor,Doctor,Nurse,Judge 和 Captain,Colonel,General,Lieutenant 等军衔;还有 Waiter,Boy,Conductor,Usher,Porter 等职业称谓,但它们听上去很不礼貌,带有一种卑微的含义。

3. 致谢

致谢语是指当别人对自己有所帮助,自己为表示感谢而说的话。英汉语言中的致谢语在使用上存在着很大的差异。在西方国家,thank you 是挂在嘴边的话,几乎在任何场合、任何人际关系中都可以使用,这是一种礼貌策略。与此不同的是,汉语中"谢谢"的使用频率没有那么频繁,是不能随处可用的。汉文化是一种相对含蓄的文化,致谢的表达在一定程度上也体现出了这一点。

4. 称赞

当需要对他人的品质、能力、仪表等进行褒奖时,英汉两种语言中都经常使用称赞(complimenting)的表达。中西方称赞的不同点表现在对于称赞的反应上。

英美国家的人面对称赞一般都是选择正面接受。不过并非全是接受,有时也有拒绝的情况出现。这种拒绝的出现主要和英美国家直线型的思维方式相关,并非出于委婉。例如:

(1)A:That's a nice outfit.

B:What? Are you kidding?

(2)A:That's a nice watch.

B:It's all scratched up and I'm getting a new one.

中国人与英美人不同,一般不会爽快地以迎合的方式去接受对方的称赞或恭维,而是习惯使用"自贬"的方式来对待他人的赞美。例如:

由于本人学识和研究有限,错误在所难免,恳请各位批评指正。

As my knowledge and research is still limited, there must have been lots of mistakes in my work. I hope you will correct me and give me guidance.

5.禁忌语

所谓禁忌语(taboo),是指由于无知、迷信或社会文化习俗的原因,人们往往被禁止说某些话、做某些事或使用某些物件。经过归纳总结,中国人在与西方人进行交际时应该避免提及的话题主要包括年龄、收入、身体和政治等。

(1)年龄。在中国,问他人的年龄是极其常见的,但在西方这个问题一般被视为是不礼貌的,尤其是问女士的年龄。

(2)收入。在西方,收入这一话题被视为是非常隐私和个人的,即使是在同一个家庭中,人们也有可能不知道彼此之间具体的工资数额。但是在中国这并不是一件十分避讳的事情。

(3)身体(非健康)的话题。无论中西文化,当明显能看出一个人是病了的情况下,都要询问一下以表示同情和关心。但在英语中,这种询问一开始最好是试探性的,以免引起不快。要是对方否认,那最好立刻停止这种询问;要是对方承认确实感觉不好,那就要询问一两个问题,然后表示希望他能很快好起来。通常而言,询问健康问题的程度取决于对方想要谈论的程度。

(4)政治话题。政治问题一直都是比较敏感的话题,在谈论与政治有关的话题时,不同政治倾向的人往往会发表各自不同的看法或意见。欧美人大多都是有党派的人,政治见解往往不同,故在交际场合中提到这种问题最容易引起争论,最好避免谈及。

(二)篇章行为礼貌

篇章行为对面子的威胁不仅取决于对距离和权势等的评估和把握,而且取决于对语篇类型的控制。① 在相同条件下,不同语篇类型中礼貌的相互关系可以概括为以下三种情况。

(1)说明类:距离最大化,权势较高。

(2)驳论类:距离最小化,权势较高。

---

① 邵志洪.英汉对比翻译导论[M].上海:华东理工大学出版社,2010:267.

（3）立论类：距离较大化，权势最大。

下面来看一则英国某大学一个系的学术报告通知。

Department of…

Announcing a special lecture by our

most distinguished guest Dr…

All are welcome and admission is free. This is one of Dr…'s rare public appearances in UK. In order to secure your place at the lecture，we would ask you to register in advance by filling in the form below and returning it before 24 February. The venue for the lecture…

（资料来源：邵志洪，2010）

根据上述报告内容，可以得知该学术报告通知成了表演业的宣传资料，违反了语篇类型的礼貌规范。

第八章 跨文化交际视阈下的英汉习语、典故文化对比研究

习语和典故都是语言的重要组成部分,是民族文化的瑰宝,往往蕴藏着一个民族深厚的文化内涵。英汉两个民族在历史、文化、风俗等方面存在诸多差异,因此两种语言中的习语与典故也具有不同的文化内涵。对它们进行多维对比,有助于学习者深入理解其中的文化信息,也利于其更好地进行英汉翻译。本章就对跨文化交际视阈下的英汉习语、典故文化进行对比研究。

第一节 英汉习语文化对比研究

一、英汉习语的特点对比

(一)英语习语的特点

英语习语因为自己的特性,才能和单词、短语或短句等其他语言形式区别开来,这种特性是多维度的,具体介绍如下。

1.整体性

两个或多个英语单词组合在一起表达某种意义时,它们就在形式和语义上形成了一个联合体,具有了整体性。联合体可以是临时组成的自由词组,也可以是固定词组。自由词组和固定词组

都具有整体性。因此,英语习语的整体性具有以下几种表现。

(1)习语的意义是一个不可分割的统一体。组成英语习语的各个词在意义上受到习语内部其他词的制约,以便能与其他词的意义协调一致,合起来表达一个完整意义。这个完整意义与习语中各词独立时的意义不尽相同。例如,在"He could not tell the manager off,so he took it out on the office boy(他不能责备经理,就拿勤杂员出气)。"这句话中,句中 tell off 表示"斥责",tell 只表示"向他人发话",off 则表示发话人所持的责备态度,二者均不是各自独立使用时的主要意义"告诉"和"分离",两个词的意义合在一起时就产生了"责备、斥责"的意义。

再如,Take it out on 的意义是"向……发泄怨气",on 表示其独立使用时的主要意义,指明动作涉及的对象,许多习语中都含有像 on 一样保留独立使用时的主要意义的词。因此,英语习语的整体性并不意味着整体性剥夺了习语中的每个词独立使用时的意义,习语是一个意义统一体,不因为某些因素而分解成多个部分,否则习语的真正含义将遭到歪曲。

(2)习语的意义赖以产生的基础或理据是一个整体。习语是概念的产物,是在各个部分组成的整体概念之上运用判断、推理、类比和引申等思维加工而得出其正确意义的固定词组。例如,tarred with the same brush 原指"用同一把刷子刷柏油",羊群的主人为了不和别人的羊混淆,就用刷子蘸上柏油在每只羊身上做标记。这样,习语获得了"具有某一群体特征,属于某一类型"的理据。这条习语现在用于牧羊以外的领域,意为"一路货色"。

理据的某个部分改变可能会导致整个理据的改变,整个习语的意义也发生变化。例如,carry coals to Newcastle(多此一举),英格兰东北部城市纽卡斯尔是英国著名的煤都,如果有人还要"运煤到纽卡斯尔",那肯定是"多此一举"。如果我们分四次改动 carry coals to Newcastle,每次只改动其中一个词,任意一种结果所表达的事件都不会产生"多此一举"的理据和意义。

(3)语义逻辑。例如,carry coals to Newcastle 的语义逻辑是

"往盛产某物的地方运送该物品",其语用意义是"该行为在实际生活中没有必要施行",产生了"做徒劳无益的事"的习语意义,改为 compare coals to Newcastle 时,其字面意义是"把煤比作纽卡斯尔",语义逻辑是"煤与纽卡斯尔密不可分",产生了"两者可以相互替代"的语用意义和"煤是纽卡斯尔的重要标志和象征"的习语意义。可见,产生 carry coals to Newcastle 的语义逻辑因个别词汇的改变而发生了变化。习语的语义逻辑是一个整体,一旦构成语义逻辑的某个部分改变了,整个语义逻辑和意义就有可能改变。

(4)一些英语习语的形式也具有完整性。如果按常规的句法规则对一些习语进行变形,习语就变成了自由组合。例如,大部分动词习语可根据所镶入句子变化时态和语态,break the ice(打破僵滞局面)既可以用主动语态,也可以用被动语态。但是,有一部分动词习语却不能这么变化,如 rain cats and dogs(下倾盆大雨)。另外,一些以 and 连接的对等词习语由两个并列的成分组成,在形式上是一个整体,不能对换 and 前后词的位置,也不能用同义词替换或改变名词的单复数形式等,只能当成一个完整的"单词"。

2.固定性

习语在长期的使用中显示出一种竞争与生存的特性。表达同一意义的习语很多,但最终只有一个或几个成为人们常用的形式,具有固定性。并且字面上或字面下的意义以及语义逻辑都是一个整体,不能随意改变,都具有固定性。习语的固定性按照强弱程度可以分为全固定、半固定和微固定三种。全固定习语中的任何一部分都不能随意替代,也不能增添或删除任何部分。半固定习语中的某个词可以用为数不多的少量几个词进行替换,或者给某个词增加修饰语。微固定习语的某一部分可以替换成许多词,微固定习语的变化程度较高。具体来说,英语习语的固定性体现在以下几个方面。

（1）不能用同义词替代习语中的相应部分，即使可以，也是严格限定在约定俗成的少量几个词的范围内。

（2）语法方面表现出来的固定性。习语在形成之初符合语法规则，而且大部分习语随着语法的变化而变化，符合现代语法规则。一些习语则固守原先的形式，显得不符合现代语法，因此习语在语法方面同样具有固定性。

（3）词汇增减方面的固定性。一些习语不能增加或减少词汇，但是一些习语可以省略可意会的部分，达到省形不省意的简洁目的。

（4）意义的固定性。习语的意义也是相对固定的。

3.约定俗成性

习语是人们在长期的语言实践中形成的，这就意味着习语是约定俗成的产物。有的习语沿用至今，有的被淘汰遗忘，还有新的在不断产生。习语的约定俗成性体现在以下几个方面。

（1）自然选择形成的约定俗成。例如，bee's knees（最了不起的人或事物）早在18世纪就已出现，到了19世纪，在美国出现了许多类似 bee's knees 的短语，如 the cat's whiskers，the snake's-hips，the pig's-wings 等，这些短语的结构和意义都相似，但它们多半昙花一现。到了20世纪20年代，只有 bee's knees 仍然被广泛应用，这主要有以下三点原因。第一，蜜蜂能把花粉酿成蜜，很了不起，蜜蜂采花时膝关节的灵巧劲儿易被观察。第二，bee's knees 与 business 发音相似，business 意为"正事"。因此，bee's knees 与"正事，了不起的事"联系在一起。第三，bee's knees 二词同韵，其他短语无法相比。

（2）不符合语法规范的约定俗成。例如，by and large（总的说来）原是航海者的行话，large 为"风吹着船的正后方"，即"顺风"，by 表示"偏离"，by and large 因而指帆船行驶时稍微偏离风向。这样的航行考虑到了虽然借助的风力少了点，但可减少风向突变时船只逆帆的危险，是综合性的正确航行方法。由"综合性考虑"

引申出了"总的说来"的意义,行话变成了普通用语。从现代英语的角度看,and 连接了两个并不并列的介词 by 和形容词 large,不合语法规范。但人们并没有去纠正这些语法错误,而是把它们当作约定俗成的形式继续沿用。

（3）不符合客观事实的约定俗成。一些习语中的组成部分之间在语义上不符合客观事实,如 rain cats and dogs（倾盆大雨）,by the skin of teeth（侥幸,刚好）,take sb. under one's wings（把某人放在自己的保护之下）等。虽然有这些习语存在,但是不能推断出天上下猫下狗、世上有长着皮的牙齿、长着翅膀的人等,这些逆向推断都与客观事实不符。人们没有刻意地去改变这些存在语义矛盾的习语,而是把它们当成了约定俗成的形式接受。

4. 隐喻性

受文化的影响,英语习语的意义经常很隐蔽,具有隐喻性。习语由单词组成,但往往又不是各单词意义的总和。这种含义不同程度地抛开了词的常用意义,是人们认知加工的结果,一种隐喻意义。例如,hot potato 的字面意义是"很烫的马铃薯","很烫的马铃薯"吃下太烫,拿着不吃其烫难耐,扔掉又太可惜,也违反社会公德,因此这真是个"棘手的问题"。类似的棘手的问题很多,如果事事详细叙述,有可能造成交际障碍。用形象、易懂的hot potato 来类比此类情况,达到简洁高效的交际目的。所以,hot potato 成了习语,其隐含意义"棘手的问题"占了主导地位,而字面意义几乎被人忘记。习语意义的隐喻程度并不一致。习语意义的隐喻程度与字面意义相关,离字面意义越近,隐喻程度就越低;离字面意义越远,隐喻程度就越高。

(二)汉语习语的特点

汉语习语,相当于汉语熟语,是"语言中定型的词组或句子",它包括如下几个特征。

（1）它是各民族成员在长期的语言运用中经过高度提炼而成

的表达法。

（2）它承载着各民族丰富而厚重的文化内涵。

（3）它结构严谨、言简意赅、生动活泼、寓意深邃。

（4）它大多蕴含着鲜明的形象和丰富多彩的隐喻。

上述特征丰富了语言的表达方式，加强了语言的表现力。汉语习语包括成语、谚语、格言、俗语、俚语、歇后语等。汉语中这些习语的分类有时并不绝对，一些寓意深刻、结构严谨简练的谚语、格言、俗语已演变为汉语成语。

二、英汉习语分类对比

英汉习语的分类既有相同点又有不同点。具体来说，英汉习语都可以按照定义来进行分类。此外，英语习语一般按照中心词的词性来分类，而汉语习语则常常按照音节数或结构来分类。

（一）按定义分类

按定义进行分类，习语通常可分为成语、俗语、谚语、俚语、粗俗语等，英汉习语均不例外。不过，汉语中还有歇后语。

1. 成语

成语是人们在长期实践和认识过程中提炼出的语言结晶。成语的结构一般比较固定，不能随意改动，也不能随意增减成语中的成分。

英语成语构成十分灵活，具有多种多样的形式，且长短不一。例如：

the Troy Horse 木马计

by fair means or foul 不择手段

to lay heads together 大家一起商议（问题）

ins and outs 事情的底细；露出马脚

burn one's figures 自作自受、自食其果

throw good money after bad 继续花钱打水漂

汉语中也有许多成语,并占有很重要的地位。与英语成语结构不同,汉语成语主要以四字格为主,如"小题大做""孤掌难鸣""卧薪尝胆""道听途说""老马识途""雪中送炭"等。当然,也有不是四字格的成语,如"三个臭皮匠,赛过诸葛亮"。

2. 俗语

俗语主要是指借助于某种比喻来说明某种道理,比较通俗易懂,经常出现在口语中。

英汉语言中均有一定量的俗语。英语中的俗语,如 to show one's cards(摊牌),round-table conference(圆桌会议),with the tail between the legs(夹着尾巴逃跑)等。汉语中的俗语有"杀鸡给猴看""脚踩两只船""偷鸡不成蚀把米"等。

3. 谚语

谚语是指在群众中流传的固定语句。谚语简单通俗,形象生动,且反映出深刻的哲理。谚语在英汉两种语言中都十分常见。例如:

英语:

sour grapes 酸葡萄

He who hesitates is lost.

机不可失,时不再来。

A merry heart makes a long life.

笑一笑,十年少。

Bitter pills may have blessed effects.

良药苦口利于病,忠言逆耳利于行。

汉语:

月晕而风,础润而雨。

路遥知马力,日久见人心。

留得青山在,不怕没柴烧。

落地的兄弟,生根的骨肉。

生平不做亏心事,夜半敲门心不惊。

4. 俚语

俚语是一种区别于标准语,只在一个地区或者一定范围使用的话语。

英语中的俚语通常是一些通俗俚语。所谓通俗俚语,是指"较为流行但又不十分粗俗的俚语"。[①] 例如:

suck 差劲、糟糕透了

cool 酷,棒极了

take a dump 上大号、大便

lose one's bottle 失去勇气

cough up 不十分情愿地勉强交出

all mouth and no trousers 毫无正当理据的吹牛

汉语中的俚语多为方言或地方流行语,如"麻利"(迅速、赶快;手脚敏捷),"拉倒"(到此为止;算了、作罢),"开瓢儿"(打破头),"撒丫子"(放开脚步跑),"侃大山"(长时间漫无边际地闲谈),"仨瓜俩枣"(一星半点的小东西、不值钱的零星物品)等。

从结构上来看,英语俚语的结构形式多种多样,有单词、词语、句子等;而汉语俚语通常是词或短语。从内容上看,英语俚语通常以下里巴人式的通俗表达方式为主体,不受方言限制;而汉语俚语以汉语流行区内广为流传的方言为主。

5. 粗俗语

粗俗语就是人们日常生活中所说的粗话、脏话,通常与人们所禁忌的性、伦理道德和种族歧视等有关。粗俗语虽然粗野、庸俗,但也是每一种语言必不可少的一个组成部分,是人们表达各种情感的常用手段。

---

① 闫文培.全球化语境下的中西文化及语言对比[M].北京:科学出版社,2007:298.

在英语中,常用的粗俗语有 damn,devil,hell,shit,bullshit,ass hole,piss,cunt,luck,fucking,fucker 等。在汉语中,粗俗语往往与人们认为不屑的事物相关。例如,"流氓""野种""狗""笨猪""蠢猪"等。

英汉粗俗语的共同之处在于都采用了与性以及人体的排泄有关的词语,此外还运用了与牲畜相关的词语,人们借此来宣泄其愤怒、不满、怨恨等情绪。

6. 汉语歇后语

歇后语是汉语中所特有的语言形式。歇后语是指"由两个部分组成的一句话,前一部分像谜面,后一部分像谜底,通常只说前一部分,而本意在后一部分"。[①] 歇后语具有形象、幽默的特点,无论是在口语中还是文学作品中都极为常见。例如:

芝麻开花——节节高

瞎子拉琴——瞎扯

肉包子打狗——有去无回

石头狮子灌米汤——滴水不进

帐子里放风筝——远不了

擀面杖吹火——一窍不通

武大郎开店——高朋满座

瞎子点灯——白费蜡

瞎子吃饺子——心里知道味

裁衣不用剪子——胡扯

竹篮子打水——一场空

唐僧头上的虱子——明摆着的

猪八戒照镜子——里外不是人

泥菩萨过江——自身难保

旗杆上绑鸡毛——好大掸(胆)子

---

① 卢红梅.华夏文化与英汉翻译[M].武汉:武汉大学出版社,2006:245.

狗咬吕洞宾——不识好人心

姜子牙封神——自己没有份

秋后的蚊子——嗡嗡不了几天

木匠拉大锯——有来有去

作为汉语中所特有的一种习语,歇后语中渗透着浓厚的中国文化传统与民族习语,同时还体现着特有的汉语表达方式,不了解中国文化传统的西方人将很难真正理解其含义,有时会给他们带来一定的文化困惑,阻碍跨文化交际的顺利进行。

(二)按词性、音节数或结构分类

1.英语习语的分类

通常情况下,英语习语按照中心词的词性可分为四类:动词性习语、名词性习语、形容词性习语以及副词性习语。

(1)名词性习语。名词性习语以名词为中心,与其他词语搭配使用。这类习语由"名词＋名词""名词＋介词＋名词""名词＋and＋名词""名词/专有名词＋'s＋名词""形容词＋名词"等几种结构组成。例如:

brain drain 智囊枯竭

sheet anchor 最后的或主要的靠山

a fly in the ointment 美中不足之处,使人扫兴的小事

drug in the market 市场上的滞销商品

proud flesh 伤口愈合后凸显出来的疤

rank and file 普通士兵们,普通成员们

(2)动词性习语。动词性习语以动词为中心,在英语中占有很大的比例。动词性习语包括"动词＋介词""动词＋副词""动词＋副词＋介词""动词＋名词""动词＋介词短语""动词＋名词＋介词短语""动词＋名词＋介词""动词＋形容词"等结构。例如:

cash in on 靠……赚钱,乘机利用

black out 封锁;中断,停止

set back 推迟,使……受挫折,使……花费

bite one's tongue off 后悔自己说过的话

jump down one's throat 突然粗暴地回答或打断某人;使某人哑口无言

have a (good) head on one's shoulders 有见识或能力

make a clean breast of 和盘托出

pick holes in 在……中找毛病

(3)形容词性习语。形容词性习语通常包括"形容词+and+形容词""形容词/副词+介词短语""as+形容词+as+名词""介词+名词"等几种结构。例如:

on call 随叫随到的

behind the eight ball 处于不利地位,处于困境中

up to the hammer 第一流的,极好的

high and dry 孤立无援的(也可作状语)

wide of the mark 远未射中目标,毫不相关

as cool as a cucumber 泰然自若的,极为冷静的

(4)副词性习语。副词性习语通常包括"介词+名词""名词+and+名词""介词+名词+and+名词"等结构。例如:

behind the scenes 在幕后

heart and soul 全心全意地

bag and baggage 完全地,彻底地

between the devil and the deep blue sea 进退维谷

through thick and thin 不顾艰难险阻,在任何情况下

2.汉语习语的分类

汉语习语可依据以下两个标准来进行分类。

(1)按音节数目分类。根据音节数目的多少,汉语习语可分为四音节习语和非四音节习语。

四音节习语在汉语中十分常见,如"卓尔不群""助人为乐""冰清玉洁""卧薪尝胆""鹤发童颜""大同小异"等。

非四音节习语又可细分为如下几种。

三字习语：开场白、忘年交

五字习语：温良恭俭让、功到自然成

六字习语：百思不得其解、反其道而行之

七字习语：放之四海而皆准、心有灵犀一点通

八字习语：知其不可为而为之

九字习语：不以规矩不能成方圆

十字习语：知其然而不知其所以然

三言对句：满招损，谦受益；求大同，存小异

四言对句：四体不勤，五谷不分；生于忧患，死于安乐

五言对句：海内存知己，天涯若比邻

六言对句：即以其人之道，还治其人之身

七言对句：先天下之忧而忧，后天下之乐而乐

不规则对句：民不畏死，奈何以死惧之

(2)按结构搭配关系分类。根据习语内部结构搭配关系的不同，习语可分为平行与修饰两大类。其中，平行关系包括并列、承接、因果、目的等，修饰关系包括主谓、动宾、偏正、述补等。例如：

并列：承上启下、大呼小叫

承接：水到渠成、瓜熟蒂落

因果：水滴石穿、有恃无恐

目的：扬长避短、声东击西

主谓：任重道远、苦尽甘来

动宾：移风易俗、厚古薄今

偏正：言外之意、难言之隐

述补：应运而生、拒之门外

三、英汉习语结构形式对比

(一)英语习语的结构形式

就英语习语而言，其结构形式的灵活性特点比较明显，可松

可紧，可长可短。短则一个单词。例如：

What one loses on the swings one gets back on the round-abouts.

失之东隅，收之桑榆。

Hair by hair you will pull out the horse's tail.

矢志不移，定能成功。

One boy is a boy，two boys half a boy，three boys no boy.

一个和尚挑水吃，两个和尚抬水吃，三个和尚没水吃。

(二)汉语习语的结构形式

汉语习语的结构形式整体呈现出用词简练、结构紧凑的特点，并且大多为词组性短语。从习语的字数来看，多为两个字、三个字或四个字的结构形式。

当然，也有少部分字数较多的对偶性短句。例如：

踏破铁鞋无觅处，得来全不费工夫。

螳螂捕蝉，黄雀在后。

但是，这类汉语习语实属凤毛麟角。也有很多采用四字结构，偶尔有二字或三字组成的情况，但相对来说并不多见，如"不到长城非好汉""说曹操，曹操到"等。

四、英汉习语引申义对比

(一)基本义和引申义完全相同

由于事物本身属性的一致性，英汉两种文化中对某些相同的事物现象的认识能力大体相同，因而其文化引申义存在重合的现象。这种共性也是人类对自身以及外部世界的共识。在习语中的具体体现是相同或相近的文化意蕴。例如：

瑞雪兆丰年。

Snow foretells a bumper harvest.

火上浇油。

Add fuel to the flame.

善有善报。

Do well and have well.

趁热打铁。

Strike while the iron is hot.

由此可见,英汉虽然属于不同的语系,但很多习语在形式和文化内涵方面是相通的。这也反映了人类文化思维在某种程度上广泛的共性。

(二)基本义和引申义部分相同

英汉两种语言内部的共同点主要基于语言的相通性,但由于语言背后文化历史背景的不同,英汉习语形式和文化内涵完全相同的习语只占一小部分,很多习语的基本义和引申义只是部分相同。例如,汉语中"红"具有"丰收、幸福、吉祥、喜庆、胜利"的内涵,有很多和红相关的习语,如"开门红""满堂红""红极一时""根正苗红""又红又专"等,同时,在婚庆时经常有红对联、大红喜字、红盖头、大红花等,寓意着喜庆和日子的红红火火。然而,英语中和"红"意思相关的语义只占一小部分。例如:

red-carpet 热情欢迎的红地毯

red-letter day 喜庆的日子

此外,英语中 red 还有很多和汉语中"红"不相干甚至相反的文化意义。例如:

red alert 紧急警报

see red 火冒三丈

a red-light district 花街柳巷(红灯区)

get into red 发生亏损

(三)基本义和引申义完全相反

由于价值取向、思维方式等的差异,英汉习语中存在很多基本义和引申义完全相反的情况。这在很多常见的动物习语和颜色相关的习语中都有体现。

例如,在汉语文化中,蟋蟀被视为凄凉、忧伤、萧索、寂寞的意象,很多古人常借蟋蟀来衬托这种氛围。诗人元好问在其《诗论》中曾写道:"切切秋虫万古情。"宋玉在《九辩》中曾写道:"独申旦而不寐兮,哀蟋蟀之宵征。"

在英语文化中,cricket 则是喜悦、欢快的形象。在狄更斯、莎士比亚的作品中有 as merry as a cricket(像蟋蟀一样欢快)的习语表达。

(四)文化引申义一语独有的现象

文化引申义一语独有的现象是指一种语言的习语文化引申义在另一种语言中空缺的现象。例如,汉语中的鸳鸯象征着爱情,用于指恩爱的夫妻。英语中 mandarin duck 并没有任何引申含义。又如,汉语中的"牛"受人尊敬、喜爱,其因习性和中华民族的品质相一致并受到赞扬,"老黄牛""俯首甘为孺子牛""好马不停蹄,好牛不停犁"等与牛相关的习语都体现了对牛褒义文化内涵的肯定,而英语中却找不到和 cow 和 ox 相对应的比喻用法。

五、英汉习语的来源对比

(一)英语习语的来源

1.历史事件

英语中来自历史事件的习语通常反映过去的战争方式和状况,或是描述历史上的一些猎人骑士的冒险经历。例如,sword of Damocles 来自这样一则古代希腊的历史事件:公元前 4 世纪,在西西里岛上的统治者狄奥尼修斯一世有个亲信叫达摩克利斯,他十分羡慕帝王的豪华生活。狄奥尼修斯为了教训这个人,而在一次宴会上,要他坐在国王的宝座上,当他猛然抬头,只见头顶上有一把用头发悬着的宝剑,随时都有刺到头顶的危险。他吓得战战兢兢,时刻提心吊胆。后来,就用 sword of Damocles 这一成语来比喻临头的危险或情况的危急。再如,英国与荷兰为了争夺海上霸主的地位而积怨颇深,于是英语中出现了许多对荷兰轻蔑贬低之词,下面就是一些跟此事件有关的习语:

Dutch comfort 想退一步求得平安,但结果也许会更糟

beat the Dutch 干的事叫人莫名其妙;让人伤脑筋

Dutchman 掩盖或补救物品缺陷的措施;填补空洞的零件

Dutch concert 像荷兰醉汉一起乱唱乱叫一样吵吵嚷嚷;乱七八糟的合唱

Dutch auction 开价很高,然后逐步减价的拍卖;不成体统的拍卖

Dutch bargain/wet bargain 酒席上谈成的买卖;唯利是图,不择手段的买卖

2. 神话传说

英语的很多习语都与古希腊、古罗马的神话故事有关。例如,Scylla 与 Charybdis 在希腊神话中都是人名,前者是六头女妖的名字,后者是另一个女妖的名字,她们专门威胁过往的船只。同时它们又是地名,Scylla 指意大利西端墨西拿海峡上的大岩礁,而 Charybdis 则是 Scylla 对面的大旋涡。于是,"One falls into Scylla in seeking to avoid Charybdis."就表示"为避虎穴,落入狼窝"。

3. 文学作品

英语中有很多源自文学作品的习语。例如,one pound of flesh 出自莎士比亚的喜剧著作《威尼斯商人》,与夏洛克要残忍地从欠债人安东尼奥的胸前割下一磅肉来的故事情节有关,后用于指"割肉还债,残酷榨取"。再如:

green-eyed monster(莎士比亚的《奥赛罗》)

(因情感纠葛而生的)嫉妒之心

man Friday(笛福的小说《鲁滨逊漂流记》)

忠实的仆人

Catch 22(海勒的小说《第 22 条军规》)

第 22 条军规,指一种无法摆脱的困境

as busy as a bee(乔叟的《商人的故事》)

忙碌至极

A little knowledge is a dangerous thing.(亚历山大·蒲柏的《论批评》)

一知半解害人多,知识不多是很危险的事。

4.社会习俗

英语习语源远流长,深深地扎根于人类生活的方方面面,因此英语中存在着大量与生活习俗相关的习语。例如:

All work and no play makes Jack a dull boy. 只会用功不会玩耍,再聪明的孩子也要变傻。(源于姓氏习俗)

Uncle Tom 听命于白人且逆来顺受的黑人(源于称谓习俗)

blow one's own horn 自我吹嘘,自吹自擂(源于称赞习俗)

take French leave 不辞而别,擅自缺席(源于拜访习俗)

5.生活方式

每个民族的生活方式都会受到其生存条件、地理环境的影响。这些影响会在英语习语中留下些许痕迹。由于英国是岛国,人们多靠航海、捕鱼为生,以采煤和畜牧业为主业,再加上多雾、多雨的气候特点,因此英语中有很多习语与航海、捕鱼、畜牧、天气有关。例如:

all at sea 不知所措

hang in the wind 犹豫不决

like a fish out of water 处在陌生的环境中,不自在

lose one's wool 发怒、生气

as right as rain 十分正常

have not the foggiest(idea) 如坠五里云雾中

6. 动物特征

英语中,由狼因饥饿而残忍这一特征而衍生了很多习语,如 keep the wolf from the door(免于饥饿,勉强度日),to have a wolf in the stomach(形容一个人极度饥饿)。再如,习语 a bird of ill omen(不祥之兆)与古代占卜的风俗相关。渡鸟嗅觉十分灵敏,能判定远方腐尸的位置。因此,渡鸟象征死亡。猫头鹰在恶劣天气来临之前喊叫,而坏天气常带来疾病。后来,猫头鹰用以比喻"不吉利的人,常带来不幸消息的人"。

7. 人体器官

人体器官各司其职,与人们的生活密切相关。于是,与器官相关的词汇便被赋予了比喻用法与象征意义,出现了很多寓意丰富的习语。例如:

toe the line 听从……指挥

be neck and neck 竞争激烈

in a fit of spleen 怒气冲冲

have a good stomach for 胃口好

feast one's eyes on 一饱眼福

pull one's leg 捉弄,与……开玩笑

from the bottom of one's heart 从心底里

(二)汉语习语的来源

1. 历史事件

中国光辉灿烂的历史为后人留下了丰厚的精神财富,也为汉语带来很多成语、谚语、歇后语等。人们常利用这些习语来揭示

某种道理或警示历史教训。例如：

> 刘备摔阿斗——收买人心
> 诸葛亮哭周瑜——假戏真做
> 刘邦乌江追项羽——赶尽杀绝
> 孟获归顺诸葛亮——心服口服
> 刘邦攻项羽——反败为胜
> 身在曹营心在汉。
> 三个臭皮匠，顶个诸葛亮。
> 成也萧何，败也萧何。

2. 辩证思想

佛教对汉语民族有着巨大影响，因此汉语中出现了许多与佛教思想相关的习语。例如，取自佛教教义的俗语有"放下屠刀，立地成佛"和"苦海无边，回头是岸"，前者告诉我们停止作恶，就可以变成好人；后者则告诫我们有罪的人就像跌入无边无际的苦海，但只要幡然悔悟，就能爬上岸来，重获新生。与佛教有关的习语还有：

> 半路出家
> 借花献佛
> 大彻大悟
> 善男信女
> 一人得道，鸡犬升天
> 闲时不烧香，临时抱佛脚
> 不看僧面看佛面

3. 社会现实

中国经历了两千多年的封建社会，于是汉语中出现了许多描写封建社会的黑暗以及人治代替法治、以强权代替公理、以钱财代替正义和残酷压迫劳动人民等社会状况的习语。例如，"顺我者昌，逆我者亡"揭示的是帝王或贼首毫无民主法制观念的独裁统治;"一人得道,鸡犬升天"反映了各类社会中都存在的违反公平原则与法制观念的裙带关系;"满嘴仁义道德,一肚男盗女娼"则是社会中各种伪君子的真实写照。类似的习语还有:

苛政猛于虎也

只许州官放火,不许百姓点灯

衙门八字朝南开,有理无钱莫进来

4.生活方式

中国人讲究天人合一,主张按照天地规律来安排日常生活与重大事情。汉语中很多习语都是这种生活方式的真实写照。例如:

日出而作,日落而息

头伏萝卜二伏菜,三伏种荞麦

冬吃萝卜夏吃姜,不劳医生开药方

饮食法地道,起居法天道

黎明即起,洒扫庭除,要内外整洁。既昏便息,关锁门户,必亲自检点

一九二九不出手,三九四九冰上走,五九六九河边看柳,七九河开,八九燕来,九九加一九,耕牛遍地走

5.神话故事

汉语的神话传说源远流长,代代流传下来,体现了灿烂的汉文化。因此,在汉语中,来自神话故事的习语也十分常见。例如:

嫦娥奔月

开天辟地

女娲补天

精卫填海

八仙过海——各显神通

6.伦理道德

受儒家思想影响,汉语很多习语都与中国传统的伦理道德有

关,例如:

    敬人者人恒敬之,欺人者人恒欺之

    不孝有三,无后为大

    少壮不努力,老大徒伤悲

    天下兴亡,匹夫有责

第二节　英汉典故文化对比研究

一、英汉典故的结构对比

(一)英语典故的结构

英语典故往往具有灵活、自由的结构特点,字数的伸缩范围极大,具体来说有以下三种。

(1)由一个词构成。例如:

Shylock 夏洛克

Eden 伊甸园

Scapegoat 替罪羊

(2)由若干词构成。例如:

An Apple of Discord 争斗之源,祸根

bone of the bone and flesh of the flesh 骨中骨,肉中肉

The Trojan House 奸细,暗藏的危险

(3)由句子构成。例如:

Some men are born great, some achieve greatness, and some have greatness thrust upon them.

有的人是生来的富贵,有的人是挣来的富贵,有的人是送上来的富贵。

（二）汉语典故的结构

汉语典故往往用词简练、结构紧凑，其结构特点如下。

（1）多为词组性短语，少数为对偶性短语。例如，"摆空城计""神农尝百草"等。

（2）大多数典故是名词性短语，充当某些句子成分，如"惊弓之鸟""南柯一梦"等。

（3）典故也可以演变为成语，采用四字结构，如"得陇望蜀""破釜沉舟"等。典故偶尔也演变为字数较多的成语，如"不到长城非好汉""庆父不死，鲁难未已"等。

二、英汉典故设喻方式对比

在设喻方式上，英汉典故有很大的共通点，即都以人物、动植物、地名、事件等设喻。

（一）以人物设喻

借助于人物设喻是指将特定时间或故事所涉及的人物作为喻体，来表达一种特定的寓意。

例如，英语中有 a Herculean task（赫拉克勒斯的任务），这一典故取自古希腊神话，赫拉克勒斯是主神宙斯之子，力大无比，故被称为大力神，所以该典故用来喻指艰难的、常人难以完成的任务。再如，Shylock（夏洛克）是莎士比亚喜剧《威尼斯商人》中的一位心地残忍的守财奴，经常被用来指那些既吝啬小气又手毒心狠的人。

汉语中也有许多以人物设喻的典故。例如，"孟母三迁"原本说的是孟子的母亲在孟子幼年时，十分重视居所邻居的选择，目的是给他选择良好的教育环境，并因此曾三次迁居，后来被用来喻指良好的居住和教育环境对于儿童教育的重要性。其他的以人物设喻的汉语典故还有"成也萧何，败也萧何""姜太公钓鱼"

"王祥卧冰"等。

（二）以动植物设喻

借助于动植物设喻是指将特定的事件或故事所涉及的动植物作为喻体,用以表达一种特定的寓意。

例如,英语典故 scapegoat(替罪羊)源自《圣经》故事,讲的是大祭司亚伦将通过抽签抽出来的一只大公羊作为本民族的替罪羊放入旷野以带走本民族的一切罪过。现用来指代人受过或背黑锅的人。

在汉语文化中,"鹬蚌相争,渔人得利"讲的是一只蚌张开壳晒太阳,鹬去啄它,被蚌壳钳住了嘴,在两方相持不下时,渔翁来了,把两个都捉住了,后人用这一典故来喻指双方相互争执,却让第三方得了利。再如,"草木皆兵",讲的是前秦苻坚领兵进攻东晋,进抵淝水流域,登寿春城瞭望,见晋军阵容严整,又远望八公山,把山上的草木都当作晋军而感到惊惧,后来被借来喻指惊慌之时的疑神疑鬼。类似的典故还有"狐死首丘"等。

（三）以地名设喻

借助于地名设喻指的是将特定时间或故事所涉及的地名作为喻体,用以表达一种特定的寓意或喻指。

例如,英语中的 meet one's Waterloo(遭遇滑铁卢),滑铁卢是比利时一个城镇,在这里发生的滑铁卢战役中,拿破仑率领的法军战败,后人就用此语来喻指惨遭失败。

汉语中也有这样的典故。例如,"东山再起"的典故讲的是东晋谢安退职后退隐东山做隐士,但是后来又出山任了朝廷要职,后来此语用来喻指失事之后重新恢复地位、权势等。

（四）以事件设喻

借助于事件设喻是指将特定的事件或故事作为喻体,用以表达一种特定的寓意或喻指。例如,英语典故 the Last Supper 喻指遭人出卖,汉语"负荆请罪"喻指认错赔礼,讲的是战国时期廉颇为自己的居功自傲、慢待蔺相如而向其负荆请罪,从而使将相复合。

需要指出的是,虽然英汉典故中都有上面几种设喻方式,但是英语典故最为常用的是以人设喻,而汉语典故最为常用的则是以事设喻。其深层次的原因与中西方不同的思维模式有关:在人与世界的关系上,中国人比较看重周边环境、客观事物,处事倾向于从他人出发、从环境着手;而西方人则更注重人类自身,处事倾向于从个人出发、从自己着手。

三、英汉典故来源对比

(一)英语典故的来源

1.寓言故事

英语中有许多典故来源于寓言故事。例如,在英语中,有一个典故 kill the goose that lays the golden eggs,其源自《伊索寓言》。一人有母鸡,产出美丽的金蛋。他以为在它肚里有金块,把它杀了,却只见它同别的母鸡是一样的。他希望得到大宗财富,却把微小的利益也失掉了。这一成语的意思是 sacrifice future gains to satisfy present needs(牺牲将来的利益,满足眼前需要)。

再如,cat's paw 源出另一则寓言:猴子为避免烧伤自己,叫猫用爪从火中取栗。现在人们用该典故比喻"受人利用的人或物"。

2.神话传说

英语中的很多典故都出自神话传说。例如,the touch of Midas 这个典故出自希腊神话,讲的是酒神巴科斯(Bacchus)为报答弗利治亚(Phrygia)国王迈达斯(Midas),赋予他一种神力,让他可以把任何他所接触的东西都变成金子。最初迈达斯很高兴,但后来当他连所接触的食物和女儿也都变成了金子时,他就害怕了,只好请求巴科斯结束他这种神力。所以,后人称 the touch of Midas 为"点金术",意思是无论任何东西,包括铁和石,都可以被点成金子。典故成语只有本义而没有喻义,所以和汉语中的成语"点石成金"并不一样。

3.历史事件

在英语文化中,有很多来源于欧洲众多国家的历史事件的历史典故。例如,Pyrrhic victory(皮洛士的胜利)喻指得不偿失的胜利。这一典故来源于古希腊时期。伊比鲁斯(Epirus)的国王皮洛士(Pyrrhus)在公元前281年、前279年两次率重兵渡海征战意大利,在付出了巨大的代价后取得了胜利。

再如,make one's hair stands on end 这一成语被很多人认为是汉语中的"怒发冲冠"的意思,这是不正确的。据说,该成语最初是用以描述一个犯人的表情。1825年英国一个名叫普·罗波特(Robert)的偷马贼被处以死刑。目击他上绞刑架的人说,犯人由于恐惧而毛发竖立。由此可见 make one's hair stand on end 应与汉语中的"令人毛骨悚然"意思相同。

4.文学作品

丰富的文学遗产也是英语典故的一个重要来源。英语文学典故的背景并不仅仅局限于英语文学,还涉及庞大的欧洲文学体系,包括古代传说、莎士比亚戏剧以及欧洲各国的文学名篇等。

例如,Romeo(罗密欧)是莎士比亚戏剧《罗密欧与朱丽叶》中的男主人公,指英俊、多情、潇洒,对女人有一套的青年。Cleopatra(克娄巴特拉)是莎士比亚戏剧《安东尼和克娄巴特拉》中的人物,指绝代佳人。

再如,英语中《奥德赛》(*Odyssey*)与《伊利亚特》(*Iliad*)合称为希腊的两大史诗,相传为荷马所作。该诗描述了希腊神话英雄 Odysseus 在特洛伊战争中以"特洛伊木马"攻破特洛伊城后,在海上漂流 10 年,战胜独眼巨神,制服了女巫,经历了种种艰险,终于回到了自己的国家,夫妻团圆。后来,用 Odyssey 一词喻指"磨难重重的旅程"或"艰难的历程"。

5.体育运动

英语中有许多典故源于一些在美国或其他英语国家非常流行的体育活动,如橄榄球、棒球、钓鱼、拳击和扑克游戏等。例如,an armchair quarterback 意为"坐在扶手椅上的指挥者"。quarterback 原指橄榄球赛指挥进攻的四分卫,加了 armchair 一词,往往指局外人大谈应如何做某事而未身体力行也不用负任何责任。再如,to not get to first base 意为"没有取得初步成功",原指棒球击球手没有跑到第一垒,后来就用来表示一开始或很快就失败了。其他类似的典故如:

to swallow the bait,hook,line and sinker 上钩;上当

carry the ball 在某项行动或艰巨任务中承担最重要、最困难的职责

hit/strike below the belt 采取不正当手段攻击或对付对方以获胜

have two strikes against someone 处于极其不利的境地

hat trick (帽子戏法)巧妙而利落地同时做成多件事

drop back and punt 放弃目前的策略而尝试采用其他办法

play one's trump card 在工作、经商、比赛、对抗或战争中使出绝招,采用最有把握取胜的办法;使出撒手锏

(二)汉语典故的来源

1.寓言故事

寓言通常用假托的故事或自然物的拟人手法来说明某个道理或教训,常带有讽刺或劝诫的性质,能够明理启示。汉语中的"掩耳盗铃"源自《吕氏春秋·自知》,现在比喻自欺欺人,明明掩

盖不了的事却偏要设法掩盖。其他还有"刻舟求剑""守株待兔""叶公好龙""削足适履""狐假虎威""含沙射影"等。这些寓言故事都很优美,给人以艺术审美的愉悦和享受。

2.神话传说

中华民族历史悠久,有很多绚丽多姿的神话传说,从中也产生了许多典故。例如,道教传说中有何仙姑、蓝采和、汉钟离、张果老、铁拐李、吕洞宾、曹国舅、韩湘子八位神仙,他们过海时不用船,而是各有各的方法。于是,"八仙过海"就用来喻指各显其能。

再如,夸父是《山海经·海外北经》中的一个人物,他为了追赶太阳口渴难耐,将黄河、渭河的水喝完后仍无法解渴,就去别处找水喝,结果在半路上渴死了。于是,"夸父逐日"就用来喻指决心虽大却自不量力。

3.历史故事

汉语中出自历史故事的典故也十分常见。例如,战国末期,燕国的太子丹派荆轲去刺杀秦王,并将秦国叛将樊於期的人头和燕国的地图这两样东西当作见面礼。荆轲将泡过毒液、准备行刺秦王的匕首藏于地图内。见到秦王后,随着地图的慢慢展开,匕首现了出来,荆轲拿起匕首向秦王刺去。虽然刺杀没有成功,但图穷匕首见的故事却流传了下来。此后,"图穷匕见"被用来喻指事情发展到最后时的真相大白。

4.古典文献

有一些汉语典故是从古典文献(包括史学、哲学、文学书籍与作品)中的经典名言名句里抽取、提炼、演化而来的,是人们为了方便使用而精练概括出来的。例如,"名落孙山"用以婉言应考未中。这一典故出自宋代范公偁《过庭录》:宋朝孙山考中了末一名,有人向他打听自己的儿子是否考中,孙山便回答道:"解名尽处是孙山,贤郎更在孙山外。"

再如，"锦囊妙计""过五关斩六将"出自罗贯中的《三国演义》；"梁山好汉"出自《水浒传》；"罄竹难书"出自《吕氏春秋·明理》；"射人先射马，擒贼先擒王"出自杜甫的《出塞九首·其六》；"兔死狗烹"出自《史记·越王勾践世家》；"士为知己者死"出自《战国策·赵策一》；"皮之不存，毛将焉附"出自《左传·僖公十四年》。

5.风俗习惯

风俗习惯是社会上长期形成的风尚、礼节，是社会文化的重要组成部分，也是汉语典故产生的来源之一。例如，在冬天下雪的时候，各家各户为了行走方便，各自清扫自己庭院中或门前的积雪，因此就有了"各人自扫门前雪，休管他人瓦上霜"的典故，现在常用来指各自为政，只考虑自己的利益而不顾他人或集体利益的行为。

再如，"民以食为天"意思是以粮食为生存的根本，这是由于长期的生产、生活使中国人深刻地意识到粮食对人类生存的重要性。现代的餐饮业又赋予这一典故另一种新意，即享受美食乃人生乐事。

第九章 跨文化交际视阈下的英汉色彩、数字文化对比研究

英汉颜色与数字词汇都是各自语言中的重要组成部分。由于中西方文化各具特色，差异明显，因此颜色与数字就被赋予了丰富的文化内涵，承载着大量文化信息，最终形成了各自独特的色彩与数字文化。本章就在跨文化交际背景下具体探讨英汉色彩与数字文化的对比问题。

第一节 英汉色彩文化对比研究

色彩与人们的生活息息相关，其不仅具有美感功能，还具有很强的信息功能。中西文化在诸多方面都存在差异，这些差异不可避免地对色彩及其所代表的附加含义产生影响。本节就对英汉色彩的文化内涵进行具体分析。

一、英汉色彩指代对比

颜色文化经历了漫长的发展历程，中西方文化在对同一事物的颜色表达中，具体所指代的事物对象也往往存在着诸多差异。这里举一个与我们的实际生活联系最密切的例子。

红糖 brown sugar

红茶 black tea

上面两个与颜色相关的词汇表达与其所指代的对象在不同

文化中就存在着颜色背离的现象。

在对与颜色相关的表达进行翻译时,这种"不能貌相"的词汇还有很多。例如,汉语中的"黄色书刊"不能直接翻译成 yellow book,因为在西方文化中,yellow 代表的"不良、污秽"等情感色彩,而汉语中的"黄色"却与"色情、暴力、淫秽"等负面、阴暗的思想相联系。可见,由于中西方文化的差异,导致其对具体颜色的指代对象会产生不同,进而对翻译产生直接影响。

二、英汉色彩文化内涵对比

(一)"黑色"与 black

1."黑色"的文化内涵

在汉语中,"黑色"代表的含义较为复杂,既含有褒义,也有贬义。

(1)黑色代表庄重、尊贵等。在中国古代,官员的朝服为黑色,以彰显庄严和尊贵的气势。如今,公务车多为黑色,以示显赫与稳重。

(2)黑色代表公正无私、刚正不阿等。在戏剧中,人们常用黑色来代表忠诚憨厚、刚正不阿。在中国的戏剧舞台上,尉迟恭、李逵等人的脸谱色彩都是黑色,或以黑色为主色调。

(3)黑色代表黑暗、无助、厌恶等。由于黑色并不是艳丽的颜色,中国人常将黑色与黑暗联系在一起,黑色便被赋予了负面的意义。例如,一些黑色的鸟类与动物,如蝙蝠、乌鸦、猫头鹰等也会遭到人的厌恶。

(4)黑色代表邪恶、反动。随着历史的发展,很多由黑色衍生出的词语都带有了邪恶、反动之意。例如,"黑车""黑手党""黑势力"等。

2. black 的文化内涵

在西方文化中，black 也有丰富的文化内涵。

（1）black 代表庄重、尊贵。西方人特别是商界巨贾，达官显贵、社会名流等上流社会阶级的人士喜欢穿黑色的服饰，以彰显尊贵与庄重。

（2）black 代表邪恶、耻辱、犯罪、不光彩等。例如：

a black leg 骗子

black mail 敲诈勒索

black deed 极其恶劣的行为

（3）black 代表无希望、无理想等。例如：

black news 坏消息

the future looked black 前景暗淡

（4）black 代表死亡、悲伤、灾难、凶兆等。在英语国家中，黑色是葬礼上的主要颜色。例如：

black words 不吉利的话

in a black mood 情绪悲伤

除此之外，西方人在标注盈利的数字时，常用黑色字体来记账，所以英语中有 in the black 的说法，表示"盈利""有结余"。

（二）"红色"与 red

1. "红色"的文化内涵

在中国传统文化中，"红色"一直是被人们崇尚的颜色，通常具有积极的文化内涵，主要表现如下。

（1）象征顺利、成功。例如，"红人"是指受上司喜爱的人；"红包"是指长辈给晚辈的压岁钱，或上司给下属的奖金；"走红"是指人的境遇很好。

（2）代表热情、奔放，象征喜庆、吉祥、幸福。例如，春节里要贴红色的对联、福字、挂红灯笼；大喜的日子里要贴红喜字、燃红烛,屋内的一切布置也都以红色为主。

(3)象征美丽、漂亮。例如,"红妆"女子盛装;"红颜"美丽的女子或女子的美丽容颜。

(4)红色常用以形容人的情绪与面貌特征,如"面色红润"形容人气血旺盛;"满面红光"形容人心情愉悦、精神状态好。

(5)象征革命、进步的力量,如"红军""红色政权""红色革命"等。

此外,"红"在中国文化中偶尔也有贬义含义,可表示羡慕、嫉妒,如"眼红"。

2. red 的文化内涵

在西方文化中,red 的负面含义更加明显,主要表现如下。

(1)用来表示亏损、负债之意。在西方国家,如果账单、损益表中的净收入是负数,人们会用红笔表示出来,以突出显示。因此,red 可以表示负债、亏损。例如:

red figure 赤字

in the red 亏本

red ink 赤字

red balance 赤字差额

(2)用来表示暴力、流血之意。红色如血,因此西方人常将 red 与流血、暴力、危险、激进联系在一起。例如:

a red battle 血战

red revenge 血腥复仇

the red rules of tooth and claw 残杀和暴力统治

red hot political campaign 激烈的政治运动

(3)用来表示放荡、淫秽之意。由于红色鲜艳,极其夺目,因此在西方文化中还有诱惑、邪恶之美等隐喻含义。例如:

a red light district 红灯区(花街柳巷)

paint the town red 花天酒地地玩乐

a red waste of his youth 因放荡而浪费的青春

（4）用来表示愤怒、羞愧之意。人生气或害羞的时候会脸红，因此 red 也常指愤怒、羞愧的感情。例如：

to see red 使人生气

become red-faced 难为情或困窘

waving a red flag 做惹别人生气的事

除此以外，red 在西方文化中有时也作褒义，表示尊贵、荣誉、尊敬。例如，在电影节开幕式或欢迎他国首脑的仪式上，主办方常铺红毯（the red carpet）以迎接来宾。

（三）"白色"与 white

1."白色"的文化内涵

汉语文化中，白色的内涵相当丰富，主要表现如下。

（1）白色代表纯洁、素洁、纯净。例如，《增韵》中记载："白，素也，洁也。"

（2）在中国古代，平民经常穿的就是没有任何修饰的白布衣服。这里，"白衣"就代表没有文化和身份的贫民。正因如此，在中国传统文化中，白是知识浅薄的象征，如"白面书生"指的就是阅历不深的文人。

（3）白色还可以表示失败、愚蠢、无利可得。例如：

"白痴"指智力低下之人

"举白旗"指投降

"白费力"表示出力却没有得到好处或没有效果

（4）在京剧脸谱中，白色表示阴险奸诈。与白色相关的此类说法有"白眼狼""唱白脸"等。

（5）白色代表着肃杀、死亡，是丧事的标志。在中国民俗里，若有亲人死亡，家人往往会身穿白色孝服，头戴白色帽子，设白色灵堂等。

此外，汉语中的白色还有中性意义，意思是"明白""清楚"。例如，"真相大白"表示找到事实真相，并将其公之于众。

2. white 的文化内涵

西方文化中, white 的文化内涵也很丰富。主要表现在以下几个方面。

（1）白色代表幸运、善意、吉利等。例如, a white day 表示吉日。

（2）象征纯洁、光明等, 英语国家在婚礼上会穿白色的婚纱, 以示新娘的纯洁无瑕。英语中 white 还象征爱情的忠贞不移, 如 white rose of innocence/virginity。

（3）英语中的 white 还具有"清白""合法""正直"之意。例如：

white light 公正无私的裁判

white market 合法市场

a white man 忠实正直的人

a white spirit 正直的精神

当然, 白色并不总是用来象征美好的事物, 人们有时也会用它来表示负面影响或消极情绪, 如在战争中, 失败一方会打出白旗（white flag）以示投降；在斗鸡中, 认输的一方会竖起颈上插着的一根长长的有点白色的羽毛, 于是就有 show white feather 的表达。再如：

white night 不眠之夜

white trash 指没有文化、贫穷潦倒的美国白人

(四)"绿色"与 green

1."绿色"的文化内涵

绿色作为植物的生命之色, 自古以来都象征着生机。同时, 绿色在光谱中处于中间位置, 是一种平衡色。在中国, 绿色代表生命、希望、安全、太平和和平。绿色的具体含义阐述如下。

（1）在现在汉语中, 绿色一般指"没有污染", 如绿色能源、绿色旅游、绿色食品、绿色科技、绿色工厂等。绿作为颜色以及绿化

之意,和英文基本上是对等的。

(2)绿色象征和平。最为典型的例子就是世界和平组织有绿色橄榄枝拥着白鸽的图案,是和平的象征。

(3)汉语中的绿色也带有贬义色彩。例如,人们通常说的"戴绿帽子"就出于明代郎瑛的《七修类稿》:"吴人称人妻有淫者为绿头巾。"

2.green 的文化内涵

英语 green 的文化内涵主要体现为以下几点。

(1)绿色是植物的生命色,所以英语中的 green 象征着新鲜、青春、活力。例如:

green corn 嫩玉米

green meat 鲜肉

in the green wood 青春期

(2)green 代表新手、缺乏经验。例如:

as green as grass 幼稚

green hand 新手

green 还可用以指情感"嫉妒",如 green-eyed monster 表示"非常嫉妒"。

(3)代表金钱、钞票等。由于美钞的颜色为绿色,因此美语中的 green 是金钱的代名词。"美钞"被称为 green back,并延伸出 green power 这一表达,意思是"金钱的力量,财团"。

在现代社会,随着人们环保意识的不断增强,green food 也成为西方人常用的词语,与汉语中的"绿色食品"具有相同的时代特色及人文意义。

(五)"蓝色"与 blue

1."蓝色"的文化内涵

在汉语中,蓝色是天空和大海的颜色,一看到蓝色就能给人以清新明快之感,因此常用于就事论事,引申意义较少。例如,《荀子·劝学》中的"青,取之于蓝而青于蓝"。

现代汉语中,蓝色可表示事物基本的框架,意思是"依据"。例如,"蓝本"指原始材料或著作所依据的底本;"蓝图"原本指设计图纸,现可喻指所依据的设计、规划、人们对未来的宏大设想等。

此外,蓝色象征希望、稳定、沉着、勇敢、素净,如传统戏曲中的蓝色脸谱代表坚毅与勇敢。

2. blue 的文化内涵

在英语中,blue 的文化内涵主要表现在以下几个方面。

(1)象征博大、力量、永恒。蓝色常让人联想到天空和大海等博大的事物。例如,人们常将苍天和大海称为 the blue。

(2)象征着荣誉和对美好事业的追求。在西方文化中,blue 被视为当选者或领导者的标志。例如:

blue book 蓝皮书(用于刊载知名人士)

blue ribbon 蓝带(象征荣誉)

(3)蓝色也用于表示反面的含义,如悲哀、空虚、阴冷、抑郁。例如:

in the blue mood /having the blues 情绪低沉;烦闷;沮丧

blue devils 蓝鬼(沮丧、忧郁的代名词)

a blue Monday 倒霉的星期一

blue about the gills 脸色阴郁;垂头丧气

blues 曲调忧伤而缓慢的布鲁斯

在英语中,与 blue 有关的说法还有很多。例如:

a blue-collar worker 体力劳动者

a bolt from the blue 晴天霹雳

blue-pencil 校对;删改

to be blue with cold 冻得发青

till all is blue 彻底地

into the blue 无影无踪；遥远地
blue revolution 性解放
a blue film 黄色电影

（六）"黄色"与 yellow

1."黄色"的文化内涵

"黄色"在中国文化中是一种尊贵的颜色，其内涵十分丰富，主要表现如下。

（1）象征稚嫩。由于刚出生的婴儿头发是细细的黄毛，所以黄色被用来指幼儿，如"黄童白叟"。另外，黄色常用来讥诮未经世事、稚嫩无知的年轻人，如"黄毛丫头""黄口小儿"等。

（2）象征皇权、尊贵。在中国，黄色常常象征着地位的高贵。特别是在中国封建社会中，黄色是皇权的象征，是权利的标志。例如，"黄袍"是天子穿的衣服，"黄榜"是指皇帝发出的公告。再如，在古代建筑中，只有皇宫、皇陵才可以使用黄色琉璃，由此可见黄色之尊贵。

（3）象征色情、淫秽、下流、堕落。在现代汉语文化中，黄色具有色情淫乱的象征意义，如"黄段子""黄色小说""黄色音乐""黄色图片""黄色书刊""黄色电影"等。

（4）象征神灵。"黄"在传统的中国文化中还带有一层神秘色彩，象征神灵。例如，"黄道吉日"是指宜办喜事的吉日；"黄表纸"是祭祀神灵时烧的纸；"黄泉"是指阴间。

2.yellow 的文化内涵

在西方文化中，yellow 作为普遍存在的颜色，其内涵也有褒贬两个层面。相对来说，贬义色彩更为浓厚一些。

（1）表示胆怯、懦弱。在英语中，黄色能带给人们喜悦、兴高采烈的心情，但有时也能使人情绪不稳定，甚至胆怯。因而常与懦弱、卑怯有关。例如：

yellow livered 胆小鬼

yellow dog 懦夫，胆小鬼

yellow streak 性格中的怯懦

（2）表示警告、危险。例如：

yellow line 黄色警戒线

yellow flag 黄色检疫旗

yellow warning 黄色警告

（3）表示疾病，或指秋天的落叶萧条、死亡或枯黄。例如：

yellow leaf 枯叶

yellow blight 枯黄病

yellow fever 黄热病

（4）表示以庸俗的文字、耸人听闻的报道吸引读者的报刊或新闻。例如：

yellow journalism 黄色新闻

yellow press 色情出版

（5）表示不值钱的、廉价的、无用的。例如，yellow covered（法国出版的）黄色纸张印刷或黄色封皮的廉价小说。

（6）表示非法合约名称或机构名称。例如：

yellow-dog contract 美国劳资间签订的劳方不加入工会的合约

Yellow Union 黄色工会，常待命出动破坏罢工

（7）表示种族歧视。例如：

yellow peril 希特勒散布黄种人危害西方文明的东方文化威胁论

yellow badge 纳粹德国要求犹太人佩戴的标志

（8）表示嫉妒。例如，yellow hose。

不过，yellow 在西方文化有时也含有褒义，主要体现在以下方面。

（1）象征财富。例如：

yellow 金币

（2）表示荣誉或竞技。例如：

yellow jersey 环法自行车赛冠军所得奖品

yellow ribbon 士兵团结一致的战斗精神

此外，在美国黄色表示怀念、思慕和期待远方亲人归来的意思。例如：

yellow ribbon 黄丝带

（七）"紫色"与 purple

1."紫色"的文化内涵

在中国文化中，紫色虽然不是基本色，由红色和蓝色合成。但其也具有丰富的文化内涵。

在我国古代，紫色是高贵、祥瑞的象征和标志，封建的帝王将相经常使用。古代皇宫即为"紫禁城"。民间传说有天帝位于"紫微宫"（星座名称），因而以天帝为父的人间帝王以紫为瑞。同时，还将紫气作为祥瑞之气。因而，直到今天紫色仍有祥瑞之意的文化内涵。

2. purple 的文化内涵

在英语文化中，purple 也被视为高贵的颜色，其内涵主要表现在以下几个方面。

（1）用来表示高雅、显贵、优雅、权力与荣耀之意。古代的帝王和有权势的高官等都着紫袍。purple 还可以代指那些具有高官衔甚至是皇族或贵族。例如：

purple passion 暗中被爱着的人

the purple 帝位、王权、高位，指古罗马皇帝或红衣主教所穿的紫袍

marry into the purple 嫁到显贵人家

be born in the purple 出生于王室贵族的，或身居显位

marry into the purple 因结婚而成为王室贵族成员

（2）用来表示华丽、智慧之意。例如：

purple prose 风格华丽的散文

purple passages/patches 文学作品中辞藻华丽的段落；浮词艳句的段落

are destined to live in the public eyes；raised to the purple 升为红衣主教

此外，purple 还可以用于描述情绪。例如，be purple with rage 气得满脸发紫。

第二节　英汉数字文化对比研究

数字最初是用来计数的，但由于文化的不同，数字逐渐被赋予了各种文化内涵，从而形成了丰富的数字文化。本节就对英汉数字文化进行具体对比。

一、英汉数字功能对比

（一）标记和指代功能

数字作为一种被广泛运用的符号，在英汉语言中都具有标记和指代功能。例如，在汉语文化交际中，人们经常使用数字表达"略知一二""说不出个一二三来"等。这里的"一二"和"一二三"都用来指示或替代事情的原由、头绪以及具体情况等。在汉语中，人们有时还用"半吊子""二百五"等来指代办事粗鲁、想法比较简单的人。英语与数字相关的表达也有类似的功能。例如，four hundred 常被用来指代一个地区的名流，play eleven 常被用来指代"踢足球"，five 常被用来指代"篮球队"等。

(二)概括功能

概括功能是英汉数字词都有的一项基本功能。例如,在英语文化中,有 big four 这一表述,是对劳埃德、巴克莱、密德兰以及国民威斯敏斯特这四大银行的概括。在汉语文化中,有"五行"之说,代表着"金、木、水、火、土"这五行。类似的例子还有很多,如"六畜""四害""五讲四美"等。

(三)构词功能

在英汉两种语言中,数字都是在参与构词时非常活跃的成分,并且有着相似的功能。但是,具体而言,汉语中数字的构成功能比英语更加明显。有关一字打头的词语,在一些常用的汉语词典中的词条就相当多,如在《现代汉语词典》中有 263 个,在《汉语词典》中有 645 个,在《中国成语词典》中则有 426 个。

相比之下,在英语中,数字参与构词的能力要弱一些,很多英语数字非常容易就能在汉语中找到对等的数字成语,但汉语中的一些数字成语很难在英语中找到与之对应的英语数字成语。

(四)计数、标量和表示比例的功能

用来计数、标量和表示比例可以说是数字最基本的功能。借助于数字的这些功能,我们能够在数量多少、距离远近、高低、长短等方面进行把握和比较,方便日常生活、工农商甚至科学研究等的发展,同时也使文化得以传承。

二、英汉数字文化内涵对比

(一)"一"与 one

汉语中的数字"一"是所有数字的第一个,人们将"一"视为万数之首。从古到今,中华民族经历了多少分分合合,从一次次的分裂走向一次次的联合,每一次联合不仅仅意味着一种力量的重聚,更意味着人们逐渐增强的团结力和意志力。中华民族在政治上高度统一。在现代社会,"一"的思想在人们的生活中具有重要表现。英语中的 one 也有和汉语中类似的含义。

(1)汉语中的数字"一"和英语中的 one 都表示数字的开始、万物的本源。例如,中国的老子在《道德经》中说道:"一生二,二生三,三生万物。"老子认为,一切事物中都含有"一"的成分和性质。西方毕达哥拉斯学派也试图用数来解释一切,宣称万物的本源是 one,从数产生出点,从点产生出线,从线产生出面,从面产生出体。

(2)汉语中的数字"一"和英语中的 one 都表示"同一""统一""一致"。例如,汉语中有"天人合一""万众一心"等说法;英语中则有 at one(完全一致),one and the same(同一个),as one(一齐、一致)等说法。

(3)汉语中的数字"一"和英语中的 one 都可以表示"少"。汉语中用"一"表示少的说法则有"一针一线""一目十行""一叶知秋"等。英语中举例如下:

One flower makes no garland.

一朵花做不成花环。

One swallow doesn't make a summer.

一只燕子形不成夏天。

除了上述共同点,汉语中的数字"一"和英语中的 one 也有不同之处。在汉语中,"一"可以跟其他词搭配而产生新意,这时它就无法与英语的 one 对应。例如:

一旦 once

从一开始 from the very first

一马当先 to go far ahead the others

一见钟情 to fall in love at the first sight

(二)"二"与 two

1."二"的文化内涵

从哲学渊源上看,我国古代神话中传说盘古开天辟地,将原始混沌一分为二,阳清为天,阴浊为地。在二元哲学观这种思想影响下,中国自古以来就崇尚偶数、以偶为美、以双为吉,并赋予了"二"很多美好的含义。

(1)名字。为追求好运,中国人给孩子起名字时喜欢使用"双"或"对"。例如,中国体操队的兄弟俩叫李大双和李小双,中国射击队的孪生姐妹叫李双红和李对红。

(2)成语。汉语中很多与"二""双""两"有关的成语都与吉利美好联系在一起。例如,两相情愿、两全其美、好事成双、比翼双飞、双喜临门、才貌双全、智勇双全、二龙戏珠、名利双收、双面佳人、德艺双馨。

(3)人们在传统佳节互赠礼物时往往送双份礼来表示对亲朋好友的诚挚祝福,中国的诗歌、春联和修辞都非常看重对仗、对偶、对称,中国建筑的布局讲究对称,这些无不体现出中华民族对偶数的情有独钟(殷莉、韩晓玲,2007)。

需要特别说明的是,"二"也有一定的负面含义。例如,说某人"真二",意思就是"傻""不靠谱"。其他的说法还有"二流子""二愣子"等。

2.two 的文化内涵

英语中的 two 既有积极含义也有消极含义。

首先,在英语文化中,two 代表着人与神的结合。例如:

Two's company, three's none.

两人结伴,三人不欢。

其次,英语中的 die 表示"死亡",而 dice 是 die(骰子)的复数,因此 two 代表着一种不祥的含义。例如,毕达哥斯拉将"2"视为

"不和、无序、变异、邪恶"的代名词;古罗马人将 2 月份定为祭献冥王的月份。

此外,由于两美元的钞票很容易让人联想到纸牌中的"2"或deuce(厄运),美国人常把两美元的钞票撕掉一角,期望以此来摆脱厄运。下面再看几个带有 two 的例子。

Two of a trade never agree.

同行是冤家。

It makes two to tango.

有关双方都有责任。

That makes two of us.

对我来说同样如此。

(三)"三"与 three

1."三"的文化内涵

汉语中的"三"是奇数,也是阳数。在中国文化中,"三"被视为一个吉祥之数。中国古人认为,宇宙是由"三维"构成的,在汉语中,祭祀有"三牲"(牛、羊、猪),礼教中有"三纲"(君为臣纲、父为子纲、夫为妻纲)等。

在日常生活中,人们认为,"三"为满,如过去、现在、未来,开始、进行、结束等。此外,汉语中的"三"还常与"两""二"一起使用,表示少数,如"三三两两""三言两语""三心二意"等。"三"与数字"五""六"连用时,则通常表示多数,如"三番五次""三头六臂"等。汉语中还有很多与三有关的歇后语。例如:

看三国掉泪——替古人担忧

三张纸画个驴头——好大的脸

三间屋里两头住——谁还不知道谁

瞎子三天不洗脸——眼不见为净

吃了三碗红豆饭——满肚子相思

三伏天喝凉茶——正是时候

三九天吃梅子——寒酸

2. three 的文化内涵

在西方文化中,three 这一数字象征着尊贵、吉祥和神圣,备受尊重。毕达哥拉斯认为 three 是一个完美的数字,表达"起始、中间和结果"之意。

(1)在希腊神话中,three 被赋予了诸多神性特征,如世界由三位神灵主宰,命运女神、复仇女神和美惠女神是三神一体的女神,冥王手牵一条三头狗等。

(2)美国很多教堂被命名为"三一教堂"(Trinity Church),英国很多大学的学院被命名为"三一学院"(Trinity College)等。

(3)在西方民间,人们喜欢将事物或其发展过程一分为三,如认为大自然有动物、植物和矿物三方面的物质,世界由大地、海洋、天空组成,人体则有心灵、肉体和精神三重性等。总之,西方人认为,一切好事成于三。例如:

The third time is the charm.

第三次定会有好运。

Number three is always fortunate.

三号运气一定好。

All good things go by threes.

一切好事以三为标准。

The third time is the charm.

第三次准灵。

此外,three 在不同的习语中还可以引申出不同的含义,如既可以表示"少"的含义,也可以表示数量大。下面是一些含有 three 的英语习语:

three score and ten 一辈子

by twos and threes 三三两两

three-ring circus 热闹非凡;乱糟糟的场面

three score and ten 古稀之年

three sheets in the wind 飘飘欲仙

three handkerchief 催人泪下的伤感剧

three sheets in the wind 醉得东倒西歪

It takes three generations to make a gentleman.

十年树木,百年树人。

When three know it,all know it.

三人知,天下晓。

(四)"四"与 four

1."四"的文化内涵

在汉语文化中,"四"的内涵较为复杂,既有褒义,也有贬义,同时有数字本身所含有的中性功能。

(1)代表安定、昌盛。"四"在中国古代是一个整体且完整的概念,因此由"四"及其倍数"八"构成的习语多表示全面、圆满、完美、通达之意,如"四海升平""四平八稳""四停八当""语惊四座""四世同堂"等。此外,人们也经常用"四"来表示广阔之意。例如,"四通八达""四面八方""四海为家""四海之内皆兄弟"等。

(2)概括性数字。例如,地理位置上我国周围有四海环绕,把周围国家称为"四夷",古代宫廷藏书的地方叫"四库",指分库收藏经、史、子、集四部类图书,儒家经典有《大学》《中庸》《论语》《孟子》"四书",文娱活动有琴、棋、书、画"四艺"和笔、墨、纸、砚"文房四宝"。此外,礼、义、廉、耻为"四维",音乐、文章、珍味、言谈为"四美",汉语音调有"四声"(平声、上声、去声、入声)等。民俗文化里,赠送礼物最好四样,图个"四平八稳"。饭菜中有"四喜丸子",中药中有"四君子汤"等。

(3)代表死亡。在现代社会,由于人们非常忌讳与"死"相关的东西,而"四"的发音正好与"死"谐音,因此又受到人们的厌恶,尤其当与"三"连用时,大多表示贬义,如"横三竖四""不三不四"等。此外,车牌号码、电话号码尾数有四的也不受欢迎。

2. four 的文化内涵

在英语文化中,four 主要有以下两个方面的文化内涵。

(1)象征厄运。西方人在结婚的时候都尽量避开周四,他们认为周四结婚不吉利,会带来厄运。

(2)代表不体面、猥亵。例如:

the fourth 第四(卫生间的隐晦说法)

four-lettered words 四字词组(指脏话)

此外,four 还有其他文化含义。例如:

Four Hundred 上层人士、社会精英

the four freedoms 四大自由

the four corners of the earth 天涯海角

(五)"五"与 five

1."五"的文化内涵

数字"五"在中国的文化传统中占有重要地位,具有深远影响。中国古代,以金、木、水、火、土为自然界的五大元素,称为"五行"。"五行"相克相存,即五行之中,金克木,土克水,水克火,火克金;金生水,水生木、木生火,火生土,土生金。数字"五"在一至九中居正中间,"五"为奇数和阳数。五行相克体现了中华民族的一种价值观,这是一种辩证思维的体现。五行学说对我国的哲学具有一定的影响。汉语中与"五"相关的说法有很多。例如:

五味:酸、甜、苦、辣、咸

五官:耳、眉、眼、鼻、口

五脏:心、肝、脾、肺、肾

五毒:蛇、蜈蚣、蝎子、壁虎、蟾蜍

五谷:黍、稷、麦、菽、稻

五德:温、良、恭、俭、让

五色:青、赤、白、黑、黄

五音:宫、商、角(jué)、徵(zhǐ)、羽

五度:分、寸、尺、丈、引

五服:斩衰、齐衰、大功、小功、绍麻

五经:《周易》《尚书》《诗经》《礼记》《春秋》

五刃:刀、剑、矛、戟、矢

五常:仁、义、礼、智、信

五伦:君臣、父子、兄弟、夫妇、朋友

五义:父义、母慈、兄友、弟恭、子孝

此外,数字"五"常与其他数字并用,如"三五成群、五湖四海、三皇五帝、五花八门"等。

总体来看,汉语中数字"五"的意义一般为褒义的,但是也有人因为数字"五"与"无""乌"的发音相似,因此开始讨厌数字"五"。

2. five 的文化内涵

英语中关于数字 five 的习语很少,西方人认为 five 是不吉祥的。英语中 five 的构词能力远不及其他数字那么多。但是,英语中与 five 有关的星期,即 Friday 在英语中却有很多用法和意义。例如:

Man Friday 男忠仆

Friday face 神色不佳之人

Girl Friday 得力助手(尤指女秘书)

Pal Friday 极受信赖的女秘书

(六)"六"与 six

1. "六"的文化内涵

在汉语文化中,"六"是一个极受欢迎的数字,象征着吉祥、平安、顺利等。古人认为,"六"属于阴性,代表大地,是一切事物的最终归宿。与"六"相关的说法几乎都有明显的褒义含义,如"六

"六大顺""六六双全""六合之内""六和同风"等。再如：

六神：日、月、雷、风、山、泽

六行：孝、友、睦、姻、任、恤

六畜：牛、羊、马、鸡、狗、猪

六亲：父、母、兄、弟、妻、子

人们在日常生活中对"六"也很喜爱，这在很多方面都有体现。例如，人们喜欢在农历的初六、十六、二十六等举行婚礼。再如，人们在选择自己的手机号码甚至车牌号时对于尾号以及其中带有数字6的特别青睐。

2. six 的文化内涵

在英语文化中，six 一般被视为不祥之数，人们往往避之不及，与 six 相关的说法大都含有贬义。有关 six 的习语举例如下：

six of the best 一顿毒打

six and two three 不相上下

hit for six 彻底打败，完全击败

six of one and half a dozen of the other 半斤八两

six to one 六对一（表示很有把握），十有八九；相差悬殊

the six-foot way 铁路（两条铁轨之间的距离 six-foot）

（七）"七"与 seven

1."七"的文化内涵

在中国文化中，"七"是一个具有神秘色彩的数字。例如，音谱有"七声"：宫、商、角、徵、羽、变宫、变商；人有"七情"：喜、怒、忧、思、悲、恐、惊；光有七谱：赤、橙、黄、绿、青、蓝、紫。在《周易》中，"七"是天道循环往复运行的周期数，有"反复其道，七日来复，利有攸往"①的说法。"七"还常和时间、祸福等大事相关。例如，

---

① 南怀瑾.周易今注今译[M].天津：天津古籍出版社,1987：160.

《黄帝内经》记载女子发育七年为一个周期,七七四十九年就会经血衰竭[①];民间丧葬祭祀活动七天为一个忌日,去世七天为头七,二十一天为三七,三十五天为五七,七七四十九天为止。[②]

尽管如此,在汉语文化中,数字"七"通常表示消极的意义。人们在选择良辰吉日时往往尽量避开带有"七"的日子;吃饭时,人们桌上的菜一般也不会是七盘。这主要与中国人崇尚偶数,圆圆满满存在很大关系。

此外,在汉语中,"七"常常与"八"连用,用来表达"杂乱;多而无序",如"七嘴八舌""七零八落""乌七八糟"等。

2. seven 的文化内涵

在西方,人们十分崇尚数字 7。他们认为,seven 这一数字是神圣的,充满魔力的。根据《圣经》记载,上帝用六天的时间来创造天地日月、人类动物、世间万物,第七天休息,因此一周为七天。古时候,西方人将日、月、金星、木星、水星、火星、土星七个天体与神相联系,对西方文化产生了重大影响。

此外,由于英语中的 seven 与单词 heaven 在拼写与读音上非常接近,因此西方人赋予 seven 积极的内涵,认为其象征着快乐与幸福。因此,英语中与 seven 相关的表达多含有褒义。例如:

The Seven Sacraments 七大圣礼

The Seven Virtues 七大美德

The Seven Gifts of the Spirit 圣灵的七份礼物

The Seven Corporal Works of Mercy 七大肉体善事

The Seven Spiritual Works of Mercy 七大精神善事

---

① 安美华.英汉数字习语对比[D].延吉:延边大学,2008:15.
② 宋阿敏.数字"7"的英汉文化内涵对比[J].现代语文(语言研究版),2014(12):139.

（八）"八"与 eight

1."八"的文化内涵

在汉语文化中，"八"因与"发（财）"谐音而备受青睐。民间有云："要得发，不离八"，因此不管是门牌号、房间号、手机号还是日期等，只要其中含有"八"都会被人们看作是大吉大利的。此外，八字还常用于给事物命名。例如，食品名称有"八宝粥""八珍"；方位名词有"八方"；家具名有"八仙桌"；占卜中有"八卦"的说法；阵形有"八卦阵"；军队名有"八旗"等。

2. eight 的文化内涵

在英语文化中，人们对数字 eight 有一种流行的解释，认为"8"像两个戒指上下靠在一起，竖立代表幸福，横倒是无穷大的符号，两者意义融合为"幸福绵绵无穷尽"之意。因此，带有 eight 的日期往往被视为极佳日期，如人们喜欢在 8 月 8 日安排各种喜庆的活动。

但是，在弹子迷中"8"则是个不吉利的数字，因为此游戏中的 8 号黑球通常是一个危险的球。与此相关的说法有 behind the eight ball（表示处于困境或不利地位）等。

（九）"九"与 nine

1."九"的文化内涵

在汉语文化中，"九"的内涵比较复杂，既象征高尚、吉利，又表示警告、极限等。[①]

"九"在基数中是最大数，因此被视为"天数""极数"。由于"九"和"久"（寓意长长久久）谐音，因此又被视为一个吉祥数字。

---

① 谢上连.英汉习语中数字"9"的文化内涵比较[J].湖南科技学院学报，2011(7)：154.

例如,古代封建帝王常借用"九"来预示统治的万世不变、地久天长,因此建造皇家建筑时往往离不开"九"。最典型的要数故宫的建筑,房间九千九百九十九间,三个大殿内设九龙宝座,宫门有九重,宫殿和大小城门上金黄色的门钉都是横九排,竖九排,共计九九八十一个。

在民间,"九"也备受欢迎,如农历九月九日为"重阳节",人们在送礼花时往往借数字"九"期盼友情或爱情天长地久。其他与"九"相关的说法有"一言九鼎""九霄云外""数九寒天""九五之尊""九死一生""三教九流""九州四海"等。

由于"九"是极数,因此被引申出人的生命极限,形成了"明九"与"暗九"文化。以人的年龄为例,所谓"明九"是带有"九"的年龄,如 9 岁、39 岁、49 岁等。在民间,年龄逢"九"时,人们往往会大宴宾客并穿戴红色以"破九",为的是避免发生疾病、灾祸等。

2. nine 的文化内涵

在英语文化中,毕达哥拉斯认为,"3"代表三位一体,3 个"3"则可构成一个完美的复数,因此 nine 被视为吉祥之述,有"愉快、完美、长久"等含义。例如:

be dressed up to the nines 打扮得很华丽

on cloud nine 得意扬扬;心情非常舒畅

right as nine pence 完好无瑕

crackup(flatter/honor/praise)to the nine 十全十美

a stitch in time saves nine 一针及时省九针;及时处理事半功倍

(十)"十"与 ten

1."十"的文化内涵

在汉语中,数字"十"象征着圆满、完整、吉祥,因此颇受中国人的喜爱。汉语中有很多与"十"有关的表达都是这层含义,如

"十分""十足""十全十美""十拿九稳""十行俱下""十年树木"等。

可以说,数字"十"是中国人民性格的一个重要组成部分。例如,北京有"十里长街",南京有"十里秦淮",上海有"十里洋场",花有"十大名花"等。

2. ten 的文化内涵

毕达哥拉斯学派认为,10 是前四个自然数相加所得的数字(1+2+3+4=10),是全体和完美的象征,同时是前 9 个数字朝 1 的回复(1+0=1)。在英语中,有一些含有 ten 的表达具有特别的含义。例如:

ten to one 十之八九

the upper ten 社会精英

第十章　跨文化交际视阈下的英汉饮食、节日文化对比研究

　　饮食在很大程度上反映着国家和地区的文化,饮食文化可以说是一个国家或一个地区文化的浓缩。中西方之间由于饮食观念、饮食结构等的差异,形成了各具特色的饮食文化。节日是一种带有周期性、群众性、相对稳定性的活动方式,是一个国家文化长期积淀的产物。随着时代的发展,中西方各自形成了精彩纷呈的节日文化。本章就对跨文化交际视阈下的英汉饮食与节日文化进行对比研究。

第一节　英汉饮食文化对比研究

一、英汉饮食观念对比

1. 中国的饮食观念

　　对大多数中国人来说,"民以食为天,食以味为先"的观念深入人心,中国人多持一种美性饮食观念。换句话说,中国人更注重饮食的感性和艺术性,追求饮食的口感,而不太注意其营养。由于受阴阳五行学说的影响,中国的美食讲究将各种食材与各种味道互相补充,互相渗透,最终达到你中有我,我中有你的"意境",即"五味调和百味香"。除味道外,中国人还使用"色、香、味、

形、器"来把这种"意境"具体化。客观来说,对味道的过分强调却不注意营养,不免有一定的片面性。

2.西方的饮食观念

西方饮食观念中比较注重对营养的追求,因此在西方人们选择食品时首先考虑的是营养价值的高低。西方人认为饮食的主要目的并不在于美味与享乐,而在于生命健康的维系,西方的饮食观念偏重于理性与科学。这从人们食品的选择上就可以看出,西方人对食物的色、香、味、形等的要求不是很苛刻,但是食物的营养价值必须要高。他们非常看重食物的营养成分。例如,蛋白质、脂肪、碳水化合物、维生素等的搭配是否均衡,这些营养成分能否被彻底吸收以及是否有副作用,卡路里的摄取量是否合适等。如果加热烹调会造成营养损失,那他们宁愿选择吃半生不熟的食物以保证最大限度地摄取营养。西方人们也有很多食物直接甚至干脆生吃,这也是为了保证营养成分的不流失。可见,西方人宁可忍受千篇一律的口味也一定要保证营养。

西方人的饮食观念除了营养之外,还有一点就是效率,即"快"。这也是西方的"肯德基""麦当劳""必胜客"等快餐之所以盛行的重要原因之一。当然,现在也有很多西方人认为这种快餐不营养,将其称为"垃圾食品"。总之,"快"符合西方人们快节奏的生活方式和习惯,但是与其追求营养的观念背道而驰,这也使得西方人必须在"快"与营养之间做出自己的选择。

二、英汉饮食对象对比

(一)中国的饮食对象

中国自古以来就是农业大国,饮食对象多与农业生产有关,具体来说包括以下几类。

1.主食类

中国的传统主食是五谷,即稻、黍、稷、麦、菽。除此以外,马铃薯、山药、芋头等薯类作物也可以充当主食。值得一提的是,南北方在主食上也是有区别的,南方以米饭为主食,而北方常以面条和馒头为主食。

2.肉食类

肉食主要来源于与农业生产有密切关系的六畜,即马、牛、羊、狗、猪、鸡。据《孟子·梁惠王上》记载,"鸡豚狗彘之畜,无失其时,七十者可以食肉矣"。可见,中国古代人是很少吃肉的。

3.辅食类

从传统意义上说,中国人的辅食是蔬菜,外加少量肉食。佛教视动物为"生灵",视植物为"无灵",中国受佛教影响较大,因而以素菜为主。据有关资料统计,中国人吃的菜蔬有 600 多种,是西方人的若干倍。荤菜是随着人们生活水平的提高才慢慢走上百姓餐桌的。

(二)西方的饮食对象

在西方历史上,人们多以渔猎、养殖为主,以采集、种植为辅,受游牧民族、航海民族的文化传统的影响,西方的饮食对象以荤食较多,甚至连西药也是从动物身上摄取提炼而成的。西方人在介绍自己国家的饮食特点时,常常对自己国家发达的食品工业和快餐食品引以为豪。虽然这些罐头、快餐千篇一律,但节省时间且营养良好。

由于中西方在饮食对象上存在巨大差异,因此有人把西方人称为动物性格,而把中国人称为植物性格。反映在文化行为方面,西方人喜欢冒险、开拓、冲突,美国人在开发西部时把整个家产往车上一抛便开始征程。相反,中国人安土重迁,固本守己,即使年轻时游走四方,年老时也要拄着拐杖回乡寻根。这种叶落归根的观念在很大程度上受中国饮食文化的影响。

三、英汉烹饪方式对比

(一)中国的烹饪方式

烹调方式对菜肴的味道和视觉效果都有着非常重要且直接的影响。中国菜肴文化中的烹调方式不仅技术高超,而且品种丰富、多样,主要体现在以下几个方面。

(1)由于中国文明开化相对比较早,烹调技术较为发达,对食材非常讲究,如食材的冷与热、生与熟以及同种食材的不同产地都讲究颇多。此外,在烹制的过程中,对火候、时间等要素也都有严格的把控。

(2)中国各地的菜肴就地取材,因地制宜,根据风味的不同可分为京菜、川菜、鲁菜、粤菜、湘菜、徽菜、苏菜、闽菜八大菜系。厨师常常根据季节的变化,变换调料的种类或数量,烹制出口味有别的菜肴。

(3)同一种食材可以通过不同的加工方式制作出变化无穷的菜肴。据史书记载,南北朝时期梁武帝萧衍的厨师可以把一个瓜变出十种式样,将一个菜做出几十种味道,烹调技术的高超令人惊叹。山西面食以白面为基本原料,却能变幻出刀削面、包皮面、猫耳朵、拉面、剔尖、剥面、切面、饸饹、揪片等几十种花样,充分体现出中国人丰富的想象力。

(4)中国对食材的加工方法也已经非常成熟。中国的刀功包括切片、切丝、切丁、切柳、切碎、去皮、去骨、去壳、刮鳞、削、雕等各种技法。中国的烹调方法更是不胜枚举,如炒、熏、煎、爆、煮、炸、蒸等。

(二)西方的烹饪方式

由于西方人注重的是食物的营养价值,对于食物的烹调也多以保持营养为第一准则。西餐的烹调方式比较单一,主要为烤、炸和煎。西餐中不同的食物大多都可以使用这些烹调方法进行烹制。西方人在食物的烹制过程中讲究营养的均衡,因此各种食材常常混合在一起进行制作,如将面食与肉类、蔬菜,甚至水果混在一起。由此可见,西方的烹制方法虽然最大限度地保持了食材的营养成分,但是菜品的美观度有时并不那么高,同时缺少了一定的艺术氛围。值得一提的是,西方不少国家的中小学校都有营养师,这些营养师会对学生的膳食进行评估和调理,以保证青少年的营养充足、平衡,中国对于这一问题的重视程度远远不及西方国家。

四、英汉就餐方式对比

(一)中国的就餐方式

在中国,饮食占据着十分重要的地位,甚至在一定程度上超越了其他一切物质形态和精神形态。

中国人对吃的方式十分看重。通过不同的餐桌礼仪可以体现出不同的心理和文化意义。可以说,中国的就餐方式是对社会心理的一种调节。中国自古便是义明之邦、礼仪之邦,在《礼记·礼运》中记载:"夫礼之初,始诸饮食"。中国的饮食文化中无不渗透着"礼"的精神,在就餐方式中体现得尤为明显。

中国人吃饭常采用圆桌与合餐制。圆桌可以从形式上创造一种团结、礼貌、共趣的气氛。美味佳肴放在一桌人的中心,它既是一桌人欣赏、品尝的对象,又是一桌人感情交流的媒介物。人们相互敬酒、相互让菜、劝菜,在美好的事物面前,既体现了人们之间相互尊重、礼让的美德,又符合中华民族"大团圆"的普遍心态。

此外,座席的安排、斟酒的次序、敬酒的规矩都有着严格的规定,这是中国长幼尊卑、上下先后的等级观念的反映,发挥着别亲疏、别尊卑的伦理功能。

圆桌的就餐方式是合餐的重要影响因素,但这种就餐方式的形成主要还是源于中国人的内在心理。中国人崇尚集体主义,追求集体利益,这种民族心理在很大程度上决定了中国人的就餐形式。

需要指出的是,中国的宴会或多或少缺少对女性的尊重,很多地方至今还保留着"女性不上席"的风俗。即使有女性一起出席的情况,在座位的安排上,女性的位置也不太明显。这种现象的出现和我国以男为尊的思想观念不无关系。随着时代的发展与社会的进步,女性在社会中的地位越来越重要,因此这种就餐方式应该得到相应的改变。

中国人做事含蓄,在饭局上同样如此。在宴会上,一般只有主人宣布开始时,大家才开始动筷子。当有新菜上桌时,宴会主人一般首先照顾主宾和年长者,从而显示出自己的尊敬。在整个宴会过程中,主人都会力劝与会各位多吃菜、多喝酒,告诉大家不要客气,或者说一些客气话。就餐结束后,主人一般不让客人收拾碗筷。

中国人讲求面子和排场,因此在就餐时会准备很多菜肴。菜肴越丰富越表现出对客人的尊重。中国有句俗语,"持家要俭,待客要丰"就十分生动地体现了这个就餐方式。

从总体上看,不论是就餐形式、菜品设置,在中国人的宴会上都体现了"合"。这种"合"的精神是中国的优秀传统之一,是华夏民族五千年来的优秀品质。

(二)西方的就餐方式

西方人就餐时多采用方桌和分餐制。分餐制是指每人都有一份餐具和一份摆放在自己面前的属于自己的食物。此外,西方还流行自助餐,即将所有食物一一陈列出来,大家各取所需,不必固定在位子上吃,走动自由,也就是自助餐。这种就餐方式比较卫生,和我国的合餐形式有很大的区别。

概括来说,西方人就餐的核心在于交谊,在于通过与邻座客人之间的交谈,达到一定的交际目的,而食物只是一种方式。这种聚餐方式既体现了对个性、对自我的尊重,又便于大家进行情感交流。此外,这种分餐的形式体现了西方社会以人为本的特点,突出了对个体的尊重。在西方的历史上,人民多以游牧和航海为生。这种生活习惯培养了西方人民独立、自由、勇敢追求的民族精神。同时,由于常年需要出门放牧或出海,使得西方人对家庭或集体的意识较为浅薄。即使是在集体活动当中,个人对自己的自由也有一定的要求。在长期的历史演变过程中,西方人逐渐形成了具有自己民族色彩的独立精神。

西方人在用餐时十分注重自己的礼节。他们一般都会选择就餐环境优雅的地方,同时认为在进餐时要注意自己的言行,如喝汤或咀嚼食物时不能发出声音,干杯时也不必制造很大的响声等。

西方人在吃饭时一般使用的是方形桌,在布置餐桌上也有一定的讲究,通常可以点蜡烛、摆鲜花。与中国"女性不上席"的陋习不同,西方人尊崇女性优先的原则,这个特点在宴会座位上体现得十分明显。男女共同出席宴会时,男性要主动为女性开门、请其先行。当女宾到来时,男主人一般要为其拉椅子,请其入座。在上菜时,也恪守女性先吃的原则。总之,在西方的宴会上,时时都能感受到对女性的尊重。

在菜肴的设置上,不同于中国人喜欢准备丰盛的菜品,西方人倾向于简单设置。通常宴会上只准备六道菜,其中只有两道大菜。美国的 party 中,主人只是简单准备一些零食,如薯条、奶酪、饼干、三明治等,并不刻意准备菜品。一般的宴请中,都是参加的人员各带一个菜,大家共享。

五、英汉餐具对比

(一)中国的饮食餐具

中国的餐具以筷子为主,有时也会使用汤匙,饮食工具还包括一些杯、盘、碗、碟。筷子的使用在我国有很久的历史渊源。先秦时期,人们吃饭一般不用筷子,多以手抓的形式来拿取食物。后来由于人们开始将食物进行烤制,这样便不宜用手直接抓食,需要借助于树枝一类的工具的帮助。久而久之,人们便逐渐学会使用竹条来夹取食物,这也是筷子最早的雏形。古代的筷子称作"箸"。根据相关研究表明,到了汉代之后人们才普遍使用筷子。

中国人性格温和,主张以"和"为贵,因此在使用筷子时不会出现不雅动作。法国著名的文学思想家、批评家罗兰·巴尔特(Roland Barthes)认为,筷子在夹取食物时不像刀叉那样切、扎、戳,因而食物不再是人们暴力之下的猎物,而成为被和谐传送的物质。中国人的筷子可谓以不变应万变,有人认为筷子的使用可以锻炼儿童的手脑协调能力,中国人的灵巧与智慧从一定程度上来说也与其从小使用筷子具有密切联系。这一说法是有科学依据的,科学家们曾从生理学的观点对筷子进行了一项研究并取得成果,认为用筷子进食时,要牵动人体三十多个关节和五十多条肌肉,可以有效地刺激大脑神经系统的活动,进而使人动作灵活、思维敏捷。

(二)西方的饮食餐具

西方人多以金属刀叉为餐具,盛放事物的器皿种类繁多,包括各种杯、盘、盅、碟。西方人用餐比较讲究,他们取食不同食物使用不同的工具。餐具的摆放也很有讲究,他们在用餐时一般左手拿刀,右手拿叉,且餐具的摆放按照刀叉的顺序从外向内依次取用。

西方人使用刀叉切食牛肉的行为曾一度被认为是一种文明程度不高的象征,但是现代社会,西方的经济发展迅速,人们的生活水平提高,其文明发达程度一目了然,显然刀叉作为餐具的习惯已不会更改。这种习惯的保留一方面与刀叉的实用性有关系,另一方面则与西方人的饮食习惯具有历史渊源。西方民族多为游牧民族,人们常年放牧,由于常年需要在外,因此身上带一把刀是必需的,其既可以当作一种工具,又可以在吃饭的时候作为一种餐具,户外饮食多以烤肉为主,将肉烤熟后,割下来直接食用。随着人们生活方式的改变,人们渐渐定居下来,刀叉也逐渐走进了人们的厨房,成为一种日常餐饮工具。西方的刀叉具有多重身份,既可以作为切割肉类的工具,又可以作为餐具使用。

六、英汉菜品命名对比

(一)中国的菜肴名称

中式菜品的命名方式十分丰富,有的写实,有的浪漫,有的蕴含历史韵味,有的充满民俗情趣。有的菜名已远远跨越名字的范畴,成为一个令人赏心悦目的艺术品。具体来说,中国菜肴的命名方式包括如下几种。

1.写实法

菜肴的命名首先应该让食客们了解菜肴的原料与制作方法,因此写实法是菜肴命名的基本方法。

例如,五香兔肉、煎咸鱼、烤乳猪、炸春卷、涮羊肉、蒸螃蟹、脆皮锅酥肉、盐烙信封鸡等都采用了写实的命名方法。

2.写意法

写意法将菜肴原料的色香味的特点、烹调方式的特点、造型特点融合在一起,并迎合食客心理,取一个吉祥如意、悦耳动听的名字。

写意法菜名难以体现原料与烹调方法,如蚂蚁上树、满园春色、玉饭禅师、游龙戏凤、全家福、龙凤会等。

3.写实加写意法

这类菜名既能体现原料与烹调方法(写实),又能展示菜品在色香味形方面的特点(写意),如红烧狮子头、五柳石斑鱼、生蒸鸳鸯鸡、凤爪炖甲鱼、芙蓉鸡片、翡翠虾仁、木须肉、烧二冬、三鲜汤等。

4.典故法

有些菜肴是由某个人首创或与某个历史人物有密切联系,于是便以这个人的名字来为菜肴命名,如东坡肉、叫化鸡、宫保鸡丁、夫妻肺片、炒罗汉斋等。有的菜肴名称与其生产地有关,如北京烤鸭、西湖醋鱼、成都辣子鸡、东江酿豆腐等。还有些菜肴与某个历史故事或传说有关,如大救驾、佛跳墙等。

(二)西方的菜肴名称

受理性思维和线性思维的影响,西方人对菜品的命名也采取直截了当的方式,力图使人们看到菜名,就能了解到食物的原料或烹饪方式。其通常包括以下两种方式。

(1)原料加烹调方式,如香辣鸡翅、炸薯条、海鲜汤、鸡腿堡、烤牛排、水果沙拉等。

(2)地名加原料,如墨西哥鸡肉卷、意大利面条、意大利比萨饼等。

这样的菜名命名方法符合西方人理性的饮食观念,通过菜名便基本能够知道菜是由什么食材制成,因此比较简洁、清晰。这种命名方式符合了西方人的"口味",适应了西方社会快节奏的工作和生活方式,省去了不必要的思考时间,简化了用餐的过程。

七、英汉其他饮食文化对比

(一)英汉茶文化对比

无论在西方国家还是中国,茶都是一种非常常见的饮料,人们常常在饮茶的过程中相互交流感受、交换思想,从而实现有效的交际。由于社会历史条件的差异,中西方国家形成了各自独特的茶文化,下面进行具体分析。

1.中国的茶文化

《神农本草》出现于战国时期,是世界上最古老的药书,"茶"字就最早出现在这本书中。公元 758 年,唐代陆羽完成了《茶经》。这本书对茶叶的栽培、制作、挑拣、品饮以及评选经验等都进行了详细论述,是世界上最早的茶叶专著,陆羽也由此被后人尊称为"茶圣"。根据《茶经》的记载,我国早在 4 700 多年前就已发现茶树并开始利用茶叶。

根据最新的发现及论证,中国西南地区的云南、贵州、四川等地是茶树的原产地。后来,随着人口的迁徙以及地质上的差异,茶树慢慢普及全国并开始进行人工种植。

中国人常说,"开门七件事,柴米油盐酱醋茶。"茶排在最后并不是因为茶不重要,而恰恰是说明只有在满足前六个基本要求后,人们才有能力和心情去品茶。所以,茶既野又文,既俗又雅,不仅能解渴疗疾还能悦目赏心,已与中国人的生活紧密相连,上至帝王将相,文人墨客,下至平民百姓,挑夫贩夫,无不以茶为好。

中国人饮茶并非为了解渴,而是具有更深层次的精神内涵。魏晋时期的玄学家提出,茶不仅可以解渴、药疗,还可为交流增添气氛。后来,茶文化在发展过程中受到儒、道、佛三教的浸染,形成了独特的中国茶道精神。具体来说,茶文化吸纳了儒家"中庸和谐"的观点,体现了"修身齐家治国平天下"的思想。因此,饮茶不仅可以磨炼人的意志,还能协调人际关系,从而实现互敬、互爱、互助的大同理想。茶文化还与道家"天人合一"的思想相融合,通过饮茶来使人心静、不乱、不烦,有乐趣,有节制,即通过饮茶来助长内力,达到养生贵生的目的。佛学则通过茶道来向人讲道、使人顿悟,把饮茶从一种技艺提高到精神的高度,禅宗便是佛学与茶道有机结合的产物。

可见,儒家以茶养廉,道家以茶求静,佛学以茶助禅,中国的茶文化反映了人与自然的高度统一以及中国人对真、善、美的追求。

2. 西方的茶文化

茶原产于中国,后经丝绸之路传入西方。目前可查的关于茶的最早记录是日塞缪尔日记,其中写道"我喝了一杯以前从未喝过的茶",而这一天是 1660 年 9 月 25 日。[①] 因此,可以推测茶就是那个时候被运往西方国家的。英语中的茶叶是 tea,这一发音源于中国香港。换句话说,中国香港当时把茶叫作/tiː/,因此在传入西方时也沿用了这一发音,后来演变成了用英语来拼写的 tea。这也证明中国是茶的故乡。

1750 年,英国人托马斯·肯特撰写了《茶经》,对种茶、采茶、制茶、泡茶等进行了介绍,这大概是西方最早的一本品茶学专著。在此之前,咖啡店主托马斯·加雅在自己店里举办了英国历史上第一次茶叶大展卖,并大获成功。由于他们的大力推进以及人们的积极参与,茶在英国逐渐流行起来。

英国人爱喝茶是众所周知的。饮茶已成为英国皇室和重大社会事件的重要内容。具体来说,饮茶已成为英国女王生活中的必不可少的一件事情;在处理民生、国家利益等重要事务时,饮茶还是不可或缺的一项重要仪式。此外,饮茶还是英国人在工作之余的一种重要的休闲方式,不仅有早茶、午茶和晚茶之分,还配有

---

① 曾庆佳.中西方茶文化比较浅析[J].吉林省教育学院学报,2008(8):74.

各种小茶点。可见,饮茶已完全融入了英国人的日常饮食,成为与"一日三餐"一样重要的部分。

美国虽是咖啡王国,却有一半人喝茶。此外,美国的茶叶销售额也十分惊人,每年可超过 10 亿美元。值得一提的是,美国人不像中国人那样喜欢饮热茶,他们更喜欢喝凉茶甚至冰茶。从饮茶方式来看,他们更多的是饮用罐装的,加入奶、糖、咖啡等其他材料的冷饮茶而不是即时加工的茶水。

法国的咖啡馆举世闻名,但饮茶在法国也成为一种时尚。法国人不仅进口茶叶,还积极学习东方的茶道文化。目前,巴黎就有许多东方文化色彩的茶座。

德国人也非常喜欢饮茶,且形成了独特的"冲茶"习惯,即在茶壶上放一个漏斗,漏斗上放一个细密的金属筛子,将茶叶放在筛子上面,然后用沸水不断冲洗茶叶,茶水便流到茶壶内。用这种方法冲出的茶水颜色非常淡。此外,德国人还饮用"花茶",即将各种花瓣与苹果、山楂等果干混合在一起。不难看出,他们的花茶没有一片茶叶,是"有花无茶"。

可以看出,西方国家虽然从中国引进了茶叶,但它们并没有机械地传承中国茶文化的内涵,而是将中国的茶文化与各自的民族文化相结合,从而使饮茶方式不断得以发展。

(二)英汉酒文化对比

1.英汉酿酒原料对比

一个地区农产品的种类、数量与质量在很大程度上受到水质、气候、土壤等自然条件等制约。中西方由于地理条件的不同,其酿酒原料也有很大不同。

(1)中国的酿酒原料。中华文化发源于黄河流域,这里气候温和,土壤肥沃,小麦、高粱等粮食作物长势良好,早在一万多年前就成为世界上最早的三个农业中心之一。在这种情况下,人们就把多余的粮食用来酿酒,形成了具有中国特色的酒文化。概括来说,中国的酿酒原料主要包括高粱、小麦、粟、稻谷等,白酒、黄酒是中国酒的典型代表。

(2)西方的酿酒原料。作为西方文明摇篮的古希腊处于地中海东北端,这里三面环海,土壤贫瘠,冬季温暖多雨,夏季炎热干燥,尽管不适合农作物的生长,却对具有超强耐旱能力的葡萄的生长非常有利。另外,由于土地贫瘠,葡萄树的根往往很深,这也使结出的果实质量很高。于是,西方人就开始大量使用葡萄酿酒,并使葡萄酒成为西方酒文化的代名词。葡萄酒、香槟、白兰地等品种都以葡萄为原料。

2.英汉饮酒文化对比

酒是一种物质文明,饮酒却是一种精神文明,也是一国文化的重要组成部分。中西方国家由于文化观念上的差异,形成了迥然不同的饮酒文化。

(1)中国的饮酒文化。中国素有"礼仪之邦"的美称,而这种礼仪通过饮酒方式得以充分体现,具体来说表现在以下几个方面。

首先,饮酒要讲究长幼尊卑。中国人在饮酒时更加注重气氛及饮酒者的情绪,因此倒酒应"以满为敬",喝酒应"以干为敬"。敬酒有固定的顺序,即先由主人敬酒,然后才可由其他人敬酒。在选择敬酒对象时,应从最尊贵的客人开始。此外,下级对上级、晚辈对长辈要主动敬酒,碰杯时下级或晚辈的酒杯要低于上级或长辈的,不仅要说敬酒词而且还要先干为敬。为表示诚意,也为让客人尽兴,主人还常常进行一些活动以带动气氛,如划拳、行酒令等。

其次,饮酒要有酒德。孔子在《论语·乡党》中指出:"唯酒无量,不及乱。"每个人的酒量不尽相同,因此对饮酒的数量没有硬性规定,但应以酒后能保持神志清晰为底线。

(2)西方的饮酒文化。西方人在饮酒时比较注重运用身体器官去享受酒的美味,因此他们往往会根据味觉规律变化来安排饮酒的次序,如先品较淡的酒后品浓郁的酒。如果是参加聚会或者宴会,则一般遵循开胃酒、主菜佐酒、甜点酒、餐后酒的顺序。西方人在喝酒时气氛相对缓和,既不高声叫喊也不猜拳行令,斟酒时提倡倒杯子的三分之二,而敬酒则通常在主菜吃完、甜菜未上之间进行。此外,敬酒时应将酒杯举至眼睛的高度,同时要注视对方以表示尊重。被敬酒的那一方不需要喝完,敬酒方也不会劝酒。值得一提的是,西方人非常注重酒具的选择。具体来说,他们出于对酒的尊重,常常选择一些利用饮酒者充分享受美酒的酒具,如让酒体充分舒展开来的滗酒器、让香气汇聚杯口的郁金香形高脚杯等。

第二节 英汉节日文化对比研究

一、英汉节日根源对比

从根源来分析,英汉节日文化具有不同的价值取向。

(一)中国社会:以礼治为价值取向

"礼"是华夏主文化特征的核心文化,它是从社会成员的内在行为规则中引出来的范畴。这种礼治思想以集体本位主义为中心,注重个体的义务,提倡集体利益高于个人利益,个体为了集体利益要做出一定的牺牲。受这种思想影响,中国节日更加注重节庆活动中的集体参与与娱乐。

(二)西方社会:以法治为价值取向

"法"是反映西方主文化特征的核心文化。"法"是从社会成员外在行为规则中引出来的范畴。这种法治思想以个体本位主义为基础,提倡人文主义,也就是以个人利益为中心,自己为自己负责,自己的事情自己做,不希望别人介入,也不习惯关心他人。
受法治思想影响,西方节日更加注重个人的情感释放与宣泄。

二、英汉过节方式对比

(一)中国节日:注重饮食

中国节日和饮食有着密切的关系,几乎每一个节日都能和饮食联系在一起。例如,春节期间,人们要吃饺子和年糕;元宵节要吃汤圆,端午节要吃粽子;中秋节要吃月饼;腊八节要喝腊八粥等。在节日的影响下,中国形成了独具特色的文化饮食习惯。这些饮食习惯具体表现出以下两个方面的特点。

1.饮食名称内涵丰富

中国传统节日饮食具有丰富的寓意和内涵。通过饮食,人们想要传达出一种祝福和祈愿,表达人对自然和天地万物的感激之情。

例如,冬至的时候,中国人有吃馄饨的习惯。因为,冬至正值阴阳交替、阳气发生之时,寓意着祖先开混沌创天地,通过吃馄饨能够表达出对祖先的缅怀与感激之情。

2.全家共享

中国节日在庆祝时是以饮食为中心进行的,大多以家庭为单位进行庆祝。中国自古便有"每逢佳节倍思亲"的说法,认为到了节日的时候要回家团圆。

中国的春节、元宵节、中秋节都表达了合家团圆的美好愿景。在这些节日中,人们吃的食物也都是圆形的,如汤圆、元宵、月饼等。同时在节日中,一般是以家族的形式进行集体的娱乐性活动,体现了中国以家为中心的群体组织特点。

(二)西方节日：注重交往

西方节日更加注重人们之间的交往。虽然在节日庆祝过程中，也会有一定的饮食特点，如在圣诞节的时候要吃火鸡，在感恩节的时候要吃南瓜馅饼等，但是从整体上说，西方的节日饮食种类较少，食物名称也没有太多的文化内涵。

西方节日庆祝多注重交往与娱乐。例如，在复活节的时候，人们会玩滚彩蛋的游戏，在感恩节的时候有南瓜赛跑和玉米游戏，圣诞节的时候会进行圣诞游行，在教堂里听圣诞弥撒。

三、英汉重要节日对比

(一)春节与圣诞节

春节和圣诞节分别是中西方文化中两个最重大的传统节日，都代表了家族团圆，同时体现了欢乐祥和的氛围，具体介绍如下。

1.春节

在汉语文化中，春节是最富有特色的传统节日，也是一个古老的节日。人们普遍认为，春节始于虞舜时期。从时间上看，春节一般是指一年的第一天，即农历的正月初一，所以春节俗称"过年"。但是，由于春节是一年之中最重要的一个节日，很多民俗活动从腊月二十三就开始了，并一直延续到正月十五，有的地方甚至会延续到正月二十。

在千百年的历史发展过程中，各地形成了许多相对固定的春节风俗，主要包括以下几个方面。

第一，扫尘。从腊月二十三的祭灶"过小年"开始，家家户户开始打扫房屋庭院，并谓之曰"扫尘"。这一习俗寄托着人们破旧立新的愿望和辞旧迎新的祈求。

第二，贴"福"字。"福"字寓指福气、福运，寄托着人们对幸福生活的向往和对美好未来的祝愿。除春联外,人们还会在门上或墙壁上贴个"福"字,且常将"福"字倒过来贴,以此来表达"福气已到"的美好愿望。

第三,贴春联。春联又称"门对""对联""对子"等,是一种工整、对偶、简洁、精巧的文字形式。在民间,每逢春节,家家户户都要精选一副大红春联贴在门上。

第四,吃团圆饭。中国人非常讲究团聚,因此春节时全家人要聚齐进餐。济济一堂的时刻,即使是在外的游子都会争取在大年夜之前赶回家与家人团聚,这已成为中华民族长期以来不变的传统习惯。团圆饭在南方与北方有很大不同。具体来说,北方人常吃"更年饺子",而南方人吃年糕。但是总体来看,不论在北方还是南方,鱼都因暗含年年有"余"(鱼)之意而成为必不可少的一道菜。

第五,燃爆竹。爆竹至今已有 2 000 多年的历史,中国民间素有"开门爆竹"一说。爆竹一方面反映了人们渴求安泰的美好愿望,另一方面也可以营造出喜庆热闹的气氛,是春节期间的一种娱乐活动。

第六,祭祖。过春节时,中国人不仅要与在世亲人团聚,还注重与祖先的团聚。所以,人们常在除夕时到坟地烧纸、烧香,寓意请祖先回家过年。

第七,拜年。从大年初一开始,人们便开始走亲访友,互相恭祝来年大吉大利,这就是"拜年"。根据传统,晚辈给长辈拜年后,长辈可将事先准备好的压岁钱分给晚辈,以保佑晚辈平安度一岁。

2. 圣诞节

对于西方人来说,圣诞节是一年当中最重要的节日。从上一年的 12 月 24 日一直到新一年的 1 月 6 日都属于圣诞节的范围。西方人的吉祥色是红、白、绿,人们喜欢用这三种颜色来装点圣诞节。他们会在圣诞节的前一夜选一棵绿色的常青树,然后将五颜六色的礼物和彩灯挂满树枝，并将这棵树称为"圣诞树"。装点完圣诞树后，人们就会点燃红色的蜡烛，围坐在树下，静静地等待圣诞老人的降临。对于西方人来说，圣诞节也是一个家人团聚的日子，一家人会在这一天围坐在圣诞树下，共进晚餐，一起唱圣诞歌，为新的一年祈福。

（二）重阳节与感恩节

1. 重阳节

重阳节是中国重要的传统节日，相传是为了纪念东汉时期恒景用茱萸叶和菊花酒驱除瘟魔的故事。重阳节是农历的九月初九，双九在中国的传统观念中暗含着生命长久、健康长寿的意思，故重阳节也被称为"老人节"，而重阳节也成了一个尊老、爱老、敬老、助老的节日。人们通过临水玩乐、登高赏景的方式庆祝节日，在尽享自然之美的同时，表达自己对老人的尊敬和对大自然的感恩。

2. 感恩节

美国的感恩节是每年 11 月的第四个星期四。1863 年，为了鼓励人们将祖先的精神传承下来，林肯特将感恩节正式定为国定假日，于是便有了今天的感恩节。如今人们庆祝感恩节的方式多种多样，如戏剧表演、化装游行、体育比赛等。人们会在感恩节这一天到教堂做感恩祈祷，感谢丰收，为来年祈福。人们在这一天欢聚一堂，远在外地的人也会赶回家乡，和亲朋好友们一起围坐在南瓜、蔬菜、火鸡旁边，畅聊心事。有的家庭也会做一些小游戏娱乐，如南瓜赛跑、玉米游戏等。在感恩节这一天，整个美国都沉浸在格外热闹的节日氛围中。

(三)七夕节与情人节

1. 七夕节

相传牛郎是一个聪明忠厚的小伙子,父母早逝,常受到哥嫂的虐待。牛郎只有一头老牛相伴。这只老牛本是天上的灰牛大仙,因触犯了天庭中的规定被贬到凡间。有一天,老牛给牛郎出了计谋,要娶织女为妻。有一天,美丽的仙女们从天上下凡间沐浴。这时牛郎偷偷地跑出来拿走了织女的衣裳,仙女们急忙上岸穿好衣裳飞走了,唯独剩下织女。牛郎织女因此结缘,后来结为夫妻。牛郎织女男耕女织,相亲相爱,并育有一儿一女。后来,老牛在即将死去时,叮嘱牛郎要把它的皮留下来,到急难时披上以求帮助,夫妻俩忍痛剥下牛皮。

好景不长,织女和牛郎成亲的事被天庭的玉帝和王母娘娘知道后,他们勃然大怒,因为神仙与凡人的结合是不被允许的。因此,王母娘娘亲自下凡间抓回织女。牛郎回家不见织女,伤心欲绝,急忙披上牛皮,担上一对儿女去追。在快要追上时,王母娘娘拔下头上的金簪一挥,就出现了一道银河,牛郎再也过不去了。从此,牛郎织女只能隔河相望,对目而泣。喜鹊被他们忠贞不渝的爱情所感动,每逢七月初七,人间千万只喜鹊就要飞上天去,搭成鹊桥,让牛郎织女搭鹊桥相会。玉皇大帝和王母娘娘对此也很无奈,就准许他们每年七月初七在鹊桥相会。七夕节便由此产生了。

根据中国民俗,七夕节这一天,如果坐在葡萄架下,就可以听到牛郎与织女在窃窃私语。

2. 情人节

公元 3 世纪时,因古罗马的战事一直连绵不断,暴君克劳多斯征召了大批青年前往战场。人们对此怨声载道,他们不愿离开家庭,年轻的小伙子们也不忍心与情人分开。克劳多斯大发雷霆,传令人们不许举行婚礼,甚至连已订了婚的也要立刻解除婚约。一位神庙的修士叫瓦伦丁,他对暴君的虐行感到十分悲愤,也为年轻的恋人们感到难过。当一对情侣来到神庙请求他的帮助时,瓦伦丁在神圣的祭坛前为他们悄悄地举行了婚礼。很多人闻讯也陆续来到这座神庙,在瓦伦丁的帮助下结成伴侣。最后消息传进了宫殿,克劳多斯非常愤怒,他命令士兵们将瓦伦丁抓走,投入地牢。瓦伦丁在监狱中与典狱长的女儿产生了感情,但后来瓦伦丁被处以死刑,这一天是 2 月 14 日。行刑前,他曾给典狱长的女儿写了一封信,表明了自己光明磊落的心迹和对她的一片情怀。后来,人们便将每年的 2 月 14 日定为情人节。这个节日既是恋人表达爱意的最佳时刻,也是向心爱的人求婚的最浪漫的时刻。情人节时,恋人间会互送表达情愫的礼物。

(四)其他节日

1. 中国端午节

端午节又称"午日节、浴兰节、女儿节、天中节"等,"五"与"午"通,"五"又为阳数,故端午又名"端五、重五、端阳、中天"等。

关于端午节的渊源,说法有很多,流传比较广泛的说法是为了纪念屈原而流传下来的。最初,这一节日是古代的夏族人祭奠传说中的祖先——龙而兴起的。到战国后,著名爱国诗人屈原以死殉国,人们为了纪念他,就在这一天举行一些活动。根据《史记》"屈原贾生列传"中的记载,在春秋时期,作为楚怀王的大臣之一,屈原倡导举贤授能,富国强兵,力主联齐抗秦,然而他的提议遭到了当时贵族大臣的强烈反对,不久就遭人陷害而免去官职,并被赶出了都城,被流放到了沅、湘一带。在被流放的地方,屈原写下了《天问》《离骚》《九歌》等忧国忧民的不朽诗篇。不久,秦军于公元前 278 年攻破楚国京都,屈原听到这一消息心如刀割,眼看祖国被侵略但自己却回天乏术。五月五日,屈原在写下了绝笔作《怀沙》之后,抱石投汨罗江以死殉国,用自己的生命谱写了一曲壮丽的爱国主义乐章。

屈原死后,楚国的百姓十分哀痛,他们纷纷走到汨罗江边去凭吊屈原。所有的渔夫都自发的在江上打捞屈原的尸体。有的渔夫将为屈原准备的食物都通通扔到了江里,认为水里的动物吃饱了就不会去咬屈大夫的尸体了。这一行为演变到今天,就成为吃粽子和赛龙舟的习俗了。在汨罗江附近居住的人,除了春节之外,最重要的传统节日就是端午节。当地流传着这样一句话,"情愿虚做一年田,不愿虚划一年船",意思是田没种好没关系,龙舟赛一定要比好。

2.中国清明节

清明节又称"扫坟节、冥节",与七月十五的"中元节"以及十月十五的"下元节"合称为"三冥节"。清明节是中国民间的一个重大节日,因为它是由"清明"节气、寒食节、上巳节三者融合而成的,通常人们通过两种方式来进行节日活动,即祭奠和嬉游。清明是中国二十四节气之一,"春分后十五日,斗指丁,为清明,时万物皆洁齐而清明,盖时当气清景明,万物皆显",因此得名。

关于清明节,民间流传着一个传说。在2 000多年以前的春秋时代,晋国公子重耳逃亡在外,颠沛流离,几度因缺乏食物而差点饿死。介子推是他的随从,为了让自己的主人得以生存下去,他不惜从自己的腿上割下一块肉来给重耳充饥。后来,得以存活的重耳最终回到了自己的国家并成为一国之君,也就是历史上春秋五霸之一的晋文公。而跟随他流亡的所有随从都得到了丰厚的赏赐,只有介子推拒绝接受赏赐,带着他的母亲归隐山林,死活不肯出山。晋文公无奈之下,命人放火烧山,因为介子推孝顺母亲,为了母亲他一定会从山里出来。然而不幸的是这场大火却把介子推母子烧死了。为了纪念介子推,晋文公下令每年的这一天禁止生火,所有人只能吃生冷食物,这就是寒食节的由来。第二年,晋文公亲自率领大臣登山祭奠介子推,看到一棵老柳树死而复生,于是赐老柳树为"清明柳",并晓谕天下,把寒食节的后一天定为清明节。

清明节扫墓体现了后辈的孝道。在这一天,每家每户的孝子孝孙们都要到自家的祖坟去祭祀,为祖坟加土、除草,进行修整。在当前的清明节假期,人们去扫墓一般都在当天进行,即便不是在当日,也不会超过前七天或者后八天的范围,有民谚说"前七后八,阴司放假",意思是太早或者太晚去扫墓都没有意义了。可以说,扫墓这一活动体现了中国人慎终追远、敦亲睦族及行孝的优良品德。

3. 西方愚人节

愚人节(April Fool's Day)又称"万愚节",这一节日最初起源于法国。1654年,法国当时的国王是查理九世,他决定废除过去以4月1日为新年开端的旧历法而采用格力高历法,即以1月1日作为每年的开端。然而,在格力高历法施行的过程中,各地区有很多顽固保守分子拒绝使用新历法,仍然沿袭旧历法。在4月1日这一天,顽固分子依然互赠礼物并组织庆祝新年的活动。他们这些倒行逆施的行为大大激怒了拥护新法的人。为了嘲弄这些顽固分子,他们在这一天给顽固派赠送假礼物,邀请他们参加假的庆祝活动,并将这些受到愚弄的人称为"四月傻瓜"(April Fool)和"上钩之鱼"。随后,这两派人在这一天开始彼此愚弄,假以时日就成为一种节日风俗。

到18世纪,该节日流传到了英美等国家。在英格兰地区人们只能在上午对人恶作剧,被捉弄的人叫作 noodle(傻瓜,笨蛋)。而在苏格兰地区,人民的恶作剧可以持续48小时,被捉弄的人叫作 April Gawk(呆子)。苏格兰地区愚人节之后的第二天称为 Taily Day。现在的愚人节与以往那种离谱的愚弄不同,而是以轻松快乐为目的。

第十一章　跨文化交际视阈下的英汉动物、植物文化对比研究

动物、植物是人们生活中最常见到的事物,与人类的生活息息相关。大部分动物、植物既存在于中国,也存在于西方国家,且都被赋予了丰富的文化意义。但由于地理位置、自然环境、历史背景、审美心理等方面的差别,这些文化意义既有共性,又有差异。本章就对跨文化交际视阈下的英汉动物、植物文化进行对比研究。

第一节　英汉动物文化对比研究

一、pig(猪)

(一)英语文化中的 pig

英语中的 pig 经常作为一个骂人的词语出现,如 you greedy pig,you pig 等用来形容人肮脏(dirty)、贪婪(greedy)、行为恶劣(inconsiderate or ill-mannered person)。总体而言,英语文化中 pig 的象征意义没有汉语中丰富,其作为骂人的词语基本同汉语相似。与 pig 有关的含有贬义的表达有以下几种。

pig it 住在肮脏的环境中

make a pig of oneself 吃得太多

pigs might fly 异想天开，无稽之谈

teach a pig to play on a flute 教猪吹笛——做不可能实现的事

This place is a pigsty.

这地方又脏又乱，跟猪圈一样。

You mean you've eaten all three pieces of cake? You greedy pig!

你是说你把三块蛋糕全吃完了？你真是头贪吃的猪！

此外，pig 在英语中还可作为一个中性词来使用。例如：

bring one's pigs to the wrong market 卖得吃亏

buy a pig in a poke 未见实物就买了

make a pig's ear out of sth. 弄得一团糟

pig in the middle 两头为难，左右不是

(二)汉语文化中的猪

汉语文化中"猪"的形象与喻义十分丰富。首先，由于猪的居住环境以及其贪吃贪睡的特点，猪常常以"懒""馋""笨"的形象出现在人们面前，汉语中常有"懒得像猪""猪朋狗友""笨得像猪"之类的说法。其次，猪还有憨厚、可爱的形象，市面上有很多"金猪"形象的存钱罐。

二、dog(狗)

(一)英语文化中的 dog

在西方，狗作为宠物已经有相当长的历史了。英美人喜欢狗，视为爱畜、宠物。狗在西方人日常生活中扮演着重要的角色。因此，在西方社会中，狗被看成人类最亲密的朋友。人们如不善待他的狗，就认为是不把他看作朋友，如谚语"Love me, love my dog."(爱屋及乌)。再如：

a lucky dog 幸运的人

a top dog 位居要职的

a sea dog 有经验的水手

an old dog 经验丰富的人

Every dog has his day.

凡人皆有得意日。

If the old dog barks, he gives counsel.

老狗叫，是忠告。

需要指出的是，西方人所喜欢的狗的某些品质，中国人也喜欢，如狗的忠实、可靠、勇敢、聪明等。而英语中也有一些对狗表达贬义的词语，例如：

You dog!

你这狗东西！

That dog! Son of a bitch!

那个狗东西！狗娘养的！

(二)汉语文化中的狗

在中国，人们一般把狗看作卑贱、令人厌恶的动物，与狗相联系的词语总是用于贬义。这是因为在漫长的中国农耕社会中，普通百姓终日要为了生存而奔忙劳累，很难有精神层面的追求。人们即使养狗，主要目的也是为了防盗，而非单纯的喜爱。可见，狗在中国传统文化中多为负面形象，有关狗的词语也大多含有贬义，如"走狗""狗腿子""狗头军师""狗眼看人低""落水狗""鸡鸣狗盗""狗仗人势""狗皮膏药"等。

如今，随着我国经济状况的好转与人民生活水平的提高，人们在物质上得到满足以后，就开始有了精神需求，养狗的人数大大增加，给狗看病的医院也十分常见，狗也逐渐成为很多城市人生活中不可缺少的一部分。而汉语中有关狗的词语也发生了微妙的变化。例如，人们用"狗狗"代替"狗"，传达了一种喜爱之情。

三、monkey(猴)

(一)英语文化中的 monkey

在英语文化中,猴子因其自身的活泼伶俐的天性而被看作一种聪明且喜欢恶作剧的动物。通常,人们用猴子来比喻贪玩或喜欢恶作剧的小孩。例如:

monkey with 瞎摆弄,鼓捣

monkey business 胡闹

monkey around 闲荡,胡闹

put sb.'s monkey up 使人生气,激怒某人

make a monkey of someone 耍弄、愚弄某人

(二)汉语文化中的猴子

在汉语文化中,猴与侯谐音,在许多图画中,猴的形象表示封侯的意思。例如,一只猴子骑在马背上,就被认为是"马上封侯"的意思。也恰恰因为如此,人们视猴子为一种吉祥的动物。此外,一提及猴子,中国人就通常会想到《西游记》里的齐天大圣孙悟空。美猴王孙悟空作为中国当之无愧的神话和英雄代表,体现了一种国人的勇气。在《西游记》中,人们喜爱这只会七十二变的猴子,更欣赏它那种"苦练七十二变,笑对八十一难"的拼搏精神。此外,在中国武术中还有一种猴拳,因模仿猴子的各种动作而得名。总之,在汉语文化中,猴子是一种非常受喜爱的动物。

四、dragon(龙)

(一)英语文化中的 dragon

在英语文化中,人们认为 dragon 极富破坏性,是一种口吐火

焰、祸害人民的怪物。西方 dragon 的形象与蜥蜴的形状很像，dragon 是从蜥蜴的外形基础上想象发展而来的，只是在蜥蜴的身上加了一对翅膀。因此，英语中 dragon 一词多为贬义色彩。在英语中，表示一个人外表凶狠可以说"He is very mean, just like a dragon."《圣经》中的恶魔撒旦就被称为 the great dragon。同时，dragon 还用来描述"凶狠泼辣的女人"。例如：

The woman in charge of the accounts department is an absolute dragon!

会计科那个女科长是个十足的母夜叉。

(二)汉语文化中的龙

在汉语文化中，"龙"是汉民族的文化图腾，人们将"龙"奉为圣物，以"龙"为自己的祖先。"龙"其实是一种在现实中不存在的动物，龙是我国古代传说中的神异动物，身体很长，身上有鳞，且有角，能行云布雨。在封建时期，龙是帝王的象征，与皇帝有关的事物有很多都与龙有关。例如，龙子龙孙、龙袍、龙椅等。

当今社会，海外人士仍以"龙的传人"而感到骄傲和自豪，龙已经成了汉民族的象征。"龙"在汉语中象征着"地位、权势、才华、吉祥"等。例如，很多家长都"望子成龙"。望子成龙是家长对自己孩子的一种期望，希望孩子以后能够有出息，有才华。

五、lion(狮子)

(一)英语文化中的 lion

在英语文化中，lion 外貌威严、躯体庞大，是 courage, dignity, royalty 等的象征，lion 在英美民族中享有很高的声誉，他们认为 lion 是"百兽之王"。lion 往往被赋予一些"强壮、勇敢、凶猛"等积极亢奋的文化语义。关于 lion 的表述也有很多。例如：

literary lion 文学名人

the British lion 大英帝国

the lion's share 最好的部分

as regal as a lion 如狮子般庄严

Every soldier fought like a lion in the battle.

在战场上每位士兵都像狮子一样勇猛地战斗。

(二)汉语文化中的狮子

同英语国家相比，与狮子相关的文化联想相对比较少。可以说，"狮子"是"舶来品"，它为我国增添了一种动物新品种，并融入我国人们的文化生活中。汉语中将"狮子"视为一种祥瑞动物，并认为"狮子"不仅可用来抵御一切妖魔鬼怪的侵害，还能来满足人们祈求平安吉祥的心理要求。对"狮子"的崇拜体现出一种尊贵不可超越、威严不可侵犯、勇于进取的国民精神。具体体现在以下几个方面。

其一，在汉语文化中，"狮子"备受崇拜，并且狮子还同佛教文化存在着密切关系。在佛教经典《大智度论》中，有"佛为人中狮子"的说法，并将佛祖的座席称作"狮子座"，将佛祖讲经称作"狮子吼"。

其二，在汉语文化中，"狮子"还象征"驱邪镇凶"。"狮子"多为神话中的动物，而非现实中的动物。在建筑中，狮子是"护法神兽"，能为民间"驱邪镇凶"。同时，石狮子还象征着中华民族的想象力和创造力。

其三，狮子还象征着伟大祖国和中华民族的觉醒。有人将中华民族称为"东方睡狮"，再到"东方醒狮""中华雄狮"，可见关于狮子的文化意象由移植到归化再到创新，也无形中彰显了我国的综合国力在逐渐提升。

可见，狮子的文化内涵、文化意韵已渗入了中华民族的血脉，成为我们传统文化中无法剥离的一分子。

六、hare,rabbit(兔子)

(一)英语文化中的 hare,rabbit

在西方文化中,hare 和 rabbit 通常带有贬义,指那些不可靠的、耍弄花招的人。例如,英语俚语中,hare 指坐车不买票的人,口语中的 rabbit 则多指拙劣的运动员(尤指网球运动员)。兔子在西方文化中的这种负面形象在其他一些词语中也有所体现。例如:

odd rabbit 真该死

make hare of somebody 愚弄某人

hare-brained 轻率的、愚蠢的、鲁莽的

mad as a march hare 十分疯狂的、野性大发的

rabbit on about sb. /sth. 信口开河;喋喋不休地抱怨

(二)汉语文化中的兔子

兔子在中国文化中的形象较为复杂。它既有温顺、可爱、敏捷的一面,如"玉兔""兔辉""动如脱兔"等;又有狡猾、缺乏耐性的一面,如"狡兔死,走狗烹""狡兔三窟""兔子不吃窝边草""兔子尾巴长不了"等。此外,汉语中还有一些骂人的词语也带有"兔"字,如"兔崽子""兔孙子"等。

七、bat(蝙蝠)

(一)英语文化中的 bat

在英语文化中,bat 常是邪恶的象征。这大概是因为它外观古怪丑陋,居住在阴暗的角落的缘故。此外,还有吸人血的 vampire bat,因此很令人恐惧。有关它的比喻说法也都是令人不快

的，如 as blind as a bat，as crazy as a bat，the bat and the weasels
等。

(二)汉语文化中的蝙蝠

在汉语文化中，由于"蝠"与"福"同音，因此在汉文化中蝙蝠
常被认为是幸福的象征。蝙蝠作为一个吉祥物，经常出现在民间
的许多图案上。红蝙蝠的"红蝠"与"洪福"同音，因此更是象征着
大吉大利。我国古代有名的大贪官和珅就在他府宅的建筑中用
到了许多蝙蝠的图案，寓意"有福，吉祥"。此外，蝙蝠也常与梅花
鹿、寿桃、喜鹊画在一起，即"福禄寿喜"，寓意生活美满。

八、sheep(羊)

(一)英语文化中的 sheep

西方文化在很大程度上受《圣经》影响，其主要起源于阿拉伯
中东地区，阿拉伯人主要的生存方式之一便是游牧。因此，羊成
了阿拉伯民族生活中的主要内容，英语中很多的短语和成语中也
都有羊。例如：

follow like sheep 盲从

like sheep 无独创性，无独立性

a black sheep 害群之马

a lost sheep 迷途的羔羊

sheep without a shepherd 群龙无首

as well be hanged for a sheep as a lamb 一不做，二不休

a wolf in sheep's clothing 披着羊皮的狼

cast or make sheep's eyes at 向……送秋波

separate the sheep from the goats 区别好人与坏人

like a sheep to the slaughter 似乎未意识到将入险境

（二）汉语文化中的羊

一般来说，羊在汉语中通常代表的是一个柔弱温顺的形象。同时，羊在汉文化中也有吉祥的含义。在古代汉语中"羊"同"祥"，因此很多古器物铭文"吉祥"多写作"吉羊"。至于"披着羊皮的狼"和"替罪羊"并不是汉语的本来词语，是译入语。相对于英语来讲，汉语中以羊而组成的成语就相对较少，其构词能力远不及英语中的羊。

九、turtle（乌龟）

（一）英语文化中的 turtle

在英语文化中，turtle 并没有特殊的含义。在西方人眼中，乌龟只是爬行缓慢的动物。著名小说家斯坦培克（John Ernest Steinbeck）在其小说《愤怒的葡萄》（*Grapes of Wrath*）中有这样一段描写：

"And over the grass at the roadside a land turtle crawled, turning aside for nothing, dragging his high-domed shell over the grass. His hard legs and yellow-nailed feet threshed slowly through the grass, not really walking, but boosting and dragging his shell along."

通过这段话可以看出，乌龟爬行得很慢，且慢是乌龟的特质，作者将这一特质淋漓尽致地表现出来。

（二）汉语文化中的乌龟

在汉语文化中，乌龟代表着长寿、吉祥，但是也有耻辱的含义。就中国传统文化来说，乌龟代表长寿之意，用于比喻人。例如，"南方有老人，用龟支床足，行二十余岁，老人死，移床，龟尚生不死。"这就记述了乌龟长寿的故事。同时，由于乌龟能够负重，且长寿,能够预知灾难,有神灵的含义,因此古代也有"龟经""龟旗""龟龙""龟镜"之说。

但是,自从元代开始,乌龟就有了谩骂人的意义。据明朝《五杂俎·人部四》记载:"今人以妻之外淫者,曰其夫为乌龟。"这就将乌龟与邪恶、低级、污秽、下流等联系在一起,也有了汉语中的"龟孙子""龟儿子"的说法,表示母亲外遇而诞生的杂种。同时,也用"缩头乌龟"贬斥那些胆小的人。

十、owl(猫头鹰)

(一)英语文化中的 owl

在英语文化中,owl 主要有以下几种寓意。

(1)象征聪慧、一丝不苟。owl 在西方文化中多带有褒义,象征着聪明智慧和严肃认真。这大概是因为猫头鹰经常瞪着一双圆圆的眼睛,一动不动地站在树枝上,好像在十分严肃地思考问题。英语中很多与 owl 有关的表达都体现了这一点。例如:

as wise as an owl 像猫头鹰一样智慧

grave as an owl 板起脸孔

take the owl 发火儿,生气

(2)象征呆傻笨。虽然很多西方人认为猫头鹰看起来很有学究风范,但也有不少人认为猫头鹰的目光呆滞,看起来有点呆头呆脑,甚至有些蠢笨。因此,英语中又有这样的表达:

owl-eyed 喝醉了的

as blind/stupid as an owl 笨透了

as drunk as a boiled owl 烂醉如泥

Don't be such a silly owl.

别做那样的傻事。

(3)喻指夜晚的一些行为、事件等。这与猫头鹰夜晚活动的生活习性有很大的关系。例如:

night owl 熬夜的人

an owl train 夜行列车

an owl show 通宵电影

fly with the owl 夜间活动,夜游

(二)汉语文化中的猫头鹰

在中国文化中,猫头鹰多以负面形象出现。它由于面目丑陋、夜行昼伏的特性而不为人们所喜爱。再加上它那凄厉的叫声,更让人们感到毛骨悚然、不寒而栗。因此,猫头鹰经常与不祥和死亡联系在一起。

第二节　英汉植物文化对比研究

一、oak(橡树)

(一)英语文化中的 oak

橡树是欧洲与北美常见的树木。作为一种普通的硬木树种,橡木是造船和建材所用的重要原材料。与其他树木相比,高大的橡树更容易受到雷电袭击。因此,在古代,橡树又被欧洲人看作"雷之神"。由于橡树的高强度、高硬度和该树的长寿,橡树对于英国人来讲有着特别的含义。英国诗人戴维斯(W. H. Davies)有一首关于橡树的诗。该诗如下:

The Old Oak Tree

I sit beneath your leaves,old oak,

You mighty one of all the trees;

Within whose hollow trunk a man

Could stable his big horse with ease.

作为一种古老的树种,高大的橡树在英语中常常被比作力量,象征勇敢者、坚强者。例如,a heart of oak(坚韧不拔者)。在古代希腊神话中,众神之主的宙斯(Zeus)的胸盔即为他的盾,他的鸟就是鹰,他的树即是橡树。而他所在的圣地便是橡树之地。在古罗马,用橡树叶编织的花用来献给胜利归来的将军。由于橡树是一种受到西方人士崇敬的树木,在现代美国就有六个州选用了橡树作为其州树。

(二)汉语文化中的橡树

在汉语文化中,橡树常常用以形容坚强不屈的性格,如当代女诗人舒婷在其《致橡树》一诗中这样描写橡树:"……根,紧握在地下,叶,相触在云里。……你有你的铜枝铁干,像刀,像剑,也像戟……"

二、willow(柳树)

(一)英语文化中的 willow

英语文化中柳枝的细长与绵软同样与女性的优雅与苗条联系起来。例如,*Cambridge International Dictionary of English* 这样解释"approving(esp. of a woman)graceful and thin"。同时该辞典还给了一例子:"Clothes always look good on her because she's so tall and willowy"。*Longman Dictionary of Contemporary English* 中也有类似的例子"She was pale and willowy,with violet eyes"。

值得注意的是,在古代,人们常把垂柳与悲伤、失恋、死亡联系起来。在为所爱的人悲哀时可用这样的句子来表达"wear the green willow",用英语解释就是 grieve for the loss of loved one。

在莎士比亚 *Othello* 剧中,Desdemona 说道:

my mother had a maid call'd Barbara;

She was in love, and he she loved proved mad

And did forsake her; she had a song of "willow",

An old thing 'twas, but it expressed her fortune,

And she died singing it.

And then comes the song:

The poor soul sat sighing by a sycamore tree,

Sing all a green willow;

Her hand on her bosom, her head on her knee,

Sing willow, willow, willow;

The fresh streams ran by her, and murmur'd her moans;

Sing willow, willow, willow;

Her salt tears fell from her, and soften'd the stones;

Sing willow, willow, willow.

但是,这种用柳条表示悲伤的用法在现代英语中已经不常见。对于普通的英语民族的民众来讲这已经是一种不为人所熟悉的语言表达方式。

(二)汉语文化中的柳树

柳树是春天最早开花发芽的树木,春天是生命开始的象征,因此汉语文化中的"柳"象征"宁静、惬意和旺盛的生命力"。例如,汉语中有"桃红柳绿""春风杨柳万千条"等说法。

汉语"柳"与"留"谐音,再加上柳条纤细柔软,情意绵绵,柳也被赋予挽留、离别、思念的含义。《诗经》中有"昔我往矣,杨柳依依,今我来思,细雨霏霏。"刘禹锡《柳枝词》"清江一曲柳千条,二十年前旧板桥。曾与美人桥上别,恨无消息到今朝。"王之涣《送别》"杨柳东风树,青青夹御河。近来攀折苦,应为离别多。"这些诗句以柳为基调,充满了依依惜别之情。

柳枝风姿绰约,撩人心怀,因而在汉语文化中"柳姿"还用来形容女子姿色。例如,"柳腰""柳眉倒竖,杏眼圆睁",白居易《长恨歌》"芙蓉如面柳如眉,对此如何不泪垂"。越剧《红楼梦》中贾宝玉与林黛玉初次相见时贾宝玉唱道:"天上掉下个林妹妹,行动好似风扶柳。"

在汉语文化中,柳还可喻指"风尘女子"。这是因为每年春天柳絮漫天飘飞,柳枝随风摇摆,容易使人产生一种过于轻浮、妖娆之感。例如,汉语中的"寻花问柳"指男子寻访风尘女子、嫖娼作乐之事;"花柳之巷子"指妓院等色情场所。曹雪芹《红楼梦》第九回中"这贾蔷外相既美,内性又聪明,虽然应名来上学,亦不过虚掩眼目而已。仍是斗鸡走狗,赏花阅柳。"

由上述可知,柳树在汉英两种语言中虽然都有"忧伤"的联想意义,但是在汉语中的忧伤是由离愁引起的,英语中所指的"忧伤"则是由死亡所造成的,因此英汉语言中柳树的文化内涵实际上是不相同的。

三、laurel(桂树)

(一)英语文化中的 laurel

在古代希腊,月桂是奉献给阿波罗神的,而月桂花环则授予诗人。这源于希腊神话中有关女神 Daphne 的故事。相传女神 Daphne 是河神 Peneus 的女儿。她是一位献身于狩猎女神 Artemis 的猎手。像这位女神一样,她拒绝出嫁。而 Apollo 神却爱上了 Daphne。当她拒绝他的追逐时,她便逃入了树林。当 Apollo 神再向她求爱时,Daphne 便向她的父亲祈求帮助,而她最后被变成了一棵月桂树。由于受到 Daphne 变化所带来的悲伤,Apollo 神把月桂树变成了他自己的神圣之树。故女神 Daphne 是为守身以避免 Apollo 神的追逐而凭借其父之手变成月桂树的女神。自此月桂树便有了荣誉的象征。英国诗人拜伦(Lord Byron)有这样一首诗写道:

Oh，talk not to me of a name great in story；

The days of our youth are the days of our glory；

And the myrtle and ivy of sweet two-and-twenty

Are worth all your laurels，though ever so plenty.

所以，英语中现在用 laurel 构成的短语多与荣誉有关。例如：

look to one's laurels（努力保持荣誉/爱惜荣誉）

rest on one's laurels（满足既得荣誉）

win/gain/reap one's laurels（赢得荣誉，取得胜利）

在英美国家，人们就把那些取得杰出成就、声名卓著的诗人称为"桂冠诗人"（poet laureate）。这也与女神 Daphne 的神话故事有关。

（二）汉语文化中的桂树

汉语文化中的桂树象征吉祥、美好、荣誉、骄傲。中国封建社会的举人若考中了状元，则被称为"蟾宫折桂，独占鳌头"。历代文人也常用"折桂"一词来喻指科举及第。例如：

春日将欲东归寄新及第苗绅先辈

唐·温庭筠

几年辛苦与君同，得丧悲欢尽是空。

犹喜故人先折桂，自怜羁客尚飘蓬。

三春月照千山道，十日花开一夜风。

知有杏园无路入，马前惆怅满枝红。

现代汉语同样会用"折桂"来喻指在考试、比赛中夺得第一名。

四、peony（牡丹）

（一）英语文化中的 peony

peony（牡丹）一词源于神医皮恩（Paeon，the god of healing），

确切来说,peony 是以皮恩的名字命名的。这源于皮恩曾经用牡丹的根治好了天神宙斯(Zeus)之子海克力斯(Hercules)。因此,在西方文化中,牡丹被看作具有魔力的花。

(二)汉语文化中的牡丹

在中国,牡丹象征着富贵、华丽、高雅。这些象征意义从我国的传统工艺美术作品中可以窥见。在我国的传统工艺美术作品中,牡丹与海棠一起具有"门庭光耀"的含义,牡丹与芙蓉一起具有"荣华富贵"的含义,牡丹与长春花一起则具有"富贵长春"的含义,而牡丹与水仙在一起则具有"神仙富贵"的含义。

五、peach(桃花)

(一)英语文化中的 peach

在英语中,桃子有以下三重含义。

其一,皮肤白里透红、迷人的妙龄少女们。

其二,出色、优秀的事物。

其三,特别出众、令人钦佩的人。

这些含义有时还常常被使用。例如:

You are a peach.

你是个令人钦佩的人。

She really was a peach.

她过去的确是个年轻漂亮的美人。

The restaurant was a peach.

这家餐馆因经营有方而闻名遐迩。

(二)汉语文化中的桃子

在汉语文化中,桃子也有着不同的喻义。具体体现在以下几个方面。

其一,用桃树或者桃花来比喻漂亮女子。例如,"桃腮杏眼"可将其英译为 peach-like cheeks and almond-shaped eye—the beauty of a woman。

其二,桃花源用来比喻一种理想化的境界。这主要是在《桃花源记》中陶渊明提出了一个理想社会,和英国人莫尔的"乌托邦"世界非常类似。因而,在我国有关世外桃源的表述 the land of peach blossom—a fictitious land of peach,away from the turmoil of the world。

其三,因桃子"硕果累累"的特性,桃子还用来象征教师培养学生的业绩。比喻教师所教的学生。因而,有诸如"桃李满天下"这种说法。

其四,桃符是古代挂在大门上的两块门神画或题有门神名字的桃木板,人们认为有利于压邪。在王安石的诗中就有体现。

千门万户曈曈日,总把新桃换旧符。

To every home the sun imparts its brighter rays,

Old peach charms,renewed,against evil shall insure.

六、olive(橄榄)

(一)英语文化中的 olive

根据《圣经·旧约·创世记》的记载,诺亚(Noah)根据上帝的指示建造了一艘大船,躲避上帝惩治恶人的大洪水灾难,诺亚和妻子乘坐方舟,在大洪水中漂流了 40 天后,搁浅在一座高山上。为了探知大洪水是否退去,诺亚接连放了三次鸽子,第三次鸽子衔回橄榄枝,说明洪水已经退去。因此,橄榄枝象征"和平、平安"。to hold out the olive branch 表示"伸出橄榄枝,要求和解"。例如:

Jill was the first to hold out the olive branch after our argument.

(*A Dictionary of English Idioms*)

我们俩争吵后,吉尔首先做出和解的表示。

橄榄枝编成的花环也是古希腊奥林匹克运动会的最高奖赏,在 2004 年希腊雅典承办的第 28 届奥运会上,每位获奖者也获得了橄榄枝花环。

(二)汉语文化中的橄榄

在汉语文化中,橄榄树本没有特殊的文化意义,近代吸收了"橄榄枝"表示和平的意义。例如:

昨日,记者从"美国投资高峰论坛"上获悉,美国代表团向渝企抛出"橄榄枝",邀请渝企在制造业、商业服务等领域展开合作。

橄榄果口感苦涩,经过咀嚼,味道开始清甜,因而汉语中用"橄榄"或"青橄榄"比喻文字或其他艺术作品具有经得起推敲的美感,需要细细品味。例如:

看丰子恺先生的漫画,就像品味青橄榄,越尝越有滋味。我的一个朋友,给女儿 10 岁生日礼物,就是丰子恺先生的《护生画集》。

七、plum(梅)

(一)英语文化中的 plum

在英语文化中,与梅相对应的词语 plum 既指梅树或李树,又指梅花或者李子。在西方文化中,梅树表示忠诚;在英国俚语、美国俚语中,plum 表示奖品、奖赏。现在,plum 则成为美国国会常用的委婉语。例如:

A congressman or senator may give a loyal aide or campaigner a Plum.

国会议员会给重要的助手和竞选者一个有好处、有声望的政治职位,作为对其所做贡献的回报。

(二)汉语文化中的梅

梅是我国传统的花卉之一,是一种在严寒风雪的季节里盛开的花,色淡清香,花姿优雅,迎霜傲立枝干无叶如铁,受到历代文人墨客的赞赏,如唐代僧人齐己的《早梅》:

万木冻欲折,孤根暖独回。

前村深雪里,昨夜一枝开。

风递幽香出,禽窥素艳来。

明年如应律,先发望春台。

这首诗将梅花傲雪斗霜的特点形象地描写了出来。此外,梅花色淡清香,枝干坚硬,所以常用梅花的这种特点来象征"高雅纯洁,清丽而含铁骨之气"等高贵品质。其中秋瑾就以梅作诗表达了自己坚强不屈的高尚品质:

冰姿不怕雪霜侵,羞傍琼楼傍古岑。

标格原因独立好,肯教富贵负初心?

八、bamboo(竹子)

(一)英语文化中的 bamboo

受到地理环境等诸多方面客观因素的影响,在英国国内并不产竹子,因此其对于竹子的使用很少,对于竹子的其他相关联想意义就少。相应地,与 bamboo 相关的文化词汇相对较少。

(二)汉语文化中的竹子

竹子是在我国分布十分广泛,也是最为常见的植物之一,同时也与中国传统文化有着紧密的联系。竹子有着四季常青、高耸挺拔、质地坚硬、中空有节的秉性,而竹子的这种秉性常被我们用于以物明志、借物抒怀。竹子有"节",并与传统观念中的贞节、气节中的"节"同字多义,所以人们喜用竹子来比喻人有气节,"高风亮节"就是对竹子很好的写照。竹子空心，由此人们联想到虚心、谦虚自抑、虚怀若谷等高尚品德。古诗人对竹子的赞誉很多，其中最为人所传诵的是郑板桥的《竹石》：

咬定青山不放松，

立根原在乱岩中。

千磨万击还坚劲，

任尔东西南北风。

诗人将竹子的坚韧不拔、泰然自若的品性活灵活现地表达了出来，诗中的竹子同时也是诗人高尚品格的象征。

九、lily(百合)

(一)英语文化中的 lily

(1)象征贞节、纯真和纯洁。英语中常用 lily-white 一词来表示"洁白""纯真""完美"之意。例如：

He marveled at her lily-white hands.

他惊讶于她洁白的双手。

All in one with ordinary, especial, tradition, open, vogue, simplicity, gumption, eremitic, etc., deeply understood world but who is keeping a lily-white heart.

平凡、特别、传统、开放、时尚、朴素、进取、退舍等集于一身，深知世故却保持一颗纯真的心。

It's ironic that she should criticize such conduct—she's not exactly lily-white herself.

讽刺的是，她自己也不是毫无过错，竟然还批评别人的行为。

(2)象征懦弱。英语中 lily 一词还经常被用来形容胆小、怯懦的人或有点儿娘娘腔的男人。例如：

But its lily-livered approach might, in fact, be the right one.

但实际上这种胆小的做法也许是正确的。

(二)汉语文化中的百合

(1)象征美好、吉祥。由于百合具有洁白无瑕的颜色和"百年好合"的联想意义,因此在中国是一种吉祥之花、祝福之花,深受中国人喜爱。例如,福建省南平市和浙江省湖州市都以百合为市花。而我国古代文人也多有咏颂百合的诗词。例如:

百合花

宋·韩维

真葩固自异,美艳照华馆。

叶间鹅翅黄,蕊极银丝满。

并萼虽可佳,幽根独无伴。

才思羡游蜂,低飞时款款。

(2)具有医学价值。中医认为,百合具有养心安神、润肺止咳的功效。因此,百合也常被用作食材,出现在人们的日常饮食之中。

十、lotus(荷花、莲花)

(一)英语文化中的 lotus

在英语文化中,lotus 象征着摆脱尘世痛苦的忘忧树。传说,人如果吃了它的果实,就会忘掉一切。因此,英语中的 lotus 有安逸、懒散、无忧虑的隐含意义。例如:

lotus land 安乐之乡

lotus life 懒散、悠闲的生活

lotus-eater 醉生梦死、贪图安逸之人

lotus-eating 醉生梦死、贪图安逸的行为

(二)汉语文化中的莲花、荷花

(1)象征洁身自好的品质。莲花、荷花生于污泥之中而仍纯

洁无瑕,因而在中国有着"花中君子"的美誉。正因如此,古人常有咏颂荷花、以荷花自比的名篇佳作。例如:

莲

唐·温庭筠

绿塘摇艳接星津,轧轧兰桡入白萍。

应为洛神波上袜,至今莲蕊有香尘。

(2)由于莲花、荷花本身具有美丽的外表,出尘脱俗的气质,因而常被用来形容女子的娇美。例如:

越女

唐·王昌龄

越女作桂舟,还将桂为楫。

湖上水渺漫,清江不可涉。

摘取芙蓉花,莫摘芙蓉叶。

将归问夫婿,颜色何如妾?

第十二章 跨文化交际视阈下的英汉人名、地名文化对比研究

人名、地名文化也是文化的重要组成部分，是跨文化交际中常见的文化现象。中西文化差异在英汉人名、地名文化中也有体现。了解与掌握英汉人名、地名文化差异，对于跨文化交际的顺利进行具有积极意义。本章重点探讨跨文化交际视阈下的英汉人名、地名文化对比。

第一节 英汉人名文化对比研究

人名是一个民族文化中的重要组成部分。人名、语言与文化三者存在密切的联系。人名是语言与文化结合下的产物。因此，人名既是一种语言符号，又是一种文化符号。

人名是一种语言符号。语言是人类社会交际的一种重要的工具。为了适应人类社会成员之间的相互交际、相互识别，就产生了人名。人名可以说是人类语言系统中一种独特的语言现象。波特（Potter,1950）曾说，"很容易理解，在语言的初期阶段，最早出现的词语就是名称（names），而且主要的是专有名称（proper names）。非特有的通称或类属词，如 man，animal，tree 等随后发展起来，再往后才出现抽象名词，如 courage，ferocity。"

人名是专有名词中的一种。人名作为一种语言符号，是语音、语义和语法的结合，语言表现形式独特，且指称着特定的任务。索绪尔（Saussure）指出，"人名是能指和所指的结合。"

总之,人名是语言的产物,并随着语言的发展而发展。同时,语言又是一种文化现象,是思维的工具和文化的载体。可以说自从有了人类社会就出现了语言,语言又随着社会的发展而发展。人名作为一种语言符号,反映了社会变迁和文化发展的轨迹。

人名还是一种文化符号。人名是社会的产物,反映了特定的社会现实以及文化内涵。与一般的语言符号不同,人名现象作为人类文化的一个重要部分,有着悠久的历史。人名的产生可以追溯到氏族社会,并随着社会的发展变化而变化。

此外,人名的起源、结构、组合方式等受一定的文化机制影响,而且以特定的形式传承下来。所以,人名还可以反映文化的内涵。

下面就英汉人名文化展开对比研究。

一、英汉姓名结构对比

(一)英语姓名结构

在西方国家,人们的姓名结构为:名在前,姓在后,如 William Shakespeare,Shakespeare 为姓,William 为名。

英语姓名一般由三部分构成:教名(the Christian name/the first name/the given name)＋中间名(the middle name)＋姓(the family name/the last name),如 Eugene Albert Nida(尤金·阿尔伯特·奈达)。在很多情况下,英语的中间名只写出首字母,也可以省略不写,如 Eugene Albert Nida 可以写成 Eugene A. Nida 或 Eugene Nida。

(二)汉语姓名结构

中国人的姓名结构通常为"姓＋名"的形式。在中国传统文化中,汉语三字姓名有很多是"姓＋辈分＋名"的结构形式。用专字表辈分作为汉语人名中特有的现象,是个人在家族中排行顺序的一种体现。

随着时代的进步,我国的家族观点逐渐淡化,人们不再像以前那样重视辈分,使用辈分取名的现象也没有那么普遍。

目前,汉语姓名主要有两种:一种是显性名(三字姓名);一种是隐性名(两字姓名)。

二、英汉姓氏来源对比

(一)英语姓氏来源

英语姓氏的来源丰富多样,大致可归纳为以下几种。

(1)源于父名加前缀或后缀。西方有些姓氏是由父名加前缀或后缀构成的。例如:

Jackson 杰克逊(意为"Jack 之子",后缀 son 表示……之子)

MacArthur 麦克阿瑟(意为"Arthur 之子",前缀 Mac 表示父名)

(2)源于职业。在西方,有很多姓氏源于职业。例如:

George 乔治(意为"耕作者")

Smith 史密斯(意为"铁匠")

Carpenter 卡彭特(意为"木匠")

(3)源于特征。有些西方姓氏源于人的样貌特征。例如:

Longman 朗曼(意为"高个子")

Short 肖特(意为"矮个子")

Greathead 格雷特思德(意为"大头")

(4)源于地名、地貌。有些西方姓氏与人们所在地的地貌特征有关。例如:

Field 菲尔德(意为"田野")

Well 威尔(意为"水井、泉")

Brook 布鲁克(意为"小溪")

Lincoln 林肯(美国内布拉斯加州首府)

（5）源于颜色。有一些西方姓氏与颜色有很大的关系。例如：

Red 雷德（意为"红色"）

Blue 布卢（意为"蓝色"）

White 怀特（意为"白色"）

Black 布莱克（意为"黑色"）

（6）源于动物或植物。动物与植物名称也是西方姓氏的主要来源。例如：

Wolf 沃尔夫（意为"狼"）

Cole 科尔（意为"油菜"）

Bush 布什（意为"灌木丛"）

Fox 福克斯（意为"狐狸"）

（二）汉语姓氏来源

汉语姓氏的来源可归纳为以下几种。

（1）源于祖先的字或名。祖先的字或名是汉语姓氏的主要来源之一，其数量多达五六百个。例如，周平王的庶子字林开，后代就以林为姓；宋戴公之子公子充石，字皇父，汉代时改皇父为皇甫，后来其后代用皇甫作为姓氏。

（2）源于居住地。在汉语中，也有一些是以居住地的地域名和居住环境作为姓氏的。例如，劳姓最初就因为居住在东海崂山而得姓。

（3）源于国名。夏、商、周时代的诸侯国是汉语姓氏的重要来源。由于夏、商、周三代施行封侯赐地的宗法制，当时存在大大小小的诸侯国，这些国名后来就成为这些诸侯后代的姓。在汉语中，源于国名的姓有房、杜、习、廖、秦、齐、鲁、晋、宋等。

（4）源于职业。中国有子承父业的传统，所以中国姓氏中有一些是以世代相传的职业作为其家族姓氏。例如，制造陶瓷的世家则一般以陶为姓；占卜的一般会以卜为姓。

（5）源于官职。汉语中有些姓氏与官职有关。例如，汉代设有治粟都尉一职,其后代便以粟为姓。常见的还有司马、太史、司徒等。

（6）以母为姓。在中国古代的母系氏族社会中,氏族部落以姓为标志符号,用来表示母系血统。他们的后人则直接以其为姓,如姬、姜、姚等。

（7）帝王赐姓。在中国,统治阶级对一些姓氏也产生过一定影响。在古代,帝王为奖赏有功之臣,常赐其"国姓"或其他姓氏,同时将一些具有侮辱性的姓氏赐予那些政敌、俘虏或逆臣。例如,南北朝时期,北齐武成帝因陈王萧响反叛,令萧氏改姓蛸（即章鱼）。

三、英汉姓氏文化对比

中西方姓氏文化对比主要体现在姓氏的数量、姓氏的作用、求美性与随意性、概括性与表述性等方面。

（一）姓氏的数量

英美国家的姓氏多达 15.6 万个,常用的也有 35 000 个。英语国家姓氏如此之多主要与社会、经济状况有关。自 18～19 世纪以来,城市化的资本主义不断向前发展,大家庭已经逐渐被一个个的小家庭所替代。另外,各国之间贸易往来频繁,人口迁徙较多,因此个人的地位和作用也就显得越来越突出,而代表个人地位的姓氏数量也频繁增加。

根据《中华古今姓氏大辞典》的统计,中国的姓氏总共有 23 813 个。与英语国家相比,中国的姓氏比较少。

（二）姓氏的作用

在西方,人们崇尚自由、平等、个性独立,强调个人的价值,因此在姓名的结构顺序上把自己的名放在最前面。

而中国姓氏所承载的内容比英语姓氏要丰富得多。中国姓氏的作用主要有以下两点。

（1）别婚姻。中国古代有"同姓不婚"的习俗。这既是为了下一代着想，更是巩固家族的需要。不同姓氏的宗族集团一旦结成姻亲，可互相扶助，增强势力。

（2）承载宗族观念。中国古代社会讲究宗法，并形成了很强烈的宗族观念。在先辈的眼中，姓氏不仅仅代表个人，更是代表整个宗族以及有血缘关系的整个家族，而名只是代表个人，宗族的延续要高于一切。可见，代表宗族的姓氏要比一个人的名更重要，因此在姓名结构顺序上必须这样安排。

（三）概括性与表述性

在词源上，中国文化中的姓氏具有总结概括的特点。具体而言，汉语的姓氏反映的是族群特征，而不是个体特征。

西方国家的姓氏更强调表述性。英语姓氏主要反映的是个体特征，而不是群体特征。例如，Davidson 表述的是 the son of David，意为"大卫之子"；Longfellow 表述的是 a long fellow，意为"身子长的人"。

（四）求美性与随意性

中国人比较注重美，这在姓氏中也有体现。中国人的姓氏中不会出现与美相反的词，如丑或恶等，出现这些词时让人称呼都感觉很讨厌。另外，姓氏也不会使用一些遭人厌恶的动物名称，如狗、狼、猪等，如果一定要选择的话，则会改为与其谐音的字，如苟、郎、朱等。

与中国姓氏不同，英语国家的姓氏五花八门、丰富多彩，一些中国人认为不雅或不吉利的词语，西方人并不在意，如坟墓（tomb）、狼（wolf）、毒药（poison）等。在这一层面上，西方人表现得更随意，这也是西方人姓氏比较多的原因之一。

四、英汉取名方式对比

(一)英语取名方式

英语人名的取名方式主要包括以下几种情况。

(1)以历史人物的名字取名。在西方,人们常以历史人物取名。例如:

Byron 拜伦

Lincoln 林肯

Harold 哈罗德

(2)以人的外貌、性格特征取名。一些鲜明的外貌特征或性格特征是英语人名字的重要来源。例如:

Dump 邓普(指"矮胖子")

Crispin 克里斯潘(指"鬈发")

William 威廉(指"强大的捍卫者")

Albert 艾伯特(指"聪明的人")

(3)以知识、权威、声誉等取名。英语名字中,以知识、权威、声誉等取名也很常见。例如:

Alfred 艾尔弗雷德

Vivian 维维安

Agnes 阿格尼丝

(4)以职业取名。还有一些英语人名是以职业为名的。例如:

Mason 梅森(意为"石匠")

Penelope 佩内洛普(意为"织女")

Durward 德沃德(意为"守门人")

(5)以货币取名。在西方,人们还常以货币来取名。例如:

Dollar 多拉尔(美国货币"美元")

Franc 法兰克(意为"法郎")

Pound 庞德（英国货币"英镑"）

（6）以动物、植物取名。以动物、植物来取名也是英语人名的一种方式。例如：

Arthur 亚瑟（意为"雄熊"）

Cherry 彻丽（意为"樱桃"）

Daphne 达芙妮（意为"桂树"）

Daisy 黛西（意为"雏菊"）

Ivy 艾薇（意为"常春藤"）

Gary 盖里（意为"猎犬"）

Leo 利奥（意为"狮子"）

Lily 莉莉（意为"百合"）

Rose 罗斯（意为"玫瑰花"）

（二）汉语取名方式

中国人取名的方式主要有以下几种。

1. 以出生时间取名

在中国，人们习惯将一个人的出生时间与其未来命运联系起来，因此孩子出生的时间、天气状况是中国人取名字的一个重要依据。这种取名方式主要包括下面几种情况。

（1）以出生时辰取名。例如，如果孩子早晨出生，可以取名为"晨""曦"等；如果孩子晚上出生，可以取名为"星迟""晚连"等。

（2）以出生天气取名。例如，如果孩子出生当天下雨，可以取名为"雨生"；如果孩子出生时外面正在下雪，可以取名为"小雪"。

（3）以出生季节取名。例如，如果孩子是春天出生，可以取名为叫"春生""春燕"；秋天出生的孩子叫"秋玲""秋宝"等。

2. 以出生地点取名

中国人具有浓厚的乡土观念，对故土往往有一种无法割舍的情结。受这一观念影响，中国人常用家乡或出生地为孩子取名，希望孩子长大之后不忘本。例如,出生于北京就取名为"京生";出生于上海就取名为"沪生"。

3.以出生顺序和体重取名

中国人还常根据孩子出生的顺序与体重来为孩子取名。根据出生的顺序取名,如"赵老大""王二"等;根据出生时的体重取名,如"八斤""九斤"等。

4.以八字、五行取名

中国人注重生辰八字、五行,因此八字、五行也是汉语名字命名的常见方式。例如,父母或长辈会请人给孩子算命,如果命中缺哪一行,则会用这一行的字来取名。如果缺木,取名时常用带"木"的字眼,如"森""林"等,从而使生辰八字圆满。

5.以父母的姓或名取名

在中国,很多父母会以自己的姓或名来为孩子取名,以表达对孩子的情感。例如,父亲姓孙,母亲姓郝,则给孩子取名为"孙郝"或"孙浩";父亲姓陈,母亲姓林,则孩子可能叫"陈林"或"陈琳"。

6.以长辈的寄托取名

在中国,孩子出生时,长辈常将自己的祝福和期望融入孩子的名字中。例如,希望孩子将来家业昌盛,可为其取名为"满仓""兴业"等;希望将来光宗耀祖,可为其取名为"光宗""耀宗"等;希望孩子将来能够报效国家,可为其取名为"兴国""振宇""振华"等。

7.以重大历史事件取名

中国人取名还存在一种普遍的现象,即以重大历史事件为依据,使用这些历史事件的名字或用一些与历史事件有关的词语来取名。例如,"建国"为了纪念中国诞生而取名,"援朝"是为了抗美援朝而取名的。

8.以动植物取名

中国人喜欢借物抒情、以景寓情,在取名时常以一些具有美好寓意的动物或植物为孩子取名。例如,女孩的名字有"凤""燕""梅""荷"等,男孩的名字有"龙""虎""麟"等,寄托了父母对孩子美好的愿望。

9.以汉字结构取名

汉语中有的名字是从姓氏上演化来的,有的将姓氏拆开,有的增减姓氏的笔画,或用叠字来取名。例如,"聂耳""吕品""雷雨田""林琳"等。

10.以器物名称取名

除了上述名字来源外,一些代表美好事物或有深刻寓意的字词也经常成为家长起名的首选。例如,苏轼的"轼"字本为车前横木,用来凭靠瞭望。尽管"轼"没有车轮、车身等重要,却是车子必不可少的组成部分。以"轼"为名就暗含了苏父苏母希望苏轼长大后不要成为装饰、浮华之人,而要成为低调、朴实的有用之人。类似这样的例子还有"宝玉""宝珠""金莲""银莲"等。

五、英汉取名避讳对比

(一)英语取名避讳

在西方国家,人们在给孩子取名时通常追求来源好、含义好、有灵意、有人名故事。除此以外,西方人起名还会考虑以下两点。

(1)避免英文元音的困扰。一个好的名字,要避免名的字尾和姓的字首都是元音,如 Evan Anderson(伊瓦·亚历山大)。

（2）避免英文辅音字母的困扰。这是因为辅音会使名字读起来不好听，如 Lucy Liu（露西刘）。

（二）汉语取名避讳

中国人在取名时考虑的因素很多，不仅要注意音美、形美、意美、知趣美之外，还要考虑一些禁忌，具体体现为以下几点。

（1）忌用贬义取名。

（2）忌用繁难、怪僻的字眼取名。

（3）忌用"丑""陋"字眼取名。

（4）忌用"凶""坏"字眼取名。

第二节　英汉地名文化对比研究

英语字典 *Webster's Ninth New Collegiate Dictionary* 将 toponymy（地名）解释为："the place—names of a region or language or esp. the etymological study of them."

《中国大百科全书》对地名的解释为："地名是人们在相互交流中为了识别周围的环境对于地表特定位置上的地方所赋予的名称。"

可见，地名是代表地理实体的一种符号，指某一地方的名字。名字可以是一个字，也可以是多个字，用名字来代表一种事物，以与其他事物区分开。地名是对多种地理实体的指称，包括地方、地点、地物（包含地上建筑物、园林等）、地域、水域等。

地名通常包含专名和通名两个部分。一般认为，"专名定位，通名定类"。通名标志不仅是人们对自然地理环境的认识和分类，而且反映出行政管理的区别系统。

英汉两种语言中都有以专名和通名为地名的例子。例如，杭州市、巴林岛、贝加尔湖，其中杭州、巴林、贝加尔是专名，市、岛、湖是通名。

需要提及的是,在汉语地名中,还有单音节和多音节地名。单音节地名多为中国古代国名和地名。例如,春秋战国时期的七国:齐、楚、鲁、燕、魏、赵、秦。现代中国的一些城市名、省份的别称也通常是单音节词。例如,粤(广东)、闽(福建)、沪(上海)、鲁(山东)、冀(河北)等。双音节词有苏州、扬州、合肥、黄石、佛山、桂林、昆明等。多音节地名,如呼和浩特市、呼伦贝尔大草原、祈福新村等。

下面就英汉地名文化进行对比分析。

一、英汉地名特点对比

(一)写意性与写实性

写意和写实本属于绘画的范畴,但是英汉地名也存在着写意性和写实性的差异。

写意性是指注重意象的传达,与真实的关联性较小;写实性是指对事物进行忠实的模仿,与真实的关联性较大。英汉地名的命名上存在着写意和写实,但相对而言,中国的地名更偏向于写意,如龙凤村,并不是指此处有龙有凤,而是映射一种美好的愿望。西方文化则更注重写实,没有过多的引申含义。

(二)理据性与任意性

理据性和任意性是符号学的术语。前者是指符号与对象之间非任意武断的联系,后者则指每个符号的形式与内容之间都没有必然的联系。

地名作为一种语言符号,必然会反映当地的文化景观、历史环境或者地理面貌等,因此其具有一定的理据性。但是此处的理据性和任意性是针对中西方的侧重性而言,相比之下,中国地名更注重理据性,而西方地名更注重任意性。

在中国,由专门的地名管理部门经过深思熟虑对地方进行命名,需要考虑到政治、历史、文化等多方面因素。例如,广西、黔南地区的喀斯特地貌景观,是一种岩溶性景观,但是命名者并没有直接命名成岩溶,而是根据岩溶的景观特色,结合南斯拉夫伊斯特拉半岛上的岩溶地貌进行比较,命名成了喀斯特地貌,既生动形象,又富有文化内涵。

在西方国家,地名的命名显得较为随意。例如,美国的诺姆角(C name),可以说成是笔误也好,或者无厘头也好,总之这一命名确实显得有些随意。据考,早期这个地方没有名字,考察人员就在一块岩石上写上了"? name",极有可能想表达"没有名字"的意思,也许写得比较潦草,后人看成了"C name",所以该地就被命名为"C name"(诺姆角)。

二、英汉地名来源对比

(一)英语地名来源

英语地名来源主要包括以下几种。

1.源于地形

西方有些地方以其独特的地形和地貌为依据来命名。例如,Holland(荷兰)是地势低洼的意思,这样的命名能够反映出荷兰地势低洼的地理状况。

2.源于方位和位置

西方一些地名的命名与地理方位和位置有关。例如:
West Sahara 西撒哈拉
Yugoslavia 南斯拉夫
West Virginia 西弗吉尼亚州

3.源于姓氏、名字

在西方国家,很多地名常用人的姓氏或名字命名,以纪念某个历史人物。例如,Washington State（华盛顿州）和 Washington D. C.（哥伦比亚特区）是以美国总统华盛顿（George Washington）的名字命名的;Columbia（哥伦比亚）和 Columbus City（哥伦布城）是以著名航海家哥伦布(Columbus)的名字命名的。

4. 源于动物

在西方,还有一些地名源于动物。例如:
Kangaroo Island 坎加鲁岛（因岛上袋鼠成群而得名）
Azores Islands 亚速尔群岛（因海鹰众多而得名）

5. 源于河流、湖泊

源于河流、湖泊的地名在西方国家也很普遍。
(1)以河流命名的地名。例如:
Tennessee 田纳西州
Ohio 俄亥俄州
Colorado 科罗拉多州
(2)以湖泊命名的地名。例如:
Ontario 安大略省
Michigan 密歇根州

6. 源于美好愿望

英语一些地名体现了人们的美好愿望,如 Pacific Ocean（太平洋）的字面意思是"温和的、和平的、平静的海洋",这一地名反映了人们对和平的向往和美好愿望。

7. 源于移民故乡

美国有大量源于法国、英国、德国等国家的移民,所以很多移民就以自己家乡的地名来给新的居住地命名。例如:
New Jersey 新泽西
New England 新英格兰

New Mexico 新墨西哥

8.其他来源

除了上述来源外,英语有些地名是人们创造的奇怪词语。例如:

Malad City 马拉德城(意为"瘟疫城")

Deadhorse 戴德霍斯(意为"死马")

(二)汉语地名来源

汉语地名的来源一般有以下几种。

1.源于方位和位置

在我国,一些地方的名字是以东、南、西、北方向来命名的。例如:

山东、山西(太行山的东西)

湖南、湖北(洞庭湖的南北)

在古代,中国人将"山南水北"称为"阳",将"山北水南"称为"阴"。一些地名也以此命名。例如:

洛阳(位于洛水以北)

江阴(位于长江以南)

2.源于姓氏、名字

中国人具有浓厚的重宗族的社会心态,所以很多地名以姓氏取名,如石家庄、王家屯、肖家村等。

还有一些地方是以人名命名的,表达对历史人物的纪念。例如:

中山市(源于革命先行者孙中山)

左权县(源于革命先烈左权)

靖宇县(源于革命先烈杨靖宇)

这类例子十分常见,如夫子山、卧龙岗、太白山、子龙滩、黄浦江、木兰溪等。

3. 源于地形、地貌特点

中国有些地名与地物本身的特征有关。例如：
黄河（因其水中含有大量泥沙而得名）
齐齐哈尔（因该城市拥有天然牧场而得名）
五指山（因其形状像五指而得名）

4. 源于河流、湖泊

河流、湖泊也是我国为地方命名的重要依据。例如，"四川"因省内有长江、嘉陵江、岷江、沱江流过，故而得名。

5. 源于美好愿望

中国很多地名是根据人们的美好愿望而命名的。例如，万寿山、万寿城、福寿寺等反映人们对幸福长寿的美好追求；太平山、永宁河、太平寺、长安镇等表达人们对太平、安宁生活的向往；昌平县、吉祥村、福建省等体现人们对富强昌盛的愿望。

6. 源于动物、植物

（1）源于动物的地名。例如：
马鬃山
鸡公山
凤凰山
瘦狗岭
奔牛镇
黄鹤楼
（2）源于植物的地名。例如：
桂林
樟树湾
桃花村

榆林庄

三柳镇

7.其他来源

除了上面几种主要来源外,中国地名还有一些其他来源。
(1)源于日用品的地名,如"铜锣湾""鼎湖山"。
(2)源于称谓的地名,如"哑巴庄"。
(3)源于外来词的地名,如"齐齐哈尔""哈尔滨"等。

三、英汉地名避讳对比

避讳主要来源于中国封建制度。在封建社会,皇权至高无上的特征要求凡与帝王以及皇族名字相同的任何名称都要更改。避讳的成规,臣民对君主及其亲属,晚辈对长辈,普通人对圣人、贤者都要尊敬,不能直呼其名。

避讳主要有国讳、家讳和圣人讳。国讳主要是皇帝以及皇亲、圣人等的名字,全国避之。家讳主要是父祖之名,全家避之。避圣人讳,宋代时规定的圣人讳包括始祖黄帝、孔子、孟子、周公等。

中国的地名也遵守避讳这一原则,地名的避讳是很常见的现象。例如,三国时期,因孙权的祖父的名字是孙锺,为了避祖讳,就将南朝阳门外的锺山(即钟山,又名紫金山)改为蒋山。又如,五代后唐时期,因避李国昌讳,就有很多县改名,如山东的博昌县改名为博兴县,昌阳县改名为莱阳县;河南的昌乐县改名为南乐县;湖南的昌江县改名为平江县等。另外,湖北省的天门县,原名是景陵县,因其与康熙陵号相同而被更改为天门县。

与中国地名不同的是,西方的地名很少涉及一些避讳问题。

因此,可以说地名是历史的见证,且承载着灿烂的民族文化,与一个国家的日常生活、政治、经济等很多方面息息相关。了解中西方地名背后所蕴含的文化,有助于更好地进行跨文化交际活动。

参考文献

［1］白靖宇.文化与翻译(修订版)［M］.北京:中国社会科学出版社,2010.

［2］白雅,岳夕茜.语言与语言学研究［M］.昆明:云南大学出版社,2010.

［3］包惠南,包昂.中国文化与汉英翻译［M］.北京:外文出版社,2004.

［4］毕继万.跨文化交际与第二语言教学［M］.北京:北京语言大学出版社,2009.

［5］蔡基刚.英汉词汇对比研究［M］.上海:复旦大学出版社,2008.

［6］成昭伟,周丽红.英语语言文化导论［M］.北京:国防工业出版社,2011.

［7］高名凯,石安石.语言学概论［M］.上海:中华书局,1963.

［8］郭霞,尚秀叶.大学英语写作与修辞［M］.北京:冶金工业出版社,2008.

［9］郝丽萍,李红丽,白树勤.实用英汉翻译理论与实践［M］.北京:机械工业出版社,2006.

［10］胡文仲.跨文化交际学概论［M］.北京:外语教学与研究出版社,1999.

［11］黄勇.英汉语言文化比较［M］.西安:西北工业大学出版社,2007.

［12］金惠康.跨文化交际翻译续编［M］.北京:中国对外翻译出版公司,2003.

[13]兰萍.英汉文化互译教程[M].北京:中国人民大学出版社,2010.

[14]李建军,盛卓立.英汉语言对比与翻译[M].武汉:武汉大学出版社,2014.

[15]连淑能.英汉对比研究[M].北京:高等教育出版社,1994.

[16]卢红梅.汉语语言文化及其汉英翻译[M].武汉:武汉大学出版社,2011.

[17]卢红梅.华夏文化与汉英翻译[M].武汉:武汉大学出版社,2006.

[18]冒国安.实用英汉对比教程[M].重庆:重庆大学出版社,2004.

[19]南怀瑾.周易今注今译[M].天津:天津古籍出版社,1987.

[20]邵志洪.英汉对比翻译导论[M].上海:华东理工大学出版社,2010.

[21]汪德华.中国与英美国家习俗文化比较[M].杭州:浙江大学出版社,2011.

[22]王德春.修辞学词典[M].上海:上海外语教育出版社,1987.

[23]王恩科,李昕,奉霞.文化视角与翻译实践[M].北京:国防工业出版社,2007.

[24]王力.中国现代语法[M].上海:上海教育出版社,1943.

[25]王武兴.英汉语言对比与翻译[M].北京:北京大学出版社,2003.

[26]王希杰.语言是什么?[M].上海:上海教育出版社,1983.

[27]吴为善,严慧仙.跨文化交际概论[M].北京:商务印书馆,2010.

[28]徐通锵.语言论——语义型语言的结构原理和研究方法[M].长春:东北师范大学出版社,1997.

[29]闫文培.全球化语境下的中西文化及语言对比[M].北

京:科学出版社,2007.

[30]严明.跨文化交际理论研究[M].哈尔滨:黑龙江大学出版社,2009.

[31]杨丰宁.英汉语言比较与翻译[M].天津:天津大学出版社,2006.

[32]殷莉,韩晓玲等.英语习语与民俗文化[M].北京:北京大学出版社,2007.

[33]曾文雄.语用学翻译研究[M].武汉:武汉大学出版社,2007.

[34]张培基.英汉翻译教程(修订本)[M].上海:上海外语教育出版社,2009.

[35]张全.全球化语境下的跨文化翻译研究[M].昆明:云南大学出版社,2010.

[36]张维友.英汉语词汇对比研究[M].上海:上海外语教育出版社,2010.

[37]张鑫.英语教学的理论与实践[M].北京:知识产权出版社,2012.

[38]赵元任.语言问题[M].台北:台湾商务印书馆,1968.

[39]钟书能.英汉翻译技巧[M].北京:对外经济贸易大学出版社,2010.

[40]安美华.英汉数字习语对比[D].延吉:延边大学,2008.

[41]蔡晓晓.汉英动物词语文化内涵的比较与翻译[J].中国科教创新导刊,2008(2).

[42]董雅莉.英汉语音对比研究及其对英语语音教学的指导意义[J].社科纵横(新理论版),2013(6).

[43]张国强,徐军.英汉语音对比初探[J].河池学院学报,2005(1).

[44]范秀英.价值观念与英汉语言差异[J].外语教学,2005(2).

[45]何芸,高永刚,黄波.浅析文化差异与英语写作[J].高等

教育研究学报,2005(3).

[46]侯贺英,陈曦.文化体验理论对文化教学的启发[J].时代经贸,2012(2).

[47]姜丹丹,翟慧姣.英汉姓名文化差异及其翻译[J].改革与开放,2011(8).

[48]李静雯.英汉植物词的文化比较与翻译[J].漳州职业技术学院学报,2012(6).

[49]李亚娣,包慧,胡一楠.中西方地名的取定及其文化承载[J].武警学院学报,2012(7).

[50]李英.英汉植物词汇文化意义对比[J].延安职业技术学院学报,2009(3).

[51]罗益群.外语教学中跨文化交际意识的培养[J].浙江师范大学学报(社会科学版),2005(3).

[52]聂玉景.语言的起源:假说与论证[J].辽宁行政学院学报,2007(6).

[53]宋阿敏.数字"7"的英汉文化内涵对比[J].现代语文(语言研究版),2014(12).

[54]唐美华.英汉植物词汇文化内涵对比分析及其翻译策略[J].文教资料,2007(1).

[55]魏旭群,牛跃辉.语言起源的几种假说[J].网络财富,2010(18).

[56]谢上连.英汉习语中数字"9"的文化内涵比较[J].湖南科技学院学报,2011(7).

[57]许菊.语言的起源:假说与理据[J].文教资料,2007(6).

[58]杨晓军,廖莉莎.东西方地名文化比较及翻译策略[J].湘潭师范学院学报,1999(5).

[59]于静敏,张丽梅.试论英汉姓名的文化内涵及其翻译方法[J].作家杂志,2011(6).

[60]曾庆佳.中西方茶文化比较浅析[J].吉林省教育学院学报,2008(8).

[61]朱淑媛.语言的功能与语言的创造性[J].集宁师专学报,2007(1).

[62] Benveniste, Emile. *Problems in General Linguistics* [M]. Coral Gables:University of Miami Press,1966.

[63] Bloomfield, Leonard. Philosophical Aspects of Language[A]. *A Leonard Bloomfield Anthology*[C]. in Charles F. Hockett(ed.). Chicago and London:The University of Chicago Press, 1970.

[64]Bolinger,Dwight &. Donald A. Sears. *Aspects of Language*[M]. New York:Harcourt Bruce Jovanovich Inc.,1981.

[65]David Crystal. *A Dictionary of Linguistics and Phonetics*[M]. Oxford:Basil Blackwell,1992.

[66] Hayes, C. W., et al. *The ABC's of Languages and Linguistics*[M]. Chicago:Voluntad Publishers,Inc.,1987.

[67]Lewis,M. M. *Infant Speech:a Study of the Beginnings of Language*[M]. London:Kegan Paul,1936.

[68] Muller, Friendrich Max. Lectures on the Science of Language[A]. *The Origin of Language*[C]. Roy Harris. Bristol:Thoemmes Press,1861.

[69]Whitney,W. D. Nature and Origin of Language[A]. *The Origin of Language*[C]. Bristol:Thoemmes Press,1875.